정치팟캐스트와 정치유튜브

일러두기

- 이 책은 국립국어원 표기법을 준수했습니다.
- 외국 인명이나 지명, 작품명은 될 수 있는 한 국립국어원의 외래어 표기법을 따르되, 굳어진 용례는 관행을 따라 표기했습니다.
- 출판 지침은 〈한국언론학보 논문 작성 규정〉을 준수했습니다.

이 책은 2022년 한국언론진흥재단의 정부광고수수료 지원을 받아 출간되었습니다.

POLITICS

정치팟캐스트와
정치유튜브

정의철
이창호
이종명
이효성
공 저

정치팟캐스트와 정치유튜브

지은이   정의철 · 이창호 · 이종명 · 이효성
펴낸이   김지연

초판 1쇄 펴낸 날 2022년 11월 30일

(주)도서출판 지금
출판 등록 제319-2011-41호
06924 서울특별시 동작구 장승배기로 128, 305호(노량진동, 동창빌딩)
전화 (02)814-0022 FAX (02)872-1656
www.papergold.net
ISBN 979-11-6018-348-1

서 문

미디어 환경의 변화와 더불어 정치콘텐츠의 생산과 유통에도 많은 변화가 일어나고 있다. 2011년 시작된 〈나는 꼼수다〉는 대표적인 정치팟캐스트로 많은 인기를 얻었지만 이후 유튜브 매체가 인기를 끌면서 정치유튜브들이 우후죽순처럼 생겼다. 일반적으로 정치팟캐스트는 오디오 중심의 정치콘텐츠로 대표적인 플랫폼인 '팟빵'을 중심으로 서비스되고 있다. 반면 정치유튜브는 비디오 중심의 정치콘텐츠로 유튜브를 통해 서비스되고 있다. 하지만 최근에는 장르를 넘나드는 경향이 많아 오디오뿐 아니라 비디오를 통해서도 정치뉴스를 전달하는 정치팟캐스트들도 늘고 있다. 가령 〈김어준의 뉴스공장〉은 〈TBS FM〉에서 생방송으로 들을 수 있고 유튜브를 통해서도 볼 수 있다. 이용자들이 선택할 수 있는 플랫폼이 다양해짐에 따라 동일한 콘텐츠가 다양한 플랫폼을 통해 서비스되고 있는 것이다.

정치팟캐스트나 정치유튜브가 이처럼 인기를 얻게 된 원인은 무엇보다도 제도권 미디어에 대한 불신이다. 이미 기자를 비하하는 '기레기'라는 말이 오래전부터 나왔고 객관적 사실에 근거한 보도보다는 정치적, 상업적 이해관계에 따른 편향적 보도로 인하여 언론이 국민의 신뢰를 얻지 못하고 있다. 이런 상황에서 언제, 어디서든지 접속할 수 있는 정치유튜브와 팟캐스트는 독특한 진행방식과 심층적 뉴스해설로 제도권 언론에 싫증난 뉴스 이용자들을 끌어 모았다. 이른바 충성도가 높은 독자층이 생겨난 것이다.

오디오와 비디오 형식의 정치뉴스 콘텐츠가 인기를 얻음에 따라 그 영향력도 커지고 있다. 〈시사저널〉은 매년 국내 오피니언 리더를 대상으로 언론계에서 가장 영향력 있는 인물을 조사하고 있다. 이 기관의 2021년 조사결과에 따르면, 손석희 JTBC 사장이 1위를 차지했고 〈김어준의 뉴스공장〉을 진행하고 있는 김어준 〈딴지일보〉 총수가 2위에 올랐다. 3위는 〈김현정의 뉴스쇼〉를 진행하는 김현정 CBS PD였고 4위는 〈알릴레오 북's〉 유튜브를 운영하고 있는 유시민 작가였다. 유시민 작가는 2019년 1월부터 시사프로그램인 〈유시민의 알릴레오〉를 한동안 운영한 바 있다. 결국 가장 영향력 있는 언론인 중 2, 3, 4위가 정치팟캐스트나 정치유튜브를 운영한 경험이 있는 사람들인 것이다. 이처럼 인기 있는 정치팟캐스트나 정치유튜브는 제도권 언론 못지 않은 영향력을 행사하고 있다. 〈시사저널〉이 2022년 수행한 조사에서는 전문가들이 뽑은 가장 영향력 있는 사회인 중 유시민은 3위, 김어준은 6위를 차지했다.

하지만 이런 영향력에도 불구하고 정치팟캐스트나 정치유튜브가 특정한 정치적 이념이나 이데올로기를 찬양하거나 선전하는 위험성도 존재한다. 객관주의적 저널리즘을 표방하는 제도권 언론과 달리 정치팟캐스트나 정치유튜브는 특정한 정치적 이념이나 신념에 따라 운영되는 경우가 많다. 이 때문에 정치적 태도의 극화를 더욱 강화시키는 데 기여하기도 한다. 즉 보수 성향의 사람들은 보수 유튜브를 보면서 더욱더 보수적으로 되고 진보 성향의 사람들은 진보 팟캐스트를 들으면서 진보 이념을 더욱 강화하게 되는 것이다. 이러한 극화현상이 심화되면서 자신과 다른 정치적 견해나 이념을 잘 받아들이지 않는 사람들이 늘고 있다. 이른바 확증편향 현상이 생기는 것이다. 이밖에도 정치팟캐스트나 정치유튜브는 개인에 대한 명예훼손이나 객관적 사실에 근거하지 않는 가짜뉴스 등 많은 비판에 직면하였다. 뉴스를 엄격히 걸러내는 게이트키핑 gatekeeping 과정 없이 즉자적으로 진행되는 경우가 많다 보니 여전히 해결해야 할 문제가 많다.

이 책은 모두 8개의 장으로 구성되어 있다.

1장 정치팟캐스트의 매력과 대안(정의철 저)은 광주의 고려인 공동체와 부산의 이주여성 공동체가 팟캐스트를 통해 그들의 이슈와 문화를 표현하고, 소통과 생활정치의 주체로 나선 사례들을 분석하고 대안을 모색하고 있다.

2장 정치유튜브의 매력과 문제점, 대안(정의철 저)은 저자의 경험과 전문가 인터뷰를 토대로 정치유튜브의 매력과 문제점, 대안을 제시하고 있다. 저자는 유튜브 정치채널이 주민밀착형 정치 주제들을 발굴하고, 주민 입장에서 파헤쳐 주민 삶의 실질적 변화를 이끌 수 있는 구체적 대안을 제시함으로써 '생활정치화'에 기여해야 한다고 주장한다.

3장 정치팟캐스트와 정치유튜브 이용자 특성(이창호 저)은 정치팟캐스트나 정치유튜브를 이용하는 사람들이 어떤 특성을 가지고 있는지 논의한다. 또한 청취자나 시청자들의 이야기를 통해 왜 이들이 정치팟캐스트나 정치유튜브에 몰입하는지를 살핀다.

4장 〈뉴스공장〉과 〈신의한수〉 비교(이창호 저)는 대표적인 진보정치 팟캐스트와 보수정치 유튜브로 알려진 두 채널을 비교, 분석한다. 이러한 비교를 통해 정치팟캐스트와 정치유튜브의 발전방향을 제시하고 있다.

5장 유튜브와 전통 미디어의 저널리즘적 충돌(이종명 저)은 정치유튜브를 비롯한 시사정치 콘텐츠 생산을 바라보는 학계와 기자집단의 시각을 각각 살핀다.

6장 정치유튜버의 정파적 담론 실천과 수용자 화답(이종명 저)은 유튜브를 위시한 뉴미디어 플랫폼에서의 시사정치 콘텐츠 생산자로 활동하는 유튜버들의 담론 실천과, 이를 적극적으로 지지하는 생산자들의 목소리에 주목한다. 이를 통해 유튜버의 '저널리즘'적 실천과 그 가능성을 모색한다.

7장 정치팟캐스트의 이용동기와 정치참여(이효성 저)는 정치팟캐스트 이용의 실제와 이용자들의 구체적인 이용동기, 그리고 이에 따른 정치참여 차원의 영향 및 가능성에 대해 고찰하고 있다. 아울러 정치팟캐스트의 문제점과 새로운 가능성에 대해서도 논의한다.

8장 정치유튜브의 이용동기와 정치참여(이효성 저)는 정치유튜브의 이용동기와 정치참여에 미치는 효과를 다룬다. 유튜브의 정치동영상은 오락적 요소와 정치·시사 콘텐츠의 혼합으로 이용자들의 동일시와 몰입을 높이면서 정치효능감과 정치참여에 영향을 미치고 있다고 강조한다.

이 책은 언론학자들을 중심으로 정치팟캐스트나 정치유튜브에 대한 이해의 폭을 넓히고자 기획되었다. 독자들은 이 책을 통해 정치유튜브의 특성과 영향력, 위험성 등을 잘 파악할 수 있을 것이다. 아울러 새로운 저널리즘으로서의 가능성과 함께 문제점과 한계들도 직시할 수 있을 것이다.

2022년 11월
집필진을 대표하여
이창호 씀

차 례

1장

정치팟캐스트의 매력과 대안

'아래로부터' 목소리와 정치팟캐스트의 대안적 역할 성찰하기

정의철 | 상지대학교 미디어영상광고학과 교수

'팟캐스트'는 '아래로부터' 다양한 일상의 이슈와 정체성이 표현되는 '생활정치'의 장이고, 소수자와 서민들이 목소리를 내는 소수자 정치 실천에도 적합하며, 이 과정에서 시민 참여와 풍자, 해악을 저널리즘과 결합할 수 있는 장점을 갖고 있다. 이 장에서는 광주의 고려인 공동체와 부산의 이주여성 공동체가 팟캐스트를 통해 그들의 이슈와 문화를 표현하고, 소통과 생활정치의 주체로 나선 사례들을 분석하고 대안을 모색했다. 2016년 미디어 교육을 통해 배출된 고려인들과 주민 참여로 시작됐던 〈고려FM〉은 처음 주파수를 받아 운영된 시점을 제외하고는 2022년 3월 〈GBS 고려방송〉으로 재개국하기까지 5년여 팟캐스트로 운영되었다. 〈베트남목소리〉는 2012~2015년까지 3년 반여 계속된 베트남 이주여성들이 참여한 모국어 팟캐스트 방송이었다. 이 장에서는 정치팟캐스트가 기득권 양당의 대립 구도에 집착해 서민 이슈를 외면하지 않고, 서민의 생활과 문화, 정체성과 이슈에 깊이 들어가 서민의 '생활정치'와 소수자의 '정체성 정치', 이를 통한 사회변화를 설득하는 본연의 '정치적' 임무를 수행할 것을 강조하고 있다.

1. 서론: 주류언론의 문제와 '대안미디어(alternative media)'의 부상

한국 사회에서 팟캐스트podcast, 특히 '정치팟캐스트'에 대한 관심은 2011년 〈나는 꼼수다〉가 선풍적 인기를 끌면서 폭증했다.[1] 이후부터 '정치시사'를 핵심주제로 다루는 팟캐스트들이 우후죽순처럼 등장했다. 이는 디지털기술 발전은 물론, 미디어를 이용하고 소비하는 패턴이 변화한 결과이기도 하며, 이른바 '레거시미디어'가 주도하던 뉴스 저널리즘 중심의 정치콘텐츠 생산·유통 전반에 대한 이용자이자 시민의 재평가와도 연결된다. 즉, 팟캐스트와 유튜브로 통칭되는 정치콘텐츠의 생산과 유통, 소비의 일대 변화의 근저에는 이른바 '레거시미디어'와 '전통적 저널리즘'에 대한 축적된 실망과 불신이 작동하고 있다.[2] 국가와 시장이 주도하는 '주류언론'은 미디어 환경과 이용 패턴 변화, 시민의 언론 변화에 대한 요구에 주목하지도, 대처하지도 못했다. 특히 지역에서는 '지역방송'은 있으나 '지역민'이 보이지 않는 구조가 심해지면서(최순희, 2017), 주민 참여를 기반으로 삶에 밀착하는 미디어에 대한 주민들의 갈망은 더욱 커졌다. 나아가, 한국언론은 2014년 세월호 참사 때 선정성, 인권무시와 생명경시에 갈등유발 행태를 보이며, '기레기'라는 신조어를 만들어내는 등 국내외적으로 언론 불신을 촉발한 '언론 대참사'(정수영, 2015)를 기록했다. 그 여파로 언론 5개 단체가 참여한 〈재난보도준칙〉(2014년 9월 16일 시행)이 재정됐지만,[3] 보도 현장에서 준칙 준수나 언론인의 책임·윤리의식 발휘를 기대하기

---

1) 팟캐스트는 다양한 콘텐츠를 디지털 파일로 인터넷망을 통해 제공하며, 컴퓨터나 스마트폰에 저장하거나 재생하여 시간과 공간 제약이 없기 때문에, 대중적으로 급속히 파급됐다(곽정원·정성은, 2013).
2) 〈시사저널〉의 조사결과, 가장 영향력 있는 언론인으로 2021년 손석희 JTBC 사장이, 김어준 〈딴지일보〉 총수, 〈김현정의 뉴스쇼〉 진행자인 김현정 CBS PD, 〈알릴레오〉를 운영했던 유시민 작가 순이었고, 이 중 2, 3, 4위가 정치팟캐스트나 유튜브를 운영하고 있거나 운영했던 사람들이다.
3) 한국신문협회·한국방송협회·한국신문방송편집인협회·한국기자협회·한국신문윤리위원회 출처: 한국기자협회(https://www.journalist.or.kr/news/section4.html?p_num=10)

에는 아직 요원하다. 심지어, 코로나바이러스감염증-19(이하 '코로나19')라는 전대미문의 건강위기 속에서도 언론은 속보 · 특종 · 클릭수 · 시청률 경쟁에 집착하는 그들만의 나쁜 관행을 이어갔다. 코로나19 초기 'OO發 확진자'라는 라벨링을 경쟁적으로 사용했고, 특정 종교, 지역, 직업, 소수자로 책임 귀인을 옮겨가면서 책임 전가와 혐오 담론을 전파했다(손달임, 2020). 이 결과, 감염에 취약한 열악한 주거 · 노동 환경과 인권과 생계위기에 봉착한 서민들의 목소리는 공론화되지 못했다. 절체절명의 참사와 생명의 위기 앞에서도 '갈등유발 저널리즘(이재경, 2008)'[4) 행태를 반복하는 '전통적 저널리즘'의 관행은 공중의 실망을 키웠으며, 다수의 공중은 주류언론의 뉴스를 더욱 외면하게 되었고, 그 반작용으로 팟캐스트, 유튜브 등을 통한 정치콘텐츠 소비가 더욱 늘어나고 있다고 분석할 수 있다.

정치적 · 상업적 이해관계에 따른 편향 보도에다 오래된 자사이기주의와 각자도생에 익숙한 취재보도 관행으로 인해 전통적 언론에 대한 신뢰가 급감하고 있는 상황에서 언제 어디서든 이용할 수 있는 정치팟캐스트와 유튜브는 흥미로운 진행과 심층적 해설을 곁들여 이른바 '레거시미디어'에 실망한 공중의 인기를 끌어모으게 되었다. 팟캐스트는 운전이나 이동 중에도, 다른 일을 하면서도 들을 수 있고, 유튜브도 오디오로 접할 수 있기 때문에 다양한 콘텐츠를 유통하는 '미디어 플랫폼'이자 '이용자 친화적' 미디어로서 그 역할을 강화하고 있다. 한편, 2011년 이후 '정치팟캐스트'는 정권을 상실한 이른바 '진보진영'이 그들의 정치적 메시지와 욕구를 발산하는 채널이었으며, 단순한 방송 송출과 청취를 넘어 다양한 행사와 이벤트를 통해 실제로 같은 '진영'이 만나고, 연대하는 장으로 이어졌으며, 촛불집회와 탄핵으로 가는 현실정치에도 영향을 미쳤다. 2016년 후반 탄핵 국면을 거치며 정치콘텐츠를 주도하는 매체는 유튜

---

4) '갈등유발 저널리즘'은 저널리즘 철학의 빈곤, 정파적 저널리즘, 경영우선주의에서 오는 부실한 전문직의 제도화, 단편적 기사쓰기 행태가 그 원인이다(이재경, 2008).

브로 변했고, 이때는 이른바 '보수진영'이 정권을 상실한 허탈감을 달래며, 결집하고, 정치적 재기를 모색하는 과정에서 유튜브를 적극적으로 활용했다(이종명, 2021).[5] 이 시기 중장년층의 유튜브를 통한 정치참여가 두드러졌는데, 정치 관련 집회나 기자회견, 세미나나 공청회 등 주류 저널리즘이 담당하는 영역으로 알려진 공간에서 장노년층이 스마트폰으로 직접 촬영하는 모습이 자주 목격되었다. 평범한 시민들이 유튜브로 정치집회나 행사의 실황중계에 나섰으며, 촬영 후 재미있게, 또 호소력 있게 편집해 "짤shorts"을 올리기도 했다. 팟캐스트와 유튜브가 서로 융합하기도 하면서 정치콘텐츠의 생산·유통을 넘어 메시지를 통한 진영의 결집과 동원, 촛불집회, 탄핵, 태극기 집회 등 정치과정 참여, 그리고 선거결과에까지 지대한 영향을 주고 있다. 특히, 일반인이 유튜브를 매개로 정치에 참여했다는 점에서, '진보진영'이 인터넷과 캠코더를 매개로 정치참여에 나섰던 2008년 상황과, 팟캐스트를 통해 나섰던 2011년 이후 상황에서 '정치행위자'이자 '미디어 이용자'의 이념적 위치가 바뀌었을 뿐 유사하다고 해석할 수 있다.

　정치채널을 표방하는 팟캐스트와 유튜브의 증가는 '언로(言路)'의 확대, 그리고 시민의 정치참여와 공론장 강화라는 점에서 긍정적이지만, 최소한의 검증도 없는 정치정보의 생산, '가짜뉴스fake news'로 불리는 의도적으로 왜곡된 정보의 유통, 사생활과 인권침해 정보를 뉴스라는 이름으로 확산하는 현상 등 부정적 영향을 낳을 수 있다. 정치팟캐스트나 정치유튜브가 특정 정치진영을 일방적으로 찬양하며, 정치지형을 더 분열시키고, 이른바 '극화현상'을 강화하면서 '필터버블filter bubble', '확증편향confirmation bias', '반향실효과echo chamber'를

---

5) 유튜브의 '정치화'를 추적한 이종명(2021)에 의하면, 종편 등장 후 폭증한 시사평론가들이 정치와 미디어 환경 급변기에 유튜브로 몰렸고, 흥미를 끄는 정치채널을 개설해 구독자를 모았다. 특히, 2016~2017년 탄핵 국면에서 늘어난 정치행위를 하는 우파 유튜버들이 집회 현장을 보조하며, 메시지 재생산 역할을 자임했다.

낳을 수 있다. '필터버블'은 본인 의견과 다른 콘텐츠를 못 보게 만들고, '확증편향'은 자기 신념과 맞는 것만 수용하게 하며, '반향실효과'는 비슷한 성향끼리 소통하면서 자신의 이야기만 진실로 느끼게 만들어 이용자를 굴에 빠뜨리는 '토끼굴효과'로 이어지게 한다(봉미선, 2021; 이상호 2020). 이 결과, 진영 간 대립과 갈등심화는 물론, 디지털기술 발전이 소통을 단절하고 민주주의가 역행할 수 있다는 우려도 커지고 있다. 더 큰 문제는 거대 양대 정파 중심으로 정치콘텐츠가 생산·확산함으로써 사회의 다양한 관점과 목소리가 더욱 주변화될 수 있다는 점이다. 이 장에서는 '아래로부터from below' 목소리를 내고, 일상의 변화를 요구하는 '생활정치', 특히, 사회적 소수자의 목소리 내기와 정치 참여를 위한 팟캐스트 등 신생 채널의 역할에 주목했다. 팟캐스트는 '비주류 정치 담론'의 생산 공간(장은미·허솔, 2022)이자 사회의 이른바 '비주류' 계층이 목소리 내고 변화를 주장할 수 있는 채널역할을 할 수 있다. 이 장에서는 팟캐스트가 '대안미디어alternative media'로서 자신의 요구와 정체성을 소통하기 어려웠던 약자와 소수자들의 '임파워먼트empowerment'에 기여할 수 있는 방안을 탐색했다.

이 연구는 '이산diaspora'과 '이주migration'의 역사를 가진 고려인과 결혼이주여성의 팟캐스트 활용에 주목했다. 이주민은 미디어를 통해 목소리를 냄으로써 적응 등 일상의 어려움으로 위축된 자존감을 회복하고, 자신의 삶을 통제할 수 있는 능력을 갖게 되며, 자신의 가치와 정체성을 회복하는 '임파워먼트'를 경험할 수 있다(안진·채영길, 2015). 이주민의 주체적인 미디어 참여는 그들의 문화와 주장이 사회에서 존중받을 수 있는 기반을 구축하고, 그들의 '소통권the right to communicate'을 강화할 수 있다. '소통권'은 구성원이 이슈와 문화를 제약 없이 표현함으로써 그들의 존재를 인정받을 수 있게 하며, 다양한 정치적·사회적·문화적 권리들을 주장할 수 있는 토대가 된다. 집단이나 개인 존재를 가시화하고 상호소통을 가능하게 한다는 점에서 '소통권'은 소수집단에게 더욱 중요하며, 정체성 인정을 넘어 다양한 권리들을 실천할 수 있게 하는 매개적 권리이다(정의철, 2018). 특히, 이주민들은 다양한 채널들을 통해 '초국적' 소통을 함으로써 '소통권'을 확보하고, 복합적인 정체성을 구성하며, 그들의 문화를 표현하고, 권리들을 주장할 수 있다(Hedge, 2016). 미디어 참여를 통한 목소리 내기는 차별 없는 공평한 조건에서 다양한 가치와 요구가 존중되는 사회를 위해 필수이며, 참여적이고 역동적인 '문화적 시민권cultural citizenship'이 실생활 속에서 인정되고, 구성되는 장의 역할을 한다(정의철, 2018). 정의철(2015)에 의하면, 열린 대화공간이자 진입장벽이 낮은 팟캐스트 같은 미디어를 통해 이주민의 다문화성이 소통된다면 이주민에게 구성원으로서의 정체성을 갖게 하고, '문화적 시민권' 확보의 토대를 만들 수 있다. 이 연구는 거대 양당과 유명인, '팬덤' 중심의 진영정치와 이에 열광하는 현상이 아닌 사회에서 목소리가 가시화되지 못했던 계층이 '아래로부터' 소통에 나설 수 있는 채널로서의 '팟캐스트'의 역할에 주목했다. 광주고려인마을의 〈고려FM〉과 부산에서 진행됐던 〈베트남목소리〉라는 이주배경 공동체들의 팟캐스트 방송 사례를 바탕으로 팟캐스트가 거대 양당 팬덤으로서의 정치콘텐츠 생산이 아닌 '아래로부터' 소수자와 서민이 목소리 내는 장이 될 수 있는 가능성을 찾고자 했다.6)

---

6) 이 연구에서 사례로 제시한 이주민의 팟캐스트 방송 중 〈고려FM〉은 현재 주파수를 가진 〈GBS 고려방송〉으로 재개국해 활동하고 있지만, 연구가 진행된 2019년 초에는 인터넷 팟캐스트 방송이었었다. 〈베트남목소리〉는 2012년 5월~2015년 12월까지 계속된 '팟캐스트'이며, 저자가 주저자로 참여한 연구(정의철·정미영, 2018) 중 저자가 직접 수행한 인터뷰와 관찰 내용을 중심으로 재구성했다.

2. 소수자 재현 문제와 대안미디어의 필요성

서구언론에서도 주류언론과 국가의 담론은 이주민을 위험한 대상으로 고정관념화해 이들에 대한 불안과 불만을 증폭시켜 왔다(Hegde, 2016). 한국의 주류미디어에서도 이러한 경향이 나타났다. 20년 넘는 방송 PD의 경험을 바탕으로 한 연구(안진, 2015)에 의하면, 지상파, 케이블, 종편을 망라하는 외국인 출연 프로그램들에서는 백인을 선호하고, 유색인종을 비선호하는 이분법적 인종주의 경향이 강하며, 최근 백인 출연자 중심 외국인 예능 프로그램 현상이 더욱 심해지고 있다. 〈다문화고부열전〉에서는 결혼이주민 문제를 한국식 가족제도로 단순화하고, 내레이션·자막을 통해 다른 나라와 문화를 단정적으로 규정했다. 〈비정상회담〉에서는 한국인 진행자들이 외국인 출연자의 서툰 한국어 표현·발음을 희화화하고, 한국인 입장에서 그들의 발언을 정리하면서 타자를 '나'로 환원했는데, 이런 경향은 외국인, 노인, 어린이, 장애인, 이주민 등 소수자 출연 프로그램들에서 유사하게 나타났다(이희은, 2017).[7] 공익광고에서는 신자유주의적 통치술에 따라 국가 경쟁력을 강화할 인적자원 관점에서만 이주민과 그 자녀들을 묘사함으로써 '글로벌 인재'로 호명받지 못한 이주민들은 주변화 또는 비가시적 존재로 전락하고, 이들의 권리는 공론장에서 배제된다(한선, 2015). 뉴스에서도 백인은 영어로, 이주노동자와 결혼이주여성은 한국어로 인터뷰해 인종에 따른 언어권력의 작동을 보여준다(주재원, 2014).

이주민들은 정착지-본국과 연결되며, 초국적인 사회관계와 정체성을 구성하는 경향이 강한데, 공식채널을 통한 소통에서도 제약이 크기 때문에 대안채널을 통해 그들의 정치, 경제, 문화적 권리들을 주장할 필요성이 있다. 이

---

7) 2015년 7월 기준 〈비정상회담〉 출연자 12명 중 백인 9명, 유색인 3명이며, 유색인도 연예인급에 정체성·직업·학벌·서구화된 외모·예능적 요소를 고려하면 평범한 유색인을 대변할 수 없다(안진, 2015).

점에서 '팟캐스트' 등 '비주류 디지털채널'을 활용하는 미디어 참여를 통해 '소통권'을 실천하고, 다양한 권리들을 주장함으로써 '임파워먼트'할 수 있다. 이주민 등 소수자가 미디어를 적극적으로 활용한다면 일방적 재현을 감수하는 수동적 대상에서 표현과 소통의 주체로 변모하는 '권력관계의 역전'을 경험할 수 있다(윤재희·유향선, 2009). 이주민의 목소리 내기를 위해서는 '팟캐스트' 등 접근 장벽이 높지 않은 미디어채널들을 통해 쉽게 제작에 참여할 수 있는 유연한 구조 속에서 목소리를 내고, 그들의 권리를 실천하는 것이 중요하다(Silverstone & Georgiou, 2005). 이주민 등 주민들의 미디어참여는 지역공동체와 구성원 간 교류의 접점을 만들고, 미디어제작을 넘어 지역에서 실질적인 만남과 상호작용을 강화하는 결과를 낳을 수 있다(김영찬·반명진, 2018). 이 점에서 팟캐스트 등 미디어활동을 통해 지역공동체의 정체성과 문제를 공유하고, 개인적 소통은 물론 지역 현안을 공론화하며, 목소리를 내고, 지역의 변화를 일구어갈 수 있다(장지은, 2018). 주파수를 갖고 방송하는 27개 공동체 라디오뿐 아니라 마을 단위의 인터넷 라디오와 이주민 등 다양한 소수자들이 목소리를 내는 팟캐스트들도 공동체미디어로서 상호소통의 장을 만들 수 있으며, 이러한 미디어활동은 '문화적 시민권'의 토대가 될 수 있다. '문화적 시민권'은 법적 지위·자격을 넘어 일상 속에서 차별 없는 상호관계와 인정, 다양한 목소리가 바탕이 되어야 하며, 미디어의 역할이 동반되어야 한다. 이주민들은 국적 취득 후에도 차별받는 경우가 많고, 정체성 혼란도 경험한다는 점에서 '문화적 시민권'은 공동체 구성원으로의 인정과 함께 선주민-이주민 간 상호관계와 일상 속 '인정의 정치'를 요구한다(양한순, 2015). '문화적 시민권'은 국가가 '위로부터' 시민권을 부여한다는 관점에서 벗어나 '아래로부터' 구성되는 '역동적이며, 참여적 시민권'(장미경, 2001)이다. 즉, 시민의 능동적 참여와 요구, 투쟁과 협상의 산물이자, 목소리 내기와 소통이 필수인 '문화적 시민권' 실천을 위해서도 미디어의 역할은 중요하다.

스마트폰과 소셜미디어 사용이 일상화된 디지털환경에서 인터넷 라디오인 팟캐스트는 꾸준히 인기를 모으고 있다(김수정·박기령, 2021). 저자본 방송으로서 진입장벽이 낮아 제작이 쉽고, 인터넷 방송의 특성상 과감하고도 날것의 시도에 적합하며, 오디오적 형식으로 진행자-청취자 간 정서적 친밀감도 높다(장은미·허솔, 2022). 특히 〈나는 꼼수다〉는 한국에서 성공사례가 사실상 전무했던 정치토크쇼이고, 다른 시사콘텐츠와 달리 유머코드를 결합해 정치를 신랄하게 풍자하면서 단기간에 청취자를 확보했으며, 시사-엔터테인먼트를 결합한 융합 저널리즘 장르로서 대안적 정보 관점과 함께 즐거움과 웃음을 제공했다(민영, 2014). 〈나는 꼼수다〉는 대통령의 불법·비리 자금, 4대강, 네이버 순위조작 등 제도권언론들이 방관했던 다양한 이슈를 직설적·도발적 화법으로 다루면서 파장을 일으켰고, 기존 미디어와 다른 차별화된 양식과 큰 사회적 반향은 팟캐스트 연구를 촉발했다(김수정·박기령, 2021). 이른바 '비주류 디지털매체'로서의 팟캐스트는 거대 양당의 정치 쟁점을 진영에 따라 다루는 방식을 초월해 차별과 불평등 같은 '부정의'한 문제들을 제기하고, 해법을 찾는 방향으로 전환해야 할 시점이다.

중앙언론보다 지역과 주민의 다양한 요구에 민감한 지역언론, 이주민 등 시민이 참여하는 공동체 라디오 등 시민 참여 미디어, 그리고 팟캐스트·유튜브 방송이 '아래로부터' 전개되는 이주민 등 소수자의 목소리를 전파하고, 소수자-다수자 간 소통과 이해에 기여할 수 있다. 이를 위해서는 미디어교육과 미디어제작 참여 정책뿐 아니라 이주민-선주민 모두가 함께하는 미디어 관련 활동과 캠페인, 기부 등 시민사회의 노력이 동반되어야 한다. 최근 〈광주MBC〉는 "우크라이나 탈출 고려인들, '농촌에 빈집이라도 구해 정착'"이라는 뉴스를 통해 우크라이나에서 전쟁을 피해 광주에 정착해 농사를 하며 살아가는 고려인의 이야기를 고려인들과 광주새날학교 교장 인터뷰를 통해 생생히 다루었다.[8] 광주의 빈집에 거주하며 농사일을 하며 안착하는 고려인의 생생한 목소리가 소개된 이 인터뷰는 뉴스 방송 5일 만에 57만 뷰를 돌파했고, 2,400여 명이 댓글로 응원하면서 고려인 간은 물론, 고려인-선주민 간 상호소통의 장이 되었다.[9] 〈고려FM〉은 코로나19에 대응해 방역 관련 필수정보와 방역물품에 관한 정보를 신속히 공유하는 역할을 통해 공동체 건강에 기여했다.[10] '광주문화재단'의 지원으로 2015년 10월부터 120분씩 다섯 차례 진행된 〈이주민 라디오〉에서 이주민들은 영상편지, 문화공연, 모국 음식 등을 소개하며, 문화적 자부심을 높였고, 이주민 간 정보공유와 이주민을 위한 멘토 역할도 수행했다. 또한, 유튜브와 페이스북으로 방송은 물론 제작과정을 공개하면서 이주민의 참여를 유도했고, 그 결과, 이주여성들은 방송참여를 통해 육아나 가사만이 아닌 공동체 일을 할 수 있어서 좋았다는 경험을 나누었다(정의철, 2018).

정의철(2015)의 이주민 대상 라디오제작교육에 대한 연구에 의하면, 이주민들은 교육에 만족했고, 프로그램 제작을 통해 자신을 표현하며, 공감의 폭을 넓히는 데 보람을 느꼈고, 이 과정에서 이주민 간, 이주민-선주민 간 상호작용이 활발히 전개되었다. 이주민이 많은 지역에서는 이주민 이슈도 중요한 지역 사안이기 때문에 팟캐스트 방송을 통해 이주민이 만든 프로그램, 또는 이주민이 참여한 미디어교육을 통해 생산된 작품을 내보내는 것도 이주민-선주민 간 소통 확대에 유익할 것이다. 이주민의 방송 참여에 대한 연구(Lee, 2012)에 의하면, 이주민들은 방송제작 과정에서 민족적 경계에 안주하지 않고, 다른 그룹과 연대하며, 자신의 이슈를 적극적으로 주장하는 미디어 생산자 역할을 수행했다. 특히 마을 단위 소출력 라디오나 팟캐스트 방송이 지역의 뉴스나

---

8) '새날학교'는 2011년 학력 인정 초·중·고 과정 위탁형 다문화대안학교로 인가되어 광주 고려인마을 자녀는 물론, 중도입국 다문화 청소년 등을 교육하는 기관이다(한겨레21, 2021, 9, 6).
9) https://kjmbc.co.kr/article/FQcEbp7BCc134-8LeXb
10) http://www.siminilbo.co.kr/news/newsview.php?ncode=1065598195571371

행사를 다루면서 지역밀착형 공동체미디어 역할을 수행할 수 있다(강상구, 2013. 12). 이주민 등 주민들이 팟캐스트를 통해 방송에 참여하기 위해서는 지역의 시청자미디어센터, 영상미디어센터, 마을공동체 라디오, 대학미디어 등과 연대해 미디어교육을 진행하고, 교육 후 방송활동과 연계하는 노력을 강화해야 한다.

3. 팟캐스트 특성과 소수자와 주민의 미디어참여

팟캐스트는 온라인 플랫폼 기반으로 수용자가 자발적으로 원하는 프로그램을 다운로드하는 음성파일이며, 검열이나 편성 시스템 없는 온라인 플랫폼 기반이기에, 생산자는 누구나 자신의 콘텐츠를 제작해 업로드할 수 있고, 수용자는 '내가 원할 때 내가 원하는 것을 골라' 들을 수 있다(장은미·허솔, 2022, 113쪽). 팟캐스트는 누구나 쉽게 개설하고, 이용과 접근이 가능하다는 점을 제외하면, 전통 라디오 매체와 기술적으로 유사하며, 최근에는 유튜브 중계를 통해 '보이는 인터넷 라디오'로 진출한 전통적 라디오로 인해 더욱 그러하다(김수정·박기령, 2021, 133쪽). 민영(2014)에 의하면, 2012년 전후 정치-엔터테인먼트 결합이 강화됐다. 이는 인터넷과 모바일 기반 콘텐츠에서만의 현상이 아니며, 지상파 3사의 간판 코미디 프로그램에 정치 패러디물이 편성되었고, 엔터테인먼트 토크쇼에 정치인이 출연해 시민의 인식이나 태도에 영향력을 미친 사례도 있다.[11] 디지털 온라인 미디어로 처음 공유된 미디어콘텐츠가 '퍼블릭

---

11) 〈나는 꼼수다〉 등 정치팟캐스트가 대안 저널리즘 성격을 통해 엔터테인먼트 요소를 결합했다면, 〈무릎팍도사〉, 〈힐링캠프〉 등은 전통적 엔터테인먼트 포맷에 정치시사 콘텐츠를 비정기적 또는 부분적으로 결합했으며, 2012년 대선 이후 정치콘텐츠-엔터테인먼트의 결합은 종편과 케이블채널에서 뚜렷히 나타난다. 특히, 2013년 2월 시작한 JTBC의 시사토크쇼 〈썰전〉은 유머코드를 본격적으로 내세우면서도 다양한 시각으로 정치·사회 이슈들을 조망한다는 기획의도를 내세웠다(민영, 2014, 72-73쪽).

액세스public access' 프로그램으로 역유통되기도 하며, 유튜브와 페이스북에서 '보이는 라디오'로 방송되는 등 온라인과 오프라인에서 '공진'이 활발하게 일어나고 있다(최순희, 2017). 이용자가 이용할 수 있는 플랫폼이 다양해짐에 따라 동일한 콘텐츠가 다양한 플랫폼을 통해 송출되기도 하면서 팟캐스트-유튜브 간 경계도 약화하고 있다. 정치팟캐스트는 오디오를 기반으로 하는 정치콘텐츠를 내보내는 채널이며 플랫폼인 '팟빵'을 중심으로, 그리고 유튜브는 비디오 중심으로 정치콘텐츠를 송출한다는 차이가 있지만, 장르를 넘나들며 오디오와 비디오 모두를 통해 정치뉴스가 생산·유통되고 있다.[12]

최근에는 '보이는 라디오' 시도가 늘어나면서 융합현상이 더욱 구체화되고 있다. 팟캐스트의 사회적 파급력도 규범적 공론장 개념에서는 생각할 수 없었던 해학, 풍자, 속어, 성적 유희 등의 질펀한 감성이 코드로 발화되고, 작동한 것과 밀접히 관련된다(김수정·박기령, 2021, 104쪽). 한국 미디어 지형에서 팟캐스트는 유튜브, 텀블벅, 웹진, 독립출판 등 비주류 매체들과 함께 레거시미디어에서 부재한 소수자·약자의 목소리를 담아내며, 여성주의 문화실천이 이루어지는 대안미디어로 기능한다(장은미·허솔, 2022, 117쪽). 장은미와 허솔(2022)은 팟캐스트는 날것 그대로의 방송이며, 캐주얼한 방식에 공감·위로하고, 을이 목소리를 내는 장이라고 강조했다. 즉, 소수자를 넘어 다양한 '을'이라는 주변부 위치를 가진 집단과 개인이 접근성 높은 '비주류 디지털 매체'인 팟캐스트를 통해 목소리를 내고, 연대하며, 소통권을 실천하고, '문화적 시민권'을 확보할 수 있다.

지영임(2020)에 의하면, 〈성서공동체 FM〉은 코로나의 혐오와 공포를 이겨내고 올바른 정보를 전달하기 위해 2020년 2월 24일부터 3월 18일까지 '코로나19 특집생방송'을 진행했다. 재난을 통해 이주민의 목소리를 드러낼 수 있는

---

12) 〈김어준의 뉴스공장〉은 〈TBS FM〉에서 생방송으로 청취할 수 있고, 유튜브를 통해서도 볼 수 있으며, 이렇게 다양한 채널로 접할 수 있는 프로그램들이 많아지고 있다.

사회적 통로가 없는 '문화적 시민권' 부재가 표면화된 상황에서 이 생방송은 주류언론에서 소외된 이주민들이 목소리 내는 것뿐 아니라 위기대처법을 공유하고, 시민주도의 '사회적 통로와 장'을 만들었으며, 이주민의 문화적 시민권이 인정되면서 다양한 가치를 가진 사람 간 상호작용이 활성화되는 장이 되었다. 이혜진(2012)의 고베 공동체 라디오 연구에 의하면, 이주민들은 라디오를 통해 정보를 공유하고, 공론장에서 자신의 언어로 소통함으로써 문화권을 향유했으며, 소수자의 재현 공간을 확보하고, 지역사회와 소통했다. 즉, 1995년 한신대지진 당시 재난을 당한 상황에서 이주민들은 지원받은 라디오를 이용해 각국 언어로 송신되는 지원과 식료품 배급 정보, 병원과 의료지원에 관한 정보 등 필수정보와 함께 외국인 주민들의 심리적 안정을 위해 방송된 각국의 음악을 들을 수 있었다. 이 점에서 이주민은 미디어를 매개로 지역의 문제를 제기하고, 대안을 모색하며, 정체성을 공유하고, 지역민들과의 접점을 강화하면서 문화적 실천과 재현의 주체가 될 수 있다.

김영찬과 반명진(2018)은 '창신동 라디오' 사례를 분석했는데, 공동체 미디어참여는 생생한 삶의 공간과 연결되며, 마을에서 라디오는 사람-사람의 관계 그 자체였다. 또한, 주민들은 마을 라디오를 통해 미디어제작은 물론 공개방송, 음악회, 축제 등을 체험하고, 공동체에서 상호작용과 관계들을 맺어가면서 변화를 경험했다. 최순희(2017)의 온라인 기반 공동체미디어에 관한 현장연구에 의하면, 충청권에서 방송된 〈대덕밸리라디오〉 제작에 참여하는 시민제작단은 시청자미디어센터에서 라디오제작교육 수료 후 자발적 의사에 의해 만들어진 온라인 매체에 참여했고, 온·오프라인에서 활동하는 주민이자 라디오 이용자로서 카카오톡·밴드 등으로 교류하며, 오프라인 지역 행사를 통해 활발히 소통했다. 특히, 보편재가 된 스마트폰으로 이용자이자 주민을 쉽게 연결하고 미디어활동에 참여하면서 참여 주체의 자발성이 두드러지는 "시민미디어citizens media"역할을 했다.[13] 장지은(2018)은 한국 최초의 공동체 라디오인 〈성서공동체 FM〉 활동을 여성주의 실천전략과 연결했는데, 미디어활동은 참여의 권리와 직결되고, 친밀한 관계와 인격화된 관계 맺기를 통해 소통의 밀도를 높였으며, 배제되어 있던 사람들이 그들의 이슈에 대해 목소리를 낼 수 있게 했다. 백홍진과 김세은(2012)은 제천에서 시민제작단이 제작한 팟캐스트 〈봄〉의 사례를 연구했는데, 시민제작자들은 방송을 통해 자신과 타인의 정체성에 주목하고, 자신의 목소리를 내고 싶어 했으며, 이웃의 삶에도 시선을 돌릴 수 있었다. 또한, 제작한 콘텐츠를 지역공동체와 공유하기를 원했고, 지역민의 피드백에 즐거움을 느끼는 '적극적 시민'이 되었다. 나아가 지역민의 언로나 표현욕구 확장 역할을 함으로써 지역사회에서 소통을 활성화했으며, 중앙이나 대도시에 비해 미디어공론장에서 먼 위치에 있는 지역주민에게로 참여가 확대되는 동시에 지역공동체의 결속을 다졌고, 지역민 손에 의해 지역문화 발전의 다양화를 도모하는 성과를 낳았다.

4. 사례분석: 팟캐스트와 '아래로부터' 목소리 내기

코로나19는 축적되어 온 불평등을 공론화하는 계기가 되었고, 공동체의 '건강함'을 위해서는 위생·보건 환경 등 구조적 변화가 중요하며, 이를 담론화하고, 주장할 수 있는 소통이 동반되어야 함을 보여주었다. 재택근무를 통해 무난히 사회경제 활동을 할 수 있는 계층과 재택근무가 애초 불가한 직종 간 감

---

13) 최순희의 연구(2017)에서는 시민에게 미디어실천과 참여를 독려하는 지대구축으로 시청자미디어센터 같은 지원시스템이 필요하지만 시민이 주축이 되어 실천하는 미디어로서 지원기관과 거리두기와 독립적 미디어를 위한 예산이 전제해야 한다는 비판적 대안도 제시했다.

염위험은 물론, 과로와 사고, 생계위기, 차별과 혐오 등에서 총체적 불평등이 드러났다. '나'만 감염 안 된다고 건강할 수 있는 것이 아님을 뼈저리게 느끼면서 '소통'과 '연대', 특히 '아래로부터' 목소리 내기의 중요성이 부상하고 있다. 더타(Dutta, 2007)에 의하면, '서벌턴subaltern'은 '아래에 있음being under'을 뜻하며, 이들의 목소리는 주목받지 못했기 때문에, 서벌턴 연구는 지배적인 지식의 구성에서 '서벌턴' 목소리의 부재와 침묵에 대해 주목한다. 주변부 계층을 뜻하는 '서벌턴subaltern'은 발화권리와 공간을 박탈당한 경우가 많고, 이들에게 자신을 표현할 수 있는 발화능력과 조건은 정치적 무기이며, 소통을 통해 정치적 주체가 될 수 있다(김애령, 2012). 문화미디어 학자 콜드리(Couldry, 2006)는 목소리를 낼 수 있는 공간이 있는지가 '시민'으로서의 행동 가능성을 좌우하며, "말하는 주체speaking subject"가 되는 것이 구성원으로서의 실질적 '시민권' 확보와 행사의 토대라고 강조했다. 조문영(2020)은 '말할 수 있는 권력' 개념에 소수자–약자를 연결해 장애인, 홈리스, 이주민, 성소수자, 쪽방주민 등은 감염으로부터 보호받을 권리를 '말할 수도 없는' 가운데 돌봄 단절, 과로·감시, 실직·해고로 인한 더 심한 불안을 경험하며, 일상에서 안전 보장 없이 혐오의 표적이 된다고 강조했다.[14] 이 점에서, 밀접·밀집·밀폐로 상징되는 열악한 주거·노동환경 등 불평등이 공론화되어야만 나와 공동체가 건강할 수 있으며, '권리를 말할 권리가 없고'(권창규, 2020), '말할 여력이 없는 존재'(조문영, 2020)들이 그들의 문제를 공론화할 수 있는 매체의 역할이 필요하다.

'팟캐스트'는 '아래로부터' 다양한 일상의 이슈와 정체성이 표현되는 생활정치와 소수자와 서민이 목소리를 내는 소수자 정치의 실천과 함께 시민참여와 풍자, 해악을 저널리즘과 결합하는 데 적합하다. 이 점에서, 광주의 고려인 공동체와 부산의 이주여성 공동체가 팟캐스트를 통해 그들의 이슈와 문화를 표

---

14) 조문영(2020)은 감염병 재난으로 우리 사회 변방에 있었던 장애인, 홈리스, 쪽방주민, 노인빈곤층 등이 겪는 고통과 이들의 '말할 여력도 없는' 상태가 악화하고 있다고 강조했다.

현하며, 소통과 '생활정치'의 주체로 나선 사례들을 분석하고, 시사점과 대안을 모색했다.

1) '광주고려인마을'과 팟캐스트 참여 사례

사회주의에서 자본주의 체제로 변화한 구소련 국가에서 살았던 고려인의 정체성은 사회주의 체제에서 살아온 중국동포나 자본주의 체제에서 살아온 북미·유럽의 한인과는 차이가 크다(김영술, 2020).[15] 고려인은 이주민 공동체 중에서도 역사적 층위에서 특이성을 갖고 있고, 한국 정착 의지가 강하다는 점에서 재외동포 자격으로 한국과 중국을 순환이주하며 생활하는 것을 이점으로 인식하는 경향이 있는 중국동포와도 다르다(한정훈, 2020). 고려인들의 정체성은 한국이 '이산'과 '이주', '혼종'과 '변형'의 역사를 갖고 있음을 잘 보여준다. 이들의 이주역사는 150년이 넘었고, 스탈린의 강제이주 정책으로 인한 극동에서 중앙아시아로의 이주는 80년이 흘렀으며, 남북이 갈등해 왔기 때문에 조선인이나 한국인보다는 중립적 의미의 '고려인'을 사용한 것으로 해석된다(김영순·최희, 2017). 고려인들은 국적보다는 조상이 한민족이라는 혈통과 역사적 기억을 중시했고, 언어는 러시아어로 태어난 나라인 '조국'은 우즈베키스탄, 카자흐스탄, 러시아 등 거주국으로 인식되어 국가로서 이들 나라에 대한 소속감은 있지만, 국민으로서의 소속감은 부재했다(김영술, 2020).[16]

'이산'과 '이주'의 역사와 아픔을 가진 고려인이 한반도로 귀환하는 현상에는

---

15) 출입국, 〈외국인정책 통계월보〉 등의 통계에 의하면, 국내 거주 외국 국적동포는 2020년 1월 기준 약 90만여 명이고, 구소련 국가 출신 한국 거주 고려인은 8만 7천여 명이며, 구소련 국가에 거주하고 있는 고려인 수는 48만 명 이상이라고 한다(김영술, 2020, 32-33쪽, 재인용).

16) 선행연구에 의하면, 고려인들은 김치, 간장, 국시, 잡채 등을 먹고 차례와 성묘를 하며, 고유한 문화를 유지하면서, 근면하고 진실한 민족이라는 한민족 정체성에 대해 자부심을 느끼면서, 역사적 조국은 한국으로 인식하고 있었다(김영술, 2020, 50쪽).

다양한 맥락이 작동한다. 먼저, 우즈베키스탄, 카자흐스탄 등에 살던 고려인들은 1938년부터 소련 정권의 소수민족학교 폐쇄로 러시아어만 배웠고, 중앙아시아로 강제이주한 연해주 고려인 후손의 다수도 한글에 익숙하지 못했다. 1991년 독립 후 민족주의가 부상하면서 신생독립국의 민족어가 공용어가 되었고, 고려인은 언어를 포함해 삼중고를 겪게 되었으며, 고려인 사회에서 한글이 새롭게 조명받으면서 한국으로의 이주도 증가했다(지충남·양명호, 2016). 또한, 신생 독립국에서의 정치·경제적 불안정으로 한국으로의 귀환이 본격화되었고, 미성년 고려인들의 이주도 늘어났다(김경학, 2018). 김영술(2020)에 의하면, 고려인 젊은 세대가 영주를 원하는 이유는 한국 생활의 편리함, 고용기회, 높은 소득, 한국 문화에 대한 관심이며, 이는 문화와 경제적 이유가 중요한 이주 동기임을 보여준다.

2000년대 초반 광주로 소수의 고려인들이 이주할 때 지역 종교단체와 먼저 이주한 고려인들이 네트워크를 조직해 고려인의 정착을 도왔고, 2004년 고려인 공동체 모임, 2005년 고려인 상담소에 이어 2009년 '고려인지원센터'를 개소했고, 젊은 고려인 부부들의 경제활동을 돕기 위해 2012년 어린이집, 2013년 '고려인지역아동센터'를 개설했다(한정훈, 2020).[17] 광산구에는 광주시 외국인 주민의 47.9%가 살고 있고, 광주시 전체의 결혼이주여성의 40%가 거주하고 있으며, 여러 집단별 기념행사와 축제가 열리고, 다문화음식거리와 마트도 있다. 광산구는 2012년부터 다문화정책팀을, 2013년부터 전국 최초로 '외국인 주민 명예통장제'를 운영하고 있다(선봉규, 2017). 이러한 지역적 배경과 함께 2016년 9월 국내 최초로 고려인들이 직접 방송에 참여하는 〈고려FM〉을 개국

---

17) 광산구는 중도입국 자녀를 위한 정부 위탁학교인 '새날학교'를 지원하며, 고려인센터는 고려인들의 경제활동 패턴에 맞춰서 '새날 어린이집'을 운영하고 있는데, 교육환경은 젊은 고려인 부부와 자녀들이 고려인마을을 정착지로 선택하는 중요 이유이다(한정훈, 2020, 485쪽).

했다. '광주문화재단'의 무지개다리사업의 한 부분으로 〈고려FM〉은 출발했고, 고려인마을 주민들의 문화 향유를 위한 라디오 송출이 주 내용이었으며, 사업 대상과 수혜자는 고려인이었다(심규선·이민하·이윤석, 2018). 구체적으로는 '광주문화재단'과 '광주시청자미디어센터'의 지원 속에 2016년 5월부터 12주 준비 작업 후 FM 102.1Mhz 주파수를 받아 라디오 방송을 시작했다(선봉규, 2017). 당시 송출범위는 방송국 기점으로 5km인 미니 FM으로 월곡동, 산정동, 우산동, 하남동 거주 고려인들이 주요 청취자였다.[18] '고려인마을'은 일제강점기의 상처, 탈냉전의 세계사적 사건, 신자유주의와 세계화 문제를 내재하는 장소이며, 귀환과 정착의 고려인, 외국인 주민, 선주민은 '고려인마을'을 매개로 일상에서 대면하고, 문제들을 해결하려고 한다(한정훈, 2020). 이 과정에서 〈고려FM〉은 고려인들이 정보와 지지를 교환하는 가교이자, 주류문화-소수문화 간 소통에도 기여하고 있었다(정의철, 2018).

〈고려FM〉은 주파수를 통한 방송은 3개월여 한시적으로 했고, 정책지원이 중단된 후에는 인터넷 팟캐스트 형식으로 운영되다가 2022년 3월 1일 '공동체 라디오'로 승인받아 지상파 〈GBS 고려방송〉(93.5Mhz)으로 재개국했다. 광산구를 중심으로 서구, 남구, 전남 나주 일부 등 약 25만 가구에 송출되고 있으며, 24시간 방송을 내보내고 있고, 인터넷 애플리케이션 〈고려FM〉을 설치하면 전국과 중앙아시아지역 고려인들은 물론, 전 세계에서 청취할 수 있다. '고려인마을' 대표는 〈GBS 고려방송〉과의 개국 인터뷰에서 "〈고려방송〉은 광주 정착 고려인 동포들과 내국인의 소통을 위한 방송이며, '고려인마을' 주민들이

---

18) 2017년 당시 〈고려FM〉은 월~금 오전 10시 30분부터 오후 1시, 오후 5시 30분부터 저녁 8시까지 총 5시간 방송을 하며, 러시아어(70%)와 한국어(30%)로 고려인들의 이야기를 들려주었다. 프로그램으로는 〈디아나의 광주이야기〉, 〈고려인마을 뉴스〉, 〈엄마 수다방 톡톡〉, 〈10대세상〉, 〈세대토크〉, 〈뮤직타임〉 등이 있었고, 고려인주민들이 자신들의 삶의 이야기와 생활정보를 나누며, 지역사회 구성원으로서의 지위를 확인하고, 원주민과의 소통을 활성화하는 데 유용한 매체가 되었다(선봉규, 2017, 210쪽).

운영하며, 향후 지역사회와의 소통과 한국사회 적응을 위해 한국어방송을 대폭 늘릴 계획이라고 말한 바 있다.[19]

고려인은 안산, 서울, 인천, 대구, 광주, 청주, 경주, 남해 등에 모여 살고 있다. 전국에 거주하는 7만여 명의 고려인의 10% 이상인 8천여 명이 '광주고려인마을'에 거주하고 있으며, 다른 지역에 비해 고려인의 내적 네트워크가 잘 갖춰져 있고, 지자체와 원활한 협력이 이루어진다는 특징이 있다(한창훈, 2020). '광주고려인마을'에서는 2020년 9~12월 매주 2시간씩 10강에 걸쳐 '청소년기자학교'를 운영했는데, 고려인마을 자녀들이 국내 언론사는 물론, 고려인마을이 운영하는 라디오와 TV 등에서 활동하는 것을 목표로 교육을 진행했다.[20] '청소년기자학교'는 '광주고려인마을'이 주최하고, '고려인미디어센터'와 '고려인인문사회연구소'가 주관했으며, 광산구가 후원했다는 점에서 고려인들이 주체적으로 미디어교육을 통해 미래의 고려인 언론인 양성에 나섰고, 이 속에서 지역사회와 연대했다는 점에서도 의미가 크다. '광주고려인마을'은 2019년 7월 「재외동포법령」 개정 시행 소식이 전해진 후 "고려인마을 주민초청 간담회"를 개최했다. 법무부 출입국·외국인정책본부 공무원들과 고려인주민 120여 명이 참여한 간담회를 통해 동포법 개정 주요 내용을 설명하고, 주민 의견도 경청했다. 〈고려FM〉도 간담회 소식을 다루면서 고려인들이 이주와 출입국 관련 법·제도와 정책 결정 과정에 당당한 주민이자 주체로 참여하고 있

---

19) 인터뷰에서 신조야 대표는 고려방송국명인 〈GBS〉의 G는 '고려인', '광주와 광산구', '글로벌'을 의미하며, '고려인마을'이 운영하는 새날학교 재학생이나 졸업생 등 고려인 청소년들도 적극적으로 방송 제작에 참여하고 있다고 강조했다.
URL: http://gbsfm.co.kr/c-1/?uid=29&mod=document&pageid=1

20) 〈월곡에서 만나는 아시아〉란 이름으로 대면·비대면을 병행했고 〈고려인마을신문〉도 발행했다. '고려인마을' 대표는 "기자학교를 통해 배출된 고려인마을 자녀들이 주요 언론 기자는 물론 고려인마을이 운영하는 〈고려FM〉, 〈나눔방송〉, 〈고려인TV〉 등을 이끌어갈 훌륭한 지도자로 자라길 바란다"고 말했다.
URL: http://www.nanumyes.com/kunsolution/webzine.php?webzine_id=nanum_01&article_no=4817&webzine_phase=view

음을 알렸으며, 이는 '아래로부터' 주민으로서의 목소리 내기 실천이 '위로부터'의 정책변화와 연결되고 있음을 보여준다. 이 연구를 위해 '광주고려인마을'을 두 차례 방문해 '고려인마을'을 둘러 보고, 〈고려FM〉도 두 차례 방문해 관계자들과 자연스럽게 대화하며, 인터뷰도 진행했다. 특히, 고려인공동체를 각고의 노력을 통해 2005년 출범시켰고, 현재도 고려인공동체를 이끌고 있는 리더이자 '광주고려인마을'의 대표와 당시 〈고려FM〉의 편성책임자도 만나 인터뷰했다.21)

　인터뷰에서 '고려인마을' 대표는 〈고려FM〉이 다양한 정보와 지지를 제공하는 중요한 역할을 하고 있으며, 향후 고려인 청소년들이 기성언론은 물론, 〈고려FM〉 등 고려인이 주도하는 미디어에 참여하면 좋겠다고 말했다. 고려인의 이주 역사와 맥락에 대해서도 많은 이야기를 나누었다. 구소련에서 몇 세대를 살아왔던 고려인들은 한국어를 배울 수 있는 기회를 접할 수 없었기 때문에 한국어와 한국문화에 대한 이해가 부족하며, 우즈베키스탄 정부는 고려인을 인정하지 않았고, 2000년 전후 생존을 위해 남한으로 이주한 경우가 다수이며, 1991년 소련 붕괴는 정치·경제·사회·문화적으로 전환점이었다고 말했다. 인터뷰를 통해 고려인들의 역사와 경험은 '조선족'으로 불리는 중국동포와는 다름을 알 수 있었다. 인터뷰에 동행한 중국동포에 의하면, 중국동포들은 조선족 학교에 다닐 수 있고, 한민족의 전통과 문화, 언어에 쉽게 접하며 살아왔다고 말했는데, 이는 고려인들의 경험과는 달랐다. 이 중국동포는 한국어를 잘 구사했고, 일상에서 언어적 문제는 없다고 말했지만, 한국사회가 중국동포를 같은 민족으로 수용하지 않고 차별한다고 비판했다. 즉, '한민족 디아스포

---

21) '광주고려인마을' 신조야 대표와의 인터뷰는 2019년 5월 자택에서 이루어졌다. 인터뷰를 주선한 중국동포 여성 두 명도 함께 과일과 전통 빵을 함께 하며 자연스러운 분위기에서 대화를 나누었다. 이 두 명의 중국동포는 광주에 결혼이주로 왔고, 20여 년 이상 살고 있었으며, 이 중 한 명은 광주에서 결혼이주여성의 지역사회 참여와 권리 증진을 위해 이주민 자조단체를 설립해 운영하고 있다.

라diaspora'들은 이주라는 경험을 공유하면서도 동시에 다양한 역사적 · 문화적 · 언어적 배경과 어려움을 갖고 있지만, 한국 사회가 이들 귀환한 디아스포라를 공동체 구성원으로서 수용하지 않고, 차별한다는 인식은 공유하고 있었다.

관찰과 인터뷰 결과, '광주고려인마을'은 다양한 운영기관들인 '고려인마을종합지원센터', '어린이집', '지역아동센터', '청소년문화센터', '고려인마을 합창단', '고려인역사박물관', '고려인광주진료소'와 함께 '고려인미디어센터' 안에 〈고려FM〉을 두고 있었다. 〈고려FM〉(지금의 고려방송)에 나온 뉴스를 중심으로 고려인마을 소식을 〈나눔방송〉을 통해 이메일과 문자로 알리는 소통 활동도 적극적으로 전개하고 있었고, 고려인, 다문화가정, 이주노동자, 탈북민 자녀 등이 재학하고 있는 학력인정 대안학교인 새날학교 교장이 〈나눔방송〉 대표를 맡아 운영하고 있었다. 2010년 10월 28일부터 〈나눔뉴스〉를 내보내다가 2011년 1월 24일 광주시에 신문 및 인터넷방송기관으로 정식으로 등록한 〈나눔방송〉(http://nanumyes.com)(정막래, 2017)은 정규편성표를 갖고 있는 〈고려방송〉과 함께 이메일과 문자를 통해 '광주고려인마을' 중심으로 전개되는 다양한 소식들을 뉴스로 확산함으로써 그들의 이슈와 문화를 알리는 적극적인 소통을 하고 있었다. 필자처럼, '고려인마을'을 방문했거나 관심갖는 사람들을 이메일과 문자 리스트에 넣어 매일 〈나눔방송〉 이름으로 고려인마을과 고려인 관련 뉴스들을 전파함으로써 고려인 내부뿐 아니라 지역사회 및 외부와의 소통도 적극적으로 전개했다. '광주고려인마을'의 통합 홈페이지(www.koreancoop.com) 운영을 통해서도 고려인들의 삶에 필요한 다양한 정책이나 제도, 행사 소개는 물론, 고려인들의 역사와 문화에 대해서도 널리 알리고 소통하는 역할을 하고 있었다.

〈고려FM〉 편성책임자와의 인터뷰에 의하면, '광주문화재단' · '시청자미디어센터' 지원으로 처음 1년여 방송했고, 2019년 5월 당시 인터뷰 시점에는 정부나 지자체 지원도 주파수도 없이 자발적 기부와 참여로 팟캐스트 방송을 하고 있었다. 유튜브 채널을 개설해 콘텐츠를 업데이트하고 있었고, 당시 한국어 (30%)와 러시아어(70%)로 제작되어 국내 거주 고려인뿐만 아니라 해외 거주 고려인까지 애플리케이션으로 24시간 인터넷 방송을 접할 수 있다고 말했다. 선행연구에서도, 〈고려FM〉 활동이 고려인들의 광주로의 이주와 정착에 영향을 준다고 분석했다(한정훈, 2020). 심층인터뷰와 참여관찰에 의하면, 〈고려FM〉은 참여자들의 열정 속에 정규편성표를 갖추고, 프로그램들을 제작·송출하고 있었으며, '고려인마을청소년문화센터'에서 열악한 시설 속에 있다가 2019년 1월 지역주민과 단체들의 기부로 건립된 '고려인미디어센터'로 이전해 그 전보다는 훨씬 개선된 스튜디오와 방송시설을 갖게 되었다. 두 차례 방문했을 때 많은 고려인들, 특히 어린이와 청소년들이 방송국과 같은 공간에서 어울리고 있었다. 즉, 방송국이라는 공간이 고려인과 그 자녀들이 만나고, 정보와 지지를 교류하는 사랑방 역할을 하고 있었다.[22] 2019년 여름에는 방송장비 구입을 위한 모금 운동도 전개하는 등 고려인은 물론, 주민의 기부와 참여로 방송국이 운영된다는 점은 '아래로부터' 주민참여가 미디어 활동의 토대임을 알 수 있다. 인터뷰에 의하면, 방송 전 간단한 미디어제작 교육을 하며, 앱을 통해 전국은 물론 러시아 등에서도 고려인이 청취한다고 말했다. 즉, 〈고려FM〉을 통해 국내외의 '고려인 디아스포라'를 아우르며 역동적이고, 초국적 소통의 장을 만들고 있었다.

〈고려FM〉 활동에 참여하면서 습득한 미디어제작에 대한 노하우를 바탕으로 결혼이주여성이 일인 미디어 활동을 시작한 경우도 있었다. 카자흐스탄 출신 여성은 결혼이주로 광주에 정착했고, 이주경험과 러시아어라는 언어를 공

---

22) 2019년 초 이전한 건물에는 고려인광주진료소, 고려인마을교회, 고려인법률지원단, 고려인역사박물관, 고려인인문사회연구소 등이 위치해 있었고, 2층에 있는 고려인미디어센터 내에 위치한 〈고려FM〉은 구방송국과 비교하면 깨끗하고 넓은 공간에 기자재도 보충되어 있었다.

유하기 때문에 〈고려FM〉에 참여했다. 이 방송 경험을 바탕으로 자신의 이름을 건 러시아어 유튜브 방송을 2016년부터 하고 있고, 2019년 4월 기준 구독자가 13만 명이 넘었으며, 한국 음식, 문화, 패션, 지역 명소 등 다양한 콘텐츠를 내보내면서 페이스북을 통해서도 활발히 소통하고 있었다.[23] 이는 〈고려FM〉이 고려인을 넘어 '러시아어'라는 언어와 한국으로의 이주와 정착, 생활이라는 '디아스포라'로서의 공통의 경험과 기억에 기반하는 공동체로 확장하는 데 기여했다. 앞서 언급했듯이 〈고려FM〉은 코로나19에 맞서 고려인이 쉽게 방역 관련 정보를 접하고, 방역물품과 지원 관련 정보를 공유하는 등 고려인공동체는 물론, 지역사회의 건강을 위한 지지와 연대의 가교역할도 수행했다.[24] 나아가, 방송을 통해 꼭 필요한 방역 관련 정보와 방역물품 등 사회적 지지를 신속하게 공유해 공동체 건강을 지키는 적극적인 역할을 수행했다고 평가할 수 있다.

2) 〈베트남목소리〉 팟캐스트 사례

〈베트남목소리〉는 결혼이주여성이 주체가 되어 인터넷 팟캐스트를 통해 이주민의 문제와 문화를 방송했다는 점에서 공동체 미디어활동이자 소수자의 목소리 내기 사례로 볼 수 있다. 〈베트남목소리〉는 '부산문화재단'의 문화다양성 사업으로 2012년 5월부터 2015년 12월까지 3년 8개월간 계속된 '팟캐스트' 방송이다. '부산문화재단'은 2012년부터 2017년까지 전국 최장기간 공모를 통해 문화다양성 사업을 수행했고, 2012년부터 2015년까지 이주민-선주민 교류

---

23) 광주일보 (2019, 3, 27). 다문화주부 광주 정착기 인기 폭발이에요.
   URL: http://www.kwangju.co.kr/read.php3?aid=1553612400657507028(정확한 정보를 얻기 위해 이 여성과는 페이스북을 통해 대화를 나누었다.)
24) 노컷뉴스 (2020, 8, 14). 광주시, 외국인노동자에 코로나19 방역물품 지원.
   URL: https://www.nocutnews.co.kr/news/5394928

사업으로 〈다섯손가락〉 프로그램을 진행했으며, 2016년부터는 인종, 민족, 세대, 성별 등 다양한 형태의 자기표현 중심의 사업으로 확대했다. 〈베트남목소리〉는 이주와 적응의 경험을 공유해온 이주여성들의 '아래로부터' 소통하고자 하는 요구와 '위로부터'의 문화 간 교류 촉진 정책이 결합해 탄생했다고 해석할 수 있다.

정의철과 정미영(2018)은 이주여성들이 〈베트남목소리〉라는 모국어 팟캐스트 제작과 송출에 직접 참여해 생활에 유익한 정보를 교환하고, 모국의 문화를 표현하고 즐기면서, 미디어가 매개한 초국적 공동체를 형성한 경험을 인터뷰와 관찰기법을 통해 연구했다. 먼저, 인터뷰를 통해 〈베트남목소리〉가 기획되고 시작된 배경을 살펴보았다. '부산문화재단'은 2012년 이주민과 선주민 대상의 공공사업을 하기 위해 '다문화가족지원센터' 등을 대상으로 기초 조사를 실시했다. 이 과정에서 이른바 '다문화 관련 기관'들이 이주민에 대해 부정적 인식을 갖고 있음을 알게 되었고, 이에 따라 '부산문화재단'은 이주여성 '리더'들을 직접 발굴하기 위해 이주민들을 최대한 많이 만나는 방식으로 300명 이상을 인터뷰했다.[25] 이러한 과정을 바탕으로 문화 간 교류를 위해서는 모국어로 말하는 것이 좋겠다고 판단해 부산에서 처음으로 이주민이 모국어로 말하는 '팟캐스트'를 기획했고, 상당수가 베트남 출신이었다는 점에서 이들이 모국 문화를 이야기하고 싶은 욕구가 큰 것으로 보고 베트남 이주여성에 초점을 두었다. 〈베트남목소리〉 팟캐스트를 지원할 조직으로는 영상 미디어교육과 다큐멘터리, 라디오 제작, 출판, 미디어교육, 공동체 상영, 팟캐스트 등을 하고 있던 부산의 사회적 기업인 '미디토리'를 선정했다. 인터뷰와 관찰 결과 〈베트

---

25) 이주민 지원 단체는 이주민의 문화적 표현에 대한 관심이 부족하고, 행사 규모에 관심이 크며, 이주민을 대표해 정책 결정 시 의견을 내지만, 사실은 '자임하는 대표성'에 가까우며, 이주민을 동원 대상으로 간주함으로써 이주민의 참여는 정체되고, 중복 참여 문제도 크다(김원, 2011).

남목소리〉가 성공적으로 운영된 가장 중요한 이유는 한국인 중심의 이른바 '다문화 기관'에 맡기지 않고, '부산문화재단'이 직접 결혼이주여성들을 인터뷰 하며, 이들의 미디어 이용 동기와 욕구를 이해하고자 했고, 방송하고자 하는 욕구가 높은 베트남 여성 중심으로 모국어 방송을 하도록 했다는 데 있다. 또 한, 지역의 미디어 관련 사회적 기업이 이 과정에서 적극적으로 연대해 방송 제작 과정을 통해 이주민-선주민 간 소통과 연대의 장도 형성되었다. 〈베트남 목소리〉를 통해 베트남 출신 이주여성들에게 유익한 정보를 전하고, 이들이 좋아하는 음악 등 문화를 공유했으며, 사연을 통해 고향 생각을 함께 나누는 등 마음의 위로를 받는 장이 되었다.

베트남 출신 결혼이주여성이 참여한 팟캐스트 지원이 끊기면서 방송이 중 단된 후에도 베트남문화센터, 베트남어 교습소 등을 함께 운영하는 등 미디 어를 매개로 이주민의 사회관계망을 확장하고, 문화적 역량을 강화해 나갔다 (정의철·정미영, 2018). 방문 관찰과 인터뷰 결과, 결혼이주여성들은 베트남 식당을 함께 운영하며, 경제활동과 함께 상호교류하고, 협력하고 있었다. 이 점에서, 팟캐스트라는 미디어활동이 전통적인 콘텐츠 제작과 송출에 머물지 않고, 이주여성들이 목소리를 내고, 생활에 필요한 정보와 지지를 교류하는 장이 되었으며, 이후 실질적 사회관계망과 경제활동에도 유익한 결과를 주고 있었다. 이주여성들은 방송이라는 참여적 실천을 통해 위안과 지지를 공유했 고, '함께 살아가기'에 대한 모색을 하면서 지역 문제도 고민하게 되었다. 또 한, 팟캐스트를 통해 베트남 출신은 물론, 지역민들과 소통하며 공감하였고, 자원봉사 등 다양한 활동에 참여함으로써 거주지에서 새로운 '공동체'를 형성 하고 있었다.

김영찬과 반명진(2018)에 따르면, 이주민은 마을미디어를 통해 미디어제작 부터 실질적 상호작용인 공개방송, 음악회, 축제 등에 참여하고, 마을공동체에 서 관계를 형성하면서 정체성과 사회적 위치에 대한 변화를 경험했다. 일본

고베에서 이주민들은 라디오를 통해 정보를 공유하며, 공론장에서 자신의 언어로 소통함으로써 '문화권'을 향유했고, 소수자로서의 재현 공간을 획득해 지역사회와도 소통했다(이혜진, 2012). 김영순 등(2014)에 의하면, 이주여성은 미디어가 매개하는 가상의 공간에서 '초국적 관계망'을 구성하고, 그 속에서 다양한 방식으로 타자성을 탈피한 주체화 경험을 축적하며 능동적 삶의 주체가 되었다. 장지은(2018)은 공동체미디어는 복잡하고 상업화된 도시에서 인격적 관계 같은 친밀감을 형성해 주는 소통의 가교역할을 했다고 강조했다. 〈베트남목소리〉 사례에서도 이주여성들은 팟캐스트 참여를 통해 그들 사이의 단절을 극복하고, 소통하면서 인격적 관계를 만들어 가며, 친밀감을 형성하는 등 상호소통과 이해에 기반해 '문화적 시민권'의 토대를 만들었다. 이주여성들은 주류미디어가 외면하는 소수집단의 목소리가 공유될 수 있는 인터넷 공간이자 소통 수단인 팟캐스트를 활용해 표현과 소통의 주체로 변모하고 있었다. 반명진과 김영찬(2016)의 공동체 라디오 연구에서도 미디어 실천이 공동체적 감수성 형성과 발현이라는 실천적 경험을 낳았고, 팟캐스트나 유튜브, 페이스북 등 소셜미디어를 활용한 다양한 시도(콘텐츠 제작 참여)를 통해 소통과 교감의 범주도 넓어졌다. 공동체 차원의 미디어활동을 통해 개인이 소통할 뿐 아니라 지역 현안들을 미디어를 통해 이슈화하거나 함께 지역의 크고 작은 변화를 만들어 갈 수 있다(장지은, 2018).

〈베트남목소리〉에 대한 인터뷰와 관찰에 의하면, 팟캐스트를 통해 생활에 필요한 법률, 먹거리나 명소, 성공한 베트남인에 대한 정보를 제공했고, 베트남인들이 좋아하는 음악과 사연 등을 공유하면서 청취 후 편지나 페이스북으로 노래를 많이 신청할 정도로 인기를 끌었다고 한다. 즉, 이주여성들은 미디어의 주체적 참여자로서 그들에게 필요한 정보와 그들이 공감할 수 있는 문화를 능동적으로 소통했다. 이는 김영찬과 반명진(2018)이 주장한 것처럼, 이주민의 미디어참여가 미디어교육과 제작으로 시작됐지만 점차 상부상조하는 '공동체' 활동으로 발전했다고 해석할 수 있다. 이주여성들은 거주의 권리가 안정적이지 않은 가운데 자신의 목소리를 내기 위해 노력했고, 문화 활동, 자원봉사 등을 통해 이주민 간은 물론 선주민과도 소통하려 했으며, 방송을 통해 연대를 모색하고 있었다. 종합하면, 〈베트남목소리〉는 이주여성의 목소리 내기를 통한 정보와 문화 공유의 장이었고, 방송 준비와 제작과정에서 이주여성들은 출신 지역과 언어, 교육수준 등의 차이를 극복하면서, 다양한 정보와 지지를 소통하고 있었다. 또한, 방송을 지원하는 한국인 관계자들과도 소통하면서 선주민과의 연대감 형성으로도 이어졌으며, 팟캐스트 방송 중단 후에도 베트남 공동체를 위한 다양한 교육과 문화 프로그램 운영 등 공동체가 새롭게 형성되고, 발견되었다. 이는 미디어활동이 메시지와 상징 활동에 그치지 않고, 실제 사회관계와 연대의 확대로 이어지고 있음을 보여준다.

5. 결론과 대안: '아래로부터' 목소리와 팟캐스트의 '정치적' 역할

'이주의 보편화'로 해외로부터의 이주민은 물론 중국동포, 고려인 등 이른바 '한민족 디아스포라'의 귀환이 증가하고, 이들이 함께 사는 마을도 늘어나고 있다. 최근에는 팟캐스트, 유튜브, 마을 라디오 등 다양한 미디어 형식을 통해 이주민과 귀환 동포들이 목소리를 내면서 그들의 존재와 정체성, 문화와 이슈를 표현하고 있다. 정치적 · 사회경제적 불평등은 물론, 건강과 재난불평등은 권리들을 주장할 수 있는 소통권에서의 불평등과 상호작용하며, 진영 간 대립을 넘어 사회갈등 증폭으로 이어진다. '권리를 말할 권리가 없고'(권창규, 2020), '말할 여력이 없는'(조문영, 2020) 구성원이 없도록 모든 주민에게 '소통권'을 부여하는 차원에서 팟캐스트라는 '비주류 디지털 매체'의 역할은 크다. 이상봉(2017)에 의하면, '주민'은 지역에서 일상을 사는 사람이고, 지역에서 삶을 영위하는 외국인도 동일한 권리를 갖는 주민이며, 그 권리는 관념이나 이론이 아닌 일상에서의 구체적 참여와 행동을 통해 실현된다. 즉, 외국인 주민은 권리주체이고, 이들의 정치참여는 동등한 권리와 사회적 지위 확보, 지역사회 통합과 연결된다. 이 점에서, 이주민은 지역에서 삶의 터전을 공유하며, 의무를 부담하고, 법·제도의 규율을 받기 때문에 주민으로서의 권리, 즉 '주민권'이 부여되어야 한다(이용승, 2014). 채영길(2013)은 주류미디어의 다문화 프로그램과 관련 정책이 가부장주의·오리엔탈리즘이라는 '단문화성'을 강화하고, 이주민을 소수자로 고정화하는 '타자화'를 통해 주류사회의 관용을 장려한다고 비판했다. 즉 방송 프로그램과 정책을 지배하는 수직적·온정적·하방적·헤게모니적 소통은 '우리'와 '다문화공동체' 간 상호주관적 소통을 방해하고, 소수공동체-주류사회 간 위계를 낳는다.26) 이러한 일방향적·위계적 소통은 소통의 불평등을 넘어 그들의 존재와 '건강권'까지 위협할 수 있다. 반면, 이주민 등 주변화된 계층들이 팟캐스트나 유튜브 등을 통해 소통권을 실천하고, 다양한 문화와 이슈들을 표현하며, 다른 권리들도 주장할 수 있게 되면, 이는 '문화적 시민권' 확보이자 시민권의 실질적 행사의 토대가 된다. 이 점에서, 불평등한 소통구조에 맞서 이주민 등 소수자가 팟캐스트를 통해 목소리 내는 생활정치와 정체성 정치의 주체가 된 사례들을 분석하고, 대안을 모색하는 연구의 의미는 크다. 미디어참여를 통해 이주민은 위축된 자존감을 회복하고, 자신의 삶을 통제하는 능력을 키우며, 자신의 정체성을 회복하는 '임파워먼트'를 경험했고(안진·채영길, 2015), 이를 바탕으로 구성되는 '문화적 시민권'은 생활 속에서 상호소통과 참여, 연대와 연결되며, 미디어교육과 미디어참여를 필요로 한다.

---

26) 채영길(2013)이 표현한 '하방적'은 정부나 거대미디어, 전문가 등 권력과 엘리트로부터, 즉 '위로부터'의 의미이며, 이에 대응하는 '아래로부터'는 시민들의 삶과 요구로부터로 해석할 수 있겠다.

'이주'와 '이산'의 역사를 가진 고려인 공동체가 목소리를 내야 한다는 '아래로부터'의 요구가 '무지개다리사업'이라는 '위로부터' 정책과 결합하면서 2016년 '라디오제작교육'을 바탕으로 〈고려FM〉이 출범했다. 이 과정에서 고려인 리더와 공동체의 헌신뿐 아니라 광주라는 지역공동체와의 연대도 주목할 지점이다. 전국 최초로 광주에서 제정한 「고려인주민지원조례」에서는 고려인주민을 "1860년 무렵부터 1945년 8월 15일까지의 시기에 농업이민, 항일독립운동, 강제동원 등으로 러시아 및 구소련지역으로 이주한 사람 및 「민법」 제777조에 따른 그 친족으로 현재 광주광역시에 합법적으로 거주하고 있는 사람"으로 규정해 고려인주민의 역사와 정체성을 인정하고, 지역공동체 일원임을 명시했다(한정훈, 2020, 494쪽). 〈GBS 고려방송〉은 홈페이지에 "광주정착 독립투사 후손 고려인동포들의 마을공동체가 광주시민과 전세계 거주 고려인동포를 대상으로 한국어(70%)와 러시아어(30%)로 운영하는 방송"이며, "고려인동포는 물론 선주민과 광주시민, 더불어 살아가는 이주민들이 함께 지역사회에 희망을 전하는 지상파 라디오방송국이 되고자 노력"할 것을 선언했다. 이는 고려인이 참여하는 방송이 시혜(施惠)가 아닌 동등한 주민으로서의 권리이자 의무를 실천하는 것임을 보여준다. 주파수를 갖는 방송으로 재개국 하면서 방송 비중을 한국어(70%)와 러시아어(30%)로 변경해 생활 적응과 주민과의 상호작용 및 소통에 더 비중을 두었는데 이는 고려인의 광주정착 20년이 지나는 시점에서 〈GBS 고려방송〉이 고려인 간 상부상조와 고려인 공동체의 강화를 넘어, 고려인과 선주민인 지역민 간 소통과 연대에 더 초점을 두고 있음을 시사한다.

〈베트남목소리〉는 부산 거주 베트남 출신 결혼이주여성 중심으로 시작했지만, 지역에 거주하는 베트남인은 물론, 베트남에 있는 가족·친지들과도 팟캐스트 방송을 통해 연결되었다. 이 점에서, '초국적 디지털 디아스포라(Hedge, 2016)' 공동체가 '팟캐스트'를 통해 형성되었다고 해석할 수 있다. 인터뷰와 관찰에 의하면, 디지털기술의 연결성 덕분에 이주여성들은 그들의 문화를 표현하고, 초국적 공동체를 구성하며, 문화적 시민권을 위한 요구를 표출할 수 있었다. 방송을 통해 법률, 취업, 자녀교육에 관한 정보를 공유하고, 문화활동과 자원봉사 등에 적극적으로 참여하면서 베트남 공동체의 연대감을 높일 수 있었다. 나아가, 이주여성들은 문화활동, 자원봉사, 교육 등에 참여하면서 이주민 간은 물론 선주민과도 새롭게 만나고, 관계를 맺으며, 소통하려 했고, 팟캐스트가 이주민-선주민 간 교류와 연대의 가교 역할도 수행했다고 해석된다.

한정훈(2020)에 의하면, 고려인들은 그들이 떠난 나라의 경제 상황과 자녀 미래를 고려해 영구 정착을 계획하고, '광주고려인마을'은 영구 정착을 위한 토대를 닦는 장소의 성격을 갖는다. 또한, 한국은 조상의 조국이나 역사기억 공동체로서의 모국을 넘어 고려인들의 생존과 발전을 위한 교두보가 되는 공간이라는 점에서 경제적·문화적 토대 제공과 함께 고려인의 정착·사회통합을 위한 재외동포 정책의 변화도 절실하다. 이 과정에서, 정책의 대상화가 아닌 정책의 주체가 되어야 하며, '팟캐스트', '유튜브' 등 다양한 채널들을 활용해 지역주민으로서 당당히 목소리를 내고, 소통권을 실천할 수 있어야 한다. 선행연구(정의철, 2015)에서도, 일부 다문화가족지원센터가 이주민 사업이나 연구를 조정하는 권한이 있는 듯이 행동하는 문제가 관찰되었고, 이는 이주민을 보호나 관리 대상으로 보는 권위주의적 자세일 수 있다. 연구에 참여한 이주민들도 센터가 연락을 잘 해주지 않고, 제공하는 정보도 도움되지 않으며, 친절하지 않다고 지적하기도 했다. 최근의 연구(최순희, 2017)에서도 시민이 주축이 되어 실천하는 미디어가 되기 위해서는 지원기관과 거리두기와 함께 독립적 미디어 운영을 위한 예산이 전제해야 한다는 대안도 제시되었다. 동시에, 지역방송 제작자 출신의 최순희(2017)는 지역 기반의 디지털미디어 운영 경험을 바탕으로 지역이 갖고 있는 사회·문화적 자원을 미디어를 통해 공유하고, 소통하는 방법으로 온라인 기반의 미디어실천이 효과적이라고 주장했다. 이

점에서, 관료화된 기관보다 이주민과 주민 등 '당사자'가 중심이 되는 미디어 정책과 지역의 인적·물적 자원과 결합해 시너지를 낼 수 있는 현장 중심 접근이 필요하다.

'이주의 보편화'로 해외로부터의 이주민은 물론, 중국동포, 고려인, 재독동포, 탈북민 등 한민족 '디아스포라'의 귀환이 늘어나고 있다. 오랜 기간 '이산'을 경험했던 '디아스포라'들이 귀환해 모여 사는 마을(고려인마을, 중국동포마을, 탈북민마을, 독일마을 등)도 속출하고 있고, 이들이 소통과 연대를 위해 만든 미디어채널들도 늘어나고 있다. 이 연구는 광주의 고려인들과 부산의 베트남 출신 이주여성들이 참여한 팟캐스트 방송 활동에 주목해 그 과정과 성과, 대안을 모색했다. 이를 통해 더욱 복잡다기화되고 있는 다양성과 이주의 시대에 문화 간 소통과 교류, 공존과 화합, 그리고 이를 실천할 수 있게 하는 '소통권'과 '문화적 시민권' 확보에 필요한 팟캐스트 등 미디어의 적극적 역할을 찾고자 했다. 이 연구에 의하면, 고려인과 결혼이주여성들은 팟캐스트라는 미디어에 '수평적' 관계로 참여하면서 오랜 기간 재현의 일방적 대상으로 머물다가, 재현의 '주체'로 변모하는 '문화적 권력 관계의 역전'을 경험하게 되었다(윤재희·유향선, 2009). 이는 팟캐스트의 장점과도 연결되는데, 팟캐스트는 다른 어떤 미디어보다 접근성이 우수하며, '초국적 디지털 디아스포라(Hedge, 2016)'인 이주민이 이용하고, 이를 통해 연대하기 편리한 매체이다. 여러 지역에서 손쉽게 접속할 수 있다는 점에서 팟캐스트를 통한 문화와 언어 기반의 초국적 공동체 형성과 그 내부에서의 소통과 연대 강화를 이끌 수 있으며, 나아가 지역주민 등 선주민과의 상호교류에도 긍정적 역할을 한다. 이러한 팟캐스트의 역할은 자연스럽게 이루어지지 않으며, 먼저 '아래로부터' 적극적으로 요구하고, '당사자' 중심 정책이 되도록 목소리를 높여야 한다. 나아가, '위로부터' 정책이 추진될 때 당사자와 현장 중심이 되도록 정책 입안 단계에서부터 적극적으로 소수자와 지역사회가 개입해야 한다. 소수자나 약자 포함 서민들의 팟캐스트와 유튜브 활동 등 미디어참여는 공론장과 민주주의 확장의 토대이며, 미디어교육과 함께 지역 기반으로 추진될 때 그 긍정적 영향을 강화할 수 있다. 즉, 다문화 관련 기관에 위탁만 할 것이 아니라 현장을 찾고, 당사자 요구에 충실하며, 지역사회와 함께 할 수 있는 미디어정책 추진이 필요하다.

'정치팟캐스트'는 정파성에 매몰된 거대양당의 '치어리더cheerleader' 역할을 멈추고, 불평등과 차별 등 축적된 사회구조적 문제의 해결과 시민의 삶의 개선에 초점을 두어야 한다. 이 연구가 살펴본 소수자가 주도한 팟캐스트 방송 사례들은 진영 간 대립과 동원, 유명인과 팬덤 중심의 일부 유명 '정치팟캐스트'의 거대정치세력 편들기 행태에 경종을 울리고, 팟캐스트 본연의 '아래로부터' 목소리 내기와 대안적 공론장을 통한 사회변화의 가치를 되새기게 한다. 연구결과를 바탕으로 정치팟캐스트가 양대 기득권 세력의 대립 구도에 집착해 사회적 불평등과 부정의 문제를 외면하지 말고, 서민의 생활과 문화, 정체성과 이슈에 깊이 들어가 서민의 '생활정치'와 소수자의 '정체성 정치', 이를 통한 사회변화를 설득하는 본연의 '정치적' 임무를 다할 것을 강조하고자 한다. 즉, 생활정치와 소수자 정치에 주목하면서 사회적 부정의를 비판하며, 서민의 일상 문제를 해결하기 위한 대안을 제시하고, 그들의 목소리와 문화를 소통하는 역할에 치중해야 한다. 이를 통해, 팟캐스트라는 '대안미디어' 본연의 장점을 살리고, '비주류' 목소리를 전파해 사회의 정의로운 변화를 이끈다는 '비주류이자 대안적 미디어'의 임무를 실천할 수 있다. 소수자와 약자, 서민들의 목소리 내기와 소통권 실천, 이들에게 차별 없이 문화적 시민권이 확보될 수 있는 토대의 역할을 정치팟캐스트가 수행해야 하며, 이를 위해서는 거대 기득권 세력 옹호에 올인하는 정파적 행태를 성찰하고, 소수자 등 서민에게 마이크를 제공하는 '정치적' 역할부터 충실히 할 것을 제안한다.

참고문헌

강상구 (2013. 12). 마을공동체라디오 알기. 〈마을라디오교육 입문교재 레벨 1〉. 동작 FM · 구로FM.

곽정원 · 정성은 (2013). 정치팟캐스트의 제삼자 지각 영향 요인에 관한 연구: 팟캐스트 〈나는 꼼수다〉의 영향력 지각을 중심으로. 〈한국언론학보〉, 57권 1호, 138-162.

권창규 (2020). 감염병 위기와 타자화된 존재들. 〈현대문학의 연구〉, 72권, 163-207.

김경학 (2018). 국내 고려인 아동의 국제 이주 경험과 초국적 정체성: 광주광역시 고려인 아동을 중심으로. 〈비교문화연구〉, 24집 2호, 61-103.

김수정 · 박기령 (2021). 젠더 관점에서 본 팟캐스트 공론장의 특성: 'N번방 사건'에 대한 〈듣똑라〉와 〈매불쇼〉의 담화 비교분석. 〈미디어, 젠더 & 문화〉, 36권 2호, 95-138.

김영순 · 임지혜 · 정경희 · 박봉수 (2014). 결혼이주여성의 초국적 유대관계에 나타난 정체성 협상의 커뮤니케이션. 〈커뮤니케이션이론〉, 10권 3호, 36-96.

김영순 · 최희 (2017). 고려인 여성 Y의 생애 과정에 나타난 한국인의 문화유전자. 〈한국민족문화〉, 64권, 309-342.

김영술 (2020). 국내 거주 고려인의 민족 정체성과 국가 정체성 형성과 변화 연구. 〈재외한인연구〉, 51호, 31-68.

김영찬 · 반명진 (2018). 지역공동체 구성원들의 공동체 미디어 실천에 대한 고찰: '창신동 라디오 〈덤〉' 현장에 대한 참여관찰을 중심으로. 〈한국언론학보〉, 62권 3호, 277-308.

김애령 (2012). 다른 목소리 듣기. 〈한국여성철학〉, 17호, 35-60.

김원 (2011). 한국 이주민 지원 단체는 '다문화주의적'인가: 담론과 실천을 중심으로. 김원 외(편) 〈한국의 다문화주의: 가족, 교육 그리고 정책〉, (51-81쪽), 서울: 이매진.

민영 (2014). 뉴스와 엔터테인먼트의 융합: 2012년 대통령 선거에서 정치팟캐스트의 효과. 〈한국언론학보〉, 58권 5호, 70-96.

반명진 · 김영찬 (2016). 공동체 라디오 지역공동체 구성원의 상호작용에 대한 현장연구. 〈언론정보학보〉, 78권, 79-115.

백홍진 · 김세은 (2012). 열려 있는 지역 공간으로서의 시민 미디어. 〈미디어, 젠더 & 문화〉, 22권, 75-117.

봉미선 (2021). 유튜브와 리터러시. 남윤재 · 노광우 · 봉미선 · 양선희 · 이상호 · 이종명 · 이창호 · 정의철 (편). 〈유튜브의 이해와 활용〉 (185-209쪽). 서울: 한울.

선봉규 (2017). 한국에서 외국인 집거지의 형성과 공간적 특성에 관한 연구: 광주광역시 고려인마을을 중심으로. 〈한국동북아논총〉, 83호, 193-214.

손달임 (2020). 코로나19 관련 뉴스 보도의 언어 분석: 헤드라인에 반영된 공포와 혐오를 중심으로. 〈이화어문논집〉, 51집, 137-166.

심규선 · 이민하 · 이윤석 (2018). 문화다양성 증진을 위한 문화예술정책 발전 방안 연구: 무지개다리사업 분석을 중심으로. 〈다문화콘텐츠연구〉, 27집, 7-47.

안진 (2015). 나는 왜 백인 출연자를 선택하는가?. 〈미디어, 젠더 & 문화〉, 30권 3호, 83-121.

안진 · 채영길 (2015). 공동체 미디어 실천과 다문화 정체성의 재구성: 결혼이주여성의 공동체 라디오 참여활동과 권능화. 〈한국방송학보〉, 29권 6호, 94-136.

양한순 (2015). 다문화주의 시대 귀환 중국동포의 문화적 시민권 : 대림동 사례를 중심으로. 〈동북아문화연구〉, 45권, 231-254.

윤재희 · 유향선 (2009). 한 걸음 더 나아가기: 영 · 유아 다문화교육의 새로운 방향 모색. 문화콘텐츠기술연구원 (편). 〈다문화의 이해: 주체와 타자의 존재방식과 재현양상〉 (149-173쪽). 서울: 경진.

이상봉 (2017). 일본 가와사키시 외국인시민 대표자회의 20년의 성과와 한계. 〈한국민족문화〉, 65권, 63-95.

이상호 (2020). 〈야만의 회귀, 유튜브 실체와 전망: 창의적 공유지에서 퀀텀문화까지 생존비법〉. 부산: 예린원.

이용승 (2014). "다문화시대의 시민권 아포리아: 누가 시민이며, 시민권 향유의 주체는 누구인가?". 〈한국정치학회보〉, 48권 5호, 185-206.

이재경 (2008). 한국의 저널리즘과 사회갈등: 갈등유발형 저널리즘을 극복하려면. 〈커뮤니케이션이론〉, 4권 2호, 48-72.

이종명 (2021). 유튜브의 시사 · 정치 콘텐츠. 남윤재 · 노광우 · 봉미선 · 양선희 · 이상호 · 이종명 · 이창호 · 정의철 (편). 〈유튜브의 이해와 활용〉(53-80쪽). 서울: 한울.

이혜진 (2012). 일본의 다문화공생 개념과 커뮤니티라디오방송국 FMYY. 〈경제와 사회〉, 360-401.

이희은 (2017). 무례한 미디어: 매개된 경험과 타자의 삶. 〈한국방송학보〉, 31권 3호, 216-246.

장미경 (2001). 시민권(citizenship) 개념의 의미 확장과 변화. 〈한국사회학〉, 35권 6호, 59-77.

장은미 · 허솔 (2022). 여성들의 놀이터, 일상의 경험이 공유되는 새로운 방식: 팟캐스트 〈송은이 & 김숙 비밀보장〉을 중심으로. 〈미디어, 젠더 & 문화〉, 37권 1호, 111-153.

장지은 (2018). 여성주의 실천 전략으로 바라본 공동체 미디어: 대구, 경산 공동체 미디어 실천 활동을 중심으로. 〈한국여성학〉, 34권 1호, 105-140.

조문영 (2020). 한국사회 코로나 불평등의 위계. 〈황해문화〉, 16-34.

주재원 (2014). 다문화 뉴스 제작 관행과 게이트키핑의 문화정치학. 〈한국콘텐츠학회논문지〉, 14권 10호, 472-485.

정수영 (2015). '세월호 언론보도 대참사'는 복구할 수 있는가: 저널리즘 규범의 패러다임 전환을 위한 이론적 성찰. 〈커뮤니케이션 이론〉, 11권 2호, 56-103.

정의철 (2015). 이주민의 커뮤니케이션 권리와 역량강화: 이주민 미디어와 이주민 미디어 교육을 중심으로. 〈한국언론학보〉, 59권 2호, 257-286.

정의철 (2018). 이주의 시대, 미디어 참여와 참여적 시민권 소통권과 다문화주의 논의를 중심으로. 〈커뮤니케이션이론〉, 14권 2호, 45-88.

정의철 · 정미영 (2018). 베트남 이주여성의 공동체 미디어 참여가 문화적 시민권 구축에 미치는 영향: 부산지역 〈베트남 목소리〉 팟캐스트 사례를 중심으로. 〈한국언론학보〉, 62권 5호, 136-172.

지영임 (2020). 이주민 미디어의 활성화 방안에 관한 연구: 성서공동체FM을 중심으로. 〈인문사회21〉, 11권 4호, 1915-1929.

지충남 · 양명호 (2016). 소련지역 고려인 한글학교 설립과 운영: 광주한글학교를 중심으로. 〈한국민족문화〉, 58권 2호, 3-44.

채영길 (2013). 다문화사회와 상호주관적 소통권: 미디어 중심에서 커뮤니티 중심의 커뮤니케이션을 위하여. 〈커뮤니케이션 이론〉, 9권 4호, 136-175.

최순희 (2017). 온라인 공동체 미디어(Community Media) 실천연구. 〈한국콘텐츠학회논문지〉, 17권 6호, 39-54.

한선 (2015). 공익광고가 재현하는 한국식 '다문화주의'에 대한 비판적 독해. 〈디아스포라연구〉, 9권 2호, 173-195.

한정훈 (2020). 이주민 공동체의 정착 공간과 얽히는 시선들: 광주 고려인마을을 대상으로. 〈실천민속학연구〉, 35권, 471-513.

Couldry, N. (2006). Culture and citizenship: The missing link? *European Journal of Cultural Studies*, *9*(3), 321-339.

Dutta, M. J. (2007). Communicating about culture and health: Theorizing culture-centered and cultural sensitivity approaches. *Communication Theory, 17*, 304-328.

Hegde, R. S. (2016). *Mediating migration.* Cambridge, UK: Polity Press.

Lee, H. Y. (2012). At the cross roads of migrant workers, class, and media: a case study of migrant workers' television project. *Media, Culture & Society, 34*(3), 312-327.

Stevenson, N. (2003). Cultural citizenship in the 'cultural' society: A cosmopolitan approach. *Citizenship Studies, 7*(3), 331-348.

Silverstone, R., & Georgiou, R. (2005). Editorial Introduction: Media and minorities in multicultural Europe. *Journal of Ethnic and migration studies, 31*, 433-441.

광주일보 (2019, 3, 27). 다문화주부 광주 정착기 인기 폭발이에요.
URL: http://www.kwangju.co.kr/read.php3?aid=1553612400657507028

광주MBC (2022, 9, 26). 우크라이나 탈출 고려인들, "농촌에 빈집이라도 구해 정착".
URL: https://kjmbc.co.kr/article/FQcEbp7BCc134-8LeXb

나눔방송 (2022, 9, 30). 광주MBC 고려인마을 관련 뉴스 방송 5일만에 '57만 뷰' 돌파.
URL: http://www.nanumyes.com/kunsolution/webzine.php?webzine_id=nanum_01&article_no=5566&webzine_phase=view

노컷뉴스 (2020, 8, 14). 광주시, 외국인노동자에 코로나19 방역물품 지원.
URL: https://www.nocutnews.co.kr/news/5394928

시민일보 (2021, 2, 9). 광주광역시, 외국인노동자에 코로나19 예방 홍보.
URL: http://www.siminilbo.co.kr/news/newsview.php?ncode=1065598195571371

한겨레21 (2021, 9, 6). 왜 고려인 마을에는 코로나19가 없나.
URL: https://h21.hani.co.kr/arti/society/society_general/50878.html

2장

정치유튜브의 매력과 문제점, 대안

자기민속지학과 전문가 의견을 중심으로

정의철 | 상지대학교 미디어영상광고학과 교수

　유튜브가 정치 · 시사와 경제활동과 문화, 그리고 일상의 다양한 영역들을 포괄하는 정보와 지식, 소통과 공감, 오락과 레저의 플랫폼이자 광범위한 콘텐츠를 유통하는 '장'으로서 정치적 · 경제적 · 문화적으로 욕구를 충족하는 수단이 되고 있다. 이 장에서는 '유튜브의 정치화'라는 한국적 맥락에 주목해 유튜브의 저널리즘 역할을 조명하고, 거대 정파나 엘리트가 아닌 공동체와 시민의 삶 개선에 기여하는 대안적 저널리즘의 방향을 탐색했다. 이 연구를 위해서 저자의 4년여 유튜브 이용 경험에 대해 자기민속지학을 통해 사회 · 문화적 해석을 시도했고, 유튜브 '알고리즘'과 사회적 영향, 그리고 구체적 대안에 대해서는 '전문가 의견조사'를 통해 접근했다. 연구결과, 유튜브는 상업성과 정파성의 영향을 강하게 받으면서 거대 정파의 이해를 대변하는 '정치화'의 경향을 보이고 있으며, 현실 정치에서의 갈등과 대립을 재연할 뿐 아니라 증폭시키는 결과를 낳고 있었다. 유튜브의 막대한 사회 · 문화적 영향을 고려하면, 이러한 문제들을 방임할 것이 아니라 공동체와 시민의 알 권리와 민주적 공론장을 위해서 적극적인 대응이 요구된다. 먼저, 유튜버와 전체 시민을 대상으로 하는 유튜브 리터러시 교육과 제작 체험 교육이 학교와 공동체 차원에서 실시되어야 한다. 교육과 함께, 적극적인 정책적 개입을 통해 차별적 · 혐오적 표현, 가짜뉴스, 선정적 · 폭력적 콘텐츠, 공동체와 시민에게 유해한 정보 등을 선제적으로 규제하는 방안도 마련되어야 한다. 동시에, '유튜브의 정치화'와 '유튜브 저널리즘'의 장점을 살리기 위해 좋은 콘텐츠 제작을 적극적으로 지원해야 하며, 주민과 공동체의 요구에 선제적으로 반응하고, 주민 삶의 개선을 위한 콘텐츠 제작에 집중하는 방식으로 '해결지향 저널리즘'을 실천할 것을 강조했다.

1. 서론

유튜브가 정치 · 시사와 경제활동과 문화, 그리고 일상의 다양한 영역들을 포괄하는 정보와 지식, 소통과 공감, 오락과 레저의 플랫폼을 넘어 광범위한 콘텐츠를 유통하는 '장field'이자 정치적 · 경제적 · 문화적으로 욕구를 충족하는 수단이 되고 있다. 전 세계적인 '대세 플랫폼'으로서 유튜브의 사회문화적, 정치경제적 영향력은 날이 갈수록 커지고 있으며, 한국에서는 특히 유튜브의 정치적 의미가 더욱 크다. 즉, 한국에서 유튜브는 '정파성'을 대변하는 정치인, 언론인, 평론가, 교수, 연예인 등이 운영하는 정치콘텐츠 위주 채널들을 중심으로 발전했고, 정치콘텐츠가 가장 지배적인 유튜브 콘텐츠로 생산 · 유통 · 소비되고 있다. '정파성'은 지지하는 정파 이익에 따라 보도 여부나 방향을 결정하고, 사건을 의도적으로 '무보도'하거나, 본질을 왜곡함으로써(김수정 · 정연구, 2011), 쟁점의 본질과 무관하게 언론사의 정치적 이해관계에 따라 뉴스를 구성하는 현상을 뜻한다. '정파성'이 강하게 작동하는 현상은 유튜버 생태계 진화 과정에서 한국적 특징이라고 볼 수 있으며, 정치와 뉴스에 관심이 높은 한국 사회의 상황을 반영하는 현상이기도 하다.

'유튜브 뉴스 소비'가 주목받게 된 것은 기성 언론의 유튜브 진출이 아니라 기성 언론 이외 '유사' 저널리즘 기능을 수행하는 시사 정치채널들이 이용자로부터 각광받게 된 것이 가장 중요한 요인이다(유용민, 2021). 최근에는 정치 관련 집회나 기자회견, 정치적 주제를 다루는 세미나나 공청회 등 기성 언론이 커버하는 저널리즘 영역으로 알려진 공간에서 일반 시민인 장노년층이 스마트폰을 손에 들거나 거치대에 장착한 채 촬영하는 모습이 자주 목격되고 있다. 이들은 단순히 개인적 관심으로 촬영하고 소장하는 것이 아니라 유튜브로 정치 집회나 행사의 실황중계에 나서기도 하며, 촬영 후 재미있게, 그리고 호소력 있게 편집해 "짤shorts"를 올리기도 한다. 사실 전달 중심의 객관적 저널리즘에서 독자 이해를 돕는 의견·해석을 전하는 '의견저널리즘' 요구와 함께, 객관주의와 주창 저널리즘 가치가 공존·갈등하고 있으며, 객관주의 탈피 움직임도 커질 것으로 전망된다. 나아가 '언론이 더 적극적으로 현실에 개입해 비판적 기능을 수행해야 한다'는 인식 변화를 바탕으로 현상 지향적이었던 뉴스가 더 해석 지향적으로 변화하는 흐름에서 정치유튜브의 주관적 뉴스 생산이 주목받고 있다(정금희, 2021, 58쪽). 현재 정치 동영상을 전하는 유튜브 채널을 유형으로 분류해보면, 〈KBS〉, 〈JTBC〉, 〈조선일보〉, 〈한국일보〉 등 언론사가 운영하는 유튜브 채널, 정치인 등 유명인이 운영하는 채널, 〈열린공감TV〉, 〈신의한수〉 등 개인이 운영하는 정치채널이 있고, 구독자 1만 명 이상의 유튜브 뉴스 채널 계정 306개(2019년 4월 기준) 중 개인 채널이 150개, 언론사 채널이 118개, 유명인 채널이 38개였다(함민정·이상우, 2021, 158쪽).[1] 왜 평범한 시민, 특히 십여 년 전까지만 해도 디지털기술에 둔감하고, 미디어로 목소리 내기에 익숙하지 않다고 알려진 중장년층이 유튜브에 열광하고, 수동적 시청을 넘어 적극적인 제작자·유통자로 나서고 있는지 질문하지 않을 수 없다. 무엇이 이들을 정치콘텐츠 소비를 넘어 제작과 유통의 적극적 '행위자player'이자 정치 '행위자'로 만들었는지, 이러한 현상은 어떤 맥락에서 시작됐고, 지속되고 있는지에 대한 관심에서 이 연구는 출발했다.

누구나 쉽게 콘텐츠를 올리고, 전 세계적으로 즉각적인 시청이 가능하다는 점에서 '콘텐츠 크리에이터contents creator'에게 유튜브 생태계는 매력적이다. 또한, 콘텐츠를 재미있게 편집해 '클릭', '구독', '좋아요'와 '수익 창출'로 이끄는 것이 유튜브의 핵심 구조라는 점에서 수익 창출에 특화되어 있으며, 이 점에

---

[1] 2022년 5월 기준 정치유튜버 채널들의 구독자 수를 보면, 〈YTN뉴스〉 321만, 〈JTBC뉴스〉 218만, 〈SBS뉴스〉 253만, 〈MBC뉴스〉 216만, 〈KBS뉴스〉 164만, 〈채널A 뉴스〉 165만, 〈TV조선〉 131만, 〈TBS〉 137만, 〈딴지방송국〉 101만, 〈열린공감TV〉 87.9만, 〈이동형TV〉 47.7만, 〈배승희 채널〉 102만, 〈김태우TV〉 76.3만, 〈펜앤드마이크TV〉 72.2만, 〈고성국 TV〉 69만 등으로 나타났다.

서 다른 일을 하지 않고 유튜브 제작에 올인하는 '전문유튜버'들도 늘어나고 있다. 유튜브 등 상호작용적 미디어 플랫폼 등장이라는 맥락 속에서 디지털기술 발달로 네트워킹과 정보과잉 시대가 도래했으며, 저널리즘이 소비자 기호에 맞추면서 재미를 더한 '엔터테인먼트'로서 가공된 뉴스 콘텐츠도 증가하고 있다(정금희, 2021). 저널리즘(뉴스)-엔터테인먼트, 정치-오락의 융합이 유튜브를 중심으로 본격화되고 있다. 유튜브를 저널리즘 공간으로서 볼 것인지, 기자로서의 자질을 갖추지 않은 일반인의 '유사' 언론 활동까지 저널리즘으로 봐야 하는지에 대한 논란이 있고, 편향된 정보의 문제도 심각하다(송철민·최낙진, 2022). 유튜브가 정보를 수집·검증하고 사실과 의견을 분리해 전달하는 전통적 저널리즘 모델에 부합하지 않는다는 주장과 언론 역할과 저널리즘 모델은 다양한 형식으로 변해왔기 때문에 유일한 저널리즘 모델은 없다는 점에서 유튜브도 저널리즘이라는 관점이 병존하지만, 전문가나 학술적 관점에 따라 언론으로 볼 것이냐라는 논쟁과 별도로 많은 수용자들이 이미 유튜브를 통해 뉴스와 시사 정보를 습득하고 있고 유튜브를 언론으로 인식하고 있다(유용민, 2021). 또한, 유튜브는 전문적 콘텐츠를 생산하는 엘리트뿐 아니라 일상적 표현이나 아마추어 창작자를 위한 플랫폼이며, 콘텐츠 생산과 유통, 영향력 행사를 개인으로 확대하는 기능을 갖는다(설진아, 2021). 즉, 개인이 유튜브를 통해 기자이자 창작자, 또 콘텐츠를 유통하는 '미디어' 역할을 할 수 있다(이종명, 2021).

민영(2014)은 2012년 이후 이미 뉴스-엔터테인먼트 간 전통적 구분은 유용하지 않고, 시민들은 다양한 정보원을 통해 정치 지식을 획득하며, 정치를 중심으로 엔터테인먼트를 결합한 융합 저널리즘 장르가 대안적 정보와 관점을 제시하면서 즐거움과 웃음을 제공하기 시작했다고 분석했다.[2] 인터넷 방송이라는 신생 후발의 '비주류 디지털미디어'는 유튜브뿐 아니라, 팟캐스트, 텀블

---

[2] 2011년 시작해 선풍적 인기를 모은 정치팟캐스트 〈나는 꼼수다〉는 한국에서 성공 사례가 전무하다시피 한 정치 토크쇼이며, 다른 시사 콘텐츠와 다르게 유머 코드를 결합해 정치와 정치인을 신랄하게 '풍자'하는 것으로 단기간에 청취자를 확보했다(민영, 2014, 72쪽).

벽, 웹진, 독립출판 등을 포괄하며, 이른바 '레거시미디어'에서 재현되지 않는 소수자와 약자의 목소리를 담아내는 대안미디어이자 비주류 정치담론이 생산·유통되는 장의 역할까지 할 수 있다(장은미·허솔, 2022). 이때 유튜브는 다양한 메시지와 담론, 관점과 주장들이 공유되고, 토의되는 장이 된다는 점에서 본질적으로 정치적 매체이며, 문제는 그 부정적 영향을 줄이고, 긍정적 영향을 높이는 방향을 찾아야 한다는 것이다.

'유튜브의 정치화'라는 한국적 맥락을 바탕으로 이 장에서는 유튜브가 정치뉴스를 포함한 정치 관련 콘텐츠를 생산 또는 매개하는(토크쇼, 엔터테인먼트 형식 등 다양한 방식의 정치콘텐츠 생산·유통 채널 포함) 핵심 채널로 부상하게 된 맥락을 알아보고자 한다. 나아가, '유튜브의 정치화', '유튜브 저널리즘'의 부상이 우리 사회에 미치는 장단점을 파악하고, 개선방안도 찾고자 한다. 이 연구는 저자의 경험에 대한 성찰과 해석을 바탕으로 사회적 맥락을 이해하는 방법을 바탕으로 했다. 즉, '자기민속지학auto-ethnography'을 통해 4년여 유튜브를 이용한 '저자'이자 '나'의 경험에 학술적 해석을 덧붙여 '사회문화적' 해석을 시도했다. 먼저, 저자인 '나'는 디지털 '얼리 어답터early adoptor'와 거리가 멀고, 걷거나 밥 먹을 때 또는 대화할 때 휴대전화 보는 행동은 다른 사람에게 민폐를 주며, 식사나 대화에 진지하지 않은 무례한 행동으로 생각할 정도이다. '나'는 인터넷, 스마트폰 등 디지털 미디어 이용이 자연스럽게 몸에 배어 있는 '디지털 원주민digital native'과는 거리가 멀고, '디지털 이민자digital immigrant(배상률·이창호, 2016, 192쪽)'에 가깝다. 그럼에도 불구하고, 2018년 10월 브라운관 TV를 디지털 TV로 바꾸면서, '유튜브'라는 미디어 플랫폼을 애용하기 시작했고, '헤비 유저heavy user'로 변모했다. 이러한 경험을 바탕으로 유튜브 정치화의 맥락에 대해 성찰했다. 연구주제와 연구자 간 거리를 두지 않고, '나'의 렌즈를 통해 사회에 대한 이해를 추구하는 '자기민속지학'(주형일, 2007)을 바탕으로 했다. 송철민과 최낙진(2022)은 '자기민속지학'은 자연과학처럼 실증주의를 중시하거나 주체-객체 분리를 통한 제3자로서의 연구자 위치를 지키는 사회과학적 전통에 대한 도전이라고 강조했다. 자기민속지학으로 파악이 어려운 유튜브 '알고리즘'과 사회문화적 영향, 그리고 구체적 대안들을 탐색하기 위해서는 '전문가 의견조사'를 실시했다.[3]

2. '유튜브 정치화'의 매력과 특성

시청자들은 지상파 등 기존의 방송 채널을 통한 정치뉴스 소비보다는 원하는 뉴스와 정치 콘텐츠를 언제 어디서나 습득할 수 있는 유튜브 정치채널들을 통해 정치뉴스를 접하는 것을 선호하고 있다. 한국언론진흥재단 조사에 의하면, 2020년 온라인 동영상 플랫폼 이용률은 66.2%로서 2018년(33.6%)에 비해 두 배 가까이 증가했고, 동시에 온라인 동영상 플랫폼을 통한 뉴스 이용자 가운데 95.1%가 유튜브를 통해 뉴스를 이용했다(한정훈, 2021, 96-97쪽). 유튜브가 '대세 플랫폼'으로 부상한 배경에는 지상파 중심 방송 질서가 흔들리는 미디어 생태계 변화라는 맥락도 작동하고 있다. 즉, 콘텐츠 제작 · 유통 · 소비의 전 과정에서 전통적 방송이 생산자 · 유통자로서 누리던 우월적 지위가 축소되었고, 유튜브, 넷플릭스로 대표되는 "OTT"의 전면화는 미디어 생태계의 지각변동을 낳고 있다(한선, 2021). 지상파 중심 콘텐츠 생산 · 유통 질서가 무너지면서 유튜브를 통해 정치 메시지를 흥미와 감성적 지지 중심의 '엔터테인먼트' 방식으로 전파해 경제적으로는 수익을, 정치적으로는 진영 내 결속을 강화하기도 한

---

3) '나'를 연구 주체이자 분석대상으로 삼는 '자기민속지학'을 '일차적 연구방법'으로 채택했다(장은영, 2017). '이차적 연구방법'인 전문가 조사에 참여한 '전문가'는 현직 경제부 기자이자 유튜브를 오래 운영해 온 유튜브 크리에이터 A, 기자출신 언론학 박사 B, 미디어학 교수 C, IT업계 경력이 풍부한 미디어 콘텐츠학 교수 D이며, 각 분야에서 쌓은 전문성에 덧붙여 각자의 유튜브 이용(또는 제작) 경험을 근거로 분석하고, 대안을 제시하도록 했다.

다. 피드백과 상호작용성 높은 기술적 특성은 유튜브 동영상을 평가하는 '지표'이고, 오락성을 가미하거나 이용자가 알고 싶은 정보에 치중하며, 이 과정에서 정파성, 진실추구, 오락 요소가 결합해 영향을 미친다(정금희, 2021). 이러한 맥락들이 결합하면서, 유튜브는 콘텐츠 '크리에이터'와 '이용자' 모두에게 매력적 미디어로 부상했고, 수용자의 콘텐츠 소비패턴의 변화와 함께 대기업과 국가 주도 미디어가 독점하던 콘텐츠 생산·유통·소비 질서에도 일대 변화를 낳고 있으며, 무엇보다 시청자에 친근한 미디어로 다가가고 있다.

유튜브는 '광장'과 같은데, 위계 없이 검색과 클릭 등 시청자의 선호에 따라 콘텐츠가 노출된다. 누구나 생산자가 될 수 있는 매체 특성상 많은 일반인 크리에이터들이 콘텐츠를 제작하면서 '유튜브 저널리즘'이라는 말도 대중화하는 추세이고, 개개인의 개성 표현뿐 아니라 자신의 생각과 주장을 전하는 수단으로 유튜브가 이용되고 있다(송철민·최낙진, 2022, 251쪽). 무엇보다 유튜브는 대중에게 친근한 미디어 플랫폼이다. 즉, 언론사 중심으로 뉴스가 소비되도록 검색결과가 나오는 포털과 달리 언론과 일반인의 동영상이 섞여 제시된다. 그 결과, 이용자는 '무엇이 더 매력적인가'에 따라 선택하며, 그 선택은 구글 알고리즘에 입력되어, 이용자의 선호가 반영된 동영상이 추천된다(정금희, 2021). 남녀노소 누구나 쉽게 접근하고, 즐기는 '대세 미디어'로 자리 잡았고, 세계적으로 1분마다 500시간 이상의 신규 동영상이 업로드되고, 매일 3천만 명이 방문해 10억 시간 넘게 시청한다. 한국에서도 국민의 95%가 유튜브를 이용하고, 그중 64.2%는 유튜브를 '매일' 이용하고 일 평균 이용시간은 83분이며, 이제 미디어 플랫폼으로서만이 아니라 소셜미디어이자 검색 기능까지 갖춘 초대형 멀티 플랫폼으로 부상하고 있다(송철민·최낙진, 2022, 251쪽). 유튜브에서 정치 콘텐츠 급증의 이유도 유튜브가 가진 기성 저널리즘과 대비되는 '저널리즘' 기능과 연결된다. 즉, 진영갈등 증폭이라는 사회적 맥락 속에서 '유사 저널리즘' 기능을 하는 개인 채널의 인기와 함께 유튜브 정치채널은 기성 언론의 객관적 저널리즘과 달리 비평과 해석, 주장이 중심이기 때문에(유용민, 2021) 흥미롭고, 특히 정파적 성향이 강한 시청자에게 매력적이다. 이로 인해, 유튜브는 정보와 정치적 결집, 엔터테인먼트와 카타르시스까지 추구하는 정치콘텐츠 생산·유통의 '종합 플랫폼' 역할을 하게 된다.

이른바 '정치유튜버'들은 객관적으로 정보를 전하는 객관적 관찰자가 아니라 강력하게 정치적 의견과 주장을 제시하고, 정파의 이익을 스스럼없이 대변하는 정치적 '행위자' 역할을 하고 있고, 한국적 특성이기도 하다. 정치채널은 극우 유튜버나 젊은 보수 유튜버 등 보수 편향된 채널을 중심으로 성장했고, 진보 편향된 채널들은 보수 채널이 인기를 얻고 난 후에 점진적으로 생겨나기 시작했다(함민정·이상우, 2021). 즉, 유튜브 정치콘텐츠가 주로 보수 성향 이용자에게 감정적 유대와 공감의 장이 되었는데, 이에 대해서는 상반된 연구결과(한정훈, 2021)도 있다. 선행연구(한정훈, 2021, 112쪽)에 의하면, 주요 정당에 대한 정당일체감을 지닌 유권자는 정당일체감이 없는 유권자에 비해 유튜브를 이용하는 경향과 유튜브 정치채널을 시청하는 경향이 모두 강했다. 정당일체감이 유튜브 정치채널 시청에 유의미한 영향력을 지닌다는 점은 자신들의 선호와 유사한 정보를 전달하는 정치채널을 찾아 시청하는 것으로 해석할 수 있게 한다. 영국 로이터 저널리즘 연구소가 2020년 조사한 〈디지털 뉴스 리포트 2020〉에서는 한국언론 신뢰도는 40개 국가 중에 가장 낮은 수준이었고, 유튜브를 통한 뉴스 이용률은 45%로 나머지 국가 평균 27%보다 훨씬 높았다(유용민, 2021, 629쪽). 주류언론에 대한 높은 불신도 유튜브를 통해 뉴스를 소비하고, 정치적 정보와 태도를 소통하며, 정치 활동을 전개하는 '유튜브의 정치화', '정치의 유튜브화' 경향과 연결된다고 해석할 수 있다.

2019년 이른바 '조국 사태'는 '유튜브의 정치화' 양상에도 영향을 주었다. 유튜브를 그 1년 전인 2018년부터 시작한 저자의 관찰에 의하면, 2019년 초나 중반까지 '중도'나 '진보'를 표방했던 일부 '정치유튜버'들이 이른바 '조국 사태'

를 거치면서 '보수화' 되고, 원래 보수를 표방했던 채널들은 더욱 '강경 보수화' 하는 현상을 관찰할 수 있었다. 이는 선행연구 결과와도 연결된다. 이 당시 거의 매일 유튜브로 정치콘텐츠를 소비하던 '나'의 관찰에 의하면, 2019년 8월 당시 진보 채널로 분류했던 "Y 채널(20.3만 명)"은 총선, 서울시장 보궐선거, 대선에서 보수 후보를 지지하는 채널로 변모했고, 이 당시 보수 채널로 두드러지지 못했던 "B 채널(102만 명)", "K 채널(32.8만 명)" 등은 지금 유명 보수 유튜브가 되었다. 2019년 이후 언론인, 법조인, 정치인, 교수, 정치평론가, 연예인, 심지어 검찰수사관 배경을 가진 보수 유튜버들이 우후죽순처럼 등장했고, 이들 중 상당수가 과거 운동권이었거나 소위 '진보'나 '중도'로 분류되는 정당에 참여했던 인사들이라는 점도 인상적이었다.

관찰에 의하면, 2008년 광우병 촛불시위 때 캠코더를 들고 시위현장을 촬영하며, 보수정권을 규탄하고, 시위에 적극적으로 나서 시민의 목소리를 대변했던 '진보논객'으로 불리던 전직 교수도 2020년 초 이후 유튜브 단골 출연자로서 연일 당시 집권세력을 강도 높게 비판했다. 그는 집권당에 의해 '보수유튜버'로 지명되고, 기피대상이 되기도 했다. '참여연대' 등 진보적 시민단체에서 활동하며 진보적 목소리를 냈던 회계사도 꾸준히 유튜브에 출연하며 '집권세력'을 비판하고 있고, 역시 당시 집권당에서 기피인사로 지목되어 대선후보자 상대로 질문하는 패널에 선정되었다가 당내 반발로 제외되기도 했다. 대선 국면으로 진입한 2021년 하반기부터는 당시 집권여당 경선에서 패한 세력의 일부가 운영하는 유튜브 채널들이 여당 대통령 후보를 비토하면서 '중도화'되거나 현재 대통령인 당시 야당 후보를 적극적으로 지지하는 상황도 발생했다. 이는 한국 정치에서 정치적 이념이나 정책보다 지역 등 연고 중심으로 형성된 '진영'의 허구를 보여주며, 유튜브의 '정치화'가 '보수화'나 '진보화'로 규정되기에는 무리가 있다는 연구결과(한정훈, 2021)와도 상통한다. 즉, 보수-진보, 좌파-우파라는 이념과 정책 차이보다는 정당과 후보에 대한 선호나 이해관계,

지역이나 인연 등에 따른 합종연횡의 가시화와 함께, 정권교체(유지)라는 쟁점과 거대 정파에 속하는 특정인에 대한 지지를 둘러싸고 유튜브의 '정치화'가 노골화되었다. 한편, 진영 갈등을 부추기는 자극적 정보확산은 구독자 수, 좋아요, 후원 경쟁이라는 경제적 욕구와 '엔터테인먼트화'와도 상호작용하면서 '정치화'를 강화하고 있었다. 일부 보수 유튜브 정치채널들은 복수의 "서브 채널"들을 갖고 있고, 진행자와 출연자를 다변화하면서, '엔터테인먼트화'를 강화하며, 구독자·후원 늘리기에 매진하는 모습이 관찰되었다.[4]

'나'의 경험에 의하면, 대통령선거나 총선, 지방선거 등 선거 시기 또는 여야 갈등이 정점에 이를 때 유튜브 정치 콘텐츠의 업데이트가 신속히 이루어졌고, 정치유튜버들의 정파적 주장의 강도가 세졌으며, 채널이 활발히 활동했다. 반면, 서민이 일상에서 겪는 '생활정치' 문제들을 공론화하고, 대안을 찾는 '생활정치화'는 진보와 보수를 표방하는 어느 채널에서도 찾기 어려웠다. 코로나19 확산으로 건강과 생계에서의 불평등과 소수자와 약자에 대한 차별이 큰 문제가 됐지만, 보수-진보를 막론하고 정치유튜브 채널들의 시선은 엘리트 정치권과 거대정당(후보) 간 이전투구와 선거에서 진영 승리에 집중해 있었다. 서민 삶과는 무관한 대권 후보 배우자의 사생활을 추적하거나 그 배우자의 인터뷰 내용을 파헤치는 소위 '진보채널'은 있어도 코로나19로 자영업자, 불안정노동자, 노숙자, 빈곤층, 장애인, 이주민, 노인과 소년소녀가장 등 서민이 더 크게 겪는 고통과 이들에게 필요한 정책을 다루는 '진보채널'은 찾기 어려웠다. 끊임없이 정권교체를 외치면서도 정권교체를 해서 어떤 변화된 세상을 만들 것인지, 보수 정책이 집권세력의 정책과 어떤 차별성이 있는지를 설파하는 '보수 채널'은 보이지 않았다. 유튜브 정치채널이 차별적 알고리즘과 구독자·후원 시스템,

---

4) 실제로 모 보수유튜브 채널에서는 고정적으로 전 프로권투 챔피언이 출연했고, 다른 보수 유튜브 채널에서는 가수, 배우 등이 출연해 정파적 주장을 가감 없이 전하기도 했으며, 현직 기자들이 자신의 정파성에 따라 정파적 발언을 하는 경우도 많았다.

기성 언론과 다른 엔터테인먼트와 정파성 요소를 노골화한 포맷을 통해 영향력을 확대한 것은 사실이지만, 내용에서는 거대 정치세력 간 기존에 이미 알려진 갈등을 부각하는 등 주류언론과의 차별성은 크지 않았다. 즉, 여전히 문제 나열과 일방적 주장에 머물러 있었고, 이는 정치 영역에서 유튜브가 획득한 인기가 유지되기 어려운 이유이다. 실제로 '유튜브 저널리즘'의 인기도 대선 후 주춤하고 있고, '나'의 정치유튜브 채널 시청시간도 대선 후 확연히 줄었다가 지방선거 시기 잠시 상승했다가 다시 감소했다.

지난 4년여 유튜브 정치채널들을 시청한 경험에 의하면, '정치유튜버'의 성향이 진보에서 보수로, 또는 진보에서 중도로 변화하는 경우는 자주 목격되었지만, 그 반대의 경우, 즉 보수에서 진보로 성향을 바꾸는 정치유튜버들은 찾아볼 수 없었다. 관찰 능력이 부족한 건지, 이러한 상황에 영향을 주는 한국적 맥락이 있는지, 아니면 유튜브 생태계나 알고리즘의 영향인지에 대해서는 또 다른 연구가 필요할 것이다. 분명한 점은 유튜브의 '정치화'가 현실정치를 그대로 반영하지는 않지만 상호작용하고 있다는 점이며, 탄핵 이후 보수층이 결집하면서 유튜브가 이들의 보수적 목소리가 표출되는 핵심 공간이 되었다고 유추할 수 있겠다. 현실정치와 마찬가지로 유튜브상에서도 서구처럼 오랜 정치 쟁점과 정책논쟁(복지정책, 낙태, 소수자 권리, 총기 규제, 마리화나 규제 등)을 통해 진영이 나뉘어 논쟁하는 경우는 거의 관찰되지 않았다. 오히려 입시나 병역 비리, 공익제보자나 성폭력 피해자('피해호소인' 논란), 일본군 위안부 피해 할머니에 대한 입장이 정파성에 따라 전통적 진보-보수 성향과는 반대로 표출되는 경우도 관찰되었다. 특히, 이른바 '진보'를 표방하는 채널이나 스피커들이 유튜브에서 정파성에 따라 입시비리나 특권, 반칙에 대해 있을 수 있다거나 과잉수사라는 식의 논리로 사실상 옹호하는 경우도 관찰할 수 있었다. 이는 거대 정당과 정치적 셀럽celebs 중심으로 형성된 이념이나 정책과는 사실상 무관한 허구적인 한국적 '진영' 논리의 작동으로 해석할 수 있겠다.

3. 유튜브 정치화의 명과 암

한국에서 유튜브는 뉴스 생산과 유통, 소비를 위한 핵심 플랫폼으로 기능하며, 유튜브를 통해 뉴스를 소비하는 문화가 급격히 확산함에 따라 유튜브-저널리즘의 접점이 발생하게 되었다(유용민, 2021). 최근에는 다양한 '정치유튜버'들이 직접 촬영하고, 편집하며, 콘텐츠를 업로드하고, 시청자와 다양한 방식으로 소통하며, 정치적 메시지를 확산하는 현상도 관찰되고 있다. 정치콘텐츠가 유튜브를 지배하면서 정치적 메시지와 담론이 넘치고 있는 것은 긍정적·부정적 영향을 동시에 낳고 있다. '유튜브의 정치화'는 유튜브를 통해 정치뉴스를 접하고 소비하는 '유튜브 저널리즘'의 부상과 상호작용하면서 그 사회문화적 영향을 확대하고 있으며, 저널리즘-오락 경계가 허물어지면서, 저널리즘이 유튜브 성격을 닮고, 유튜브가 저널리즘을 대체하는 등 중첩과 경쟁 양상이 전개되고 있다(박영흠·정준희, 2020). 특히, 유튜브에서도 기성 정치권에 대한 지지 여부에 따라 진영 간에 더욱 대립할 뿐 아니라 의도적·비의도적으로 전파되는 왜곡된 정보나 가짜뉴스로 인해 국민의 분열도 심화하고 있다. 유튜브의 특성이기도 한 개인화 추천알고리즘에 의해 다양한 정보를 접할 기회가 줄어든다면 민주적 공론장 형성이 어렵고, 선택적 노출에 의해 민주주의적 이상이 훼손될 수도 있다(함민정·이상우, 2021). 정치뉴스를 공유하는 정치 저널리즘과 공론장, 민주주의 차원에서도 유튜브의 정치적 영향에 대해 긍정적 측면은 더욱 살리고, 부정적 측면에 대해서는 적극적으로 대응해야 할 시점에 있다.

'나'의 경험과 성찰을 종합하면, 유튜브는 거의 모든 가정이 하나 이상 가지고 있는 TV가 와이파이와 연동해 손쉽게 접근할 수 있고, 국내외 광범위한 콘텐츠를 자유롭게 접할 수 있다는 장점이 있다. 동시에 이른바 '알고리즘'의 영향으로 '필터버블filter bubble', '확증편향confirmation bias', '반향실효과echo chamber'를 확산하는 가장 강력한 미디어 플랫폼이기도 하다. 여기서 '필터버블'은 개인화된 콘텐츠를 제공해 본인 의견과 다른 콘텐츠를 못 보게 만드는 현상을, '확증편향' 은 자기 신념과 맞는 것만 수용하게 하는 경향을 뜻하며, '반향실효과'는 비슷 한 성향끼리 소통하며 자신의 이야기만 진실로 느끼게 만들어 이용자를 유튜 브라는 굴에 빠뜨리는 '토끼굴효과'로 이어질 수 있다(봉미선, 2021; 이상호 2020). 이는 단순히 정보나 콘텐츠 이용으로 끝나지 않고, 진보-보수 성향 이 용자 모두 정치적 신념과 일관된 콘텐츠에만 선택적으로 노출되게 만들어 정 치적 태도를 양극화한다. 나아가, 이용자 신념과 일치하는 콘텐츠는 기존의 정치적 태도를 고착화하며, 정치적 대립을 극대화할 수 있다. 물론, 알고리즘 추천에 따라 미디어 이용자가 수동적으로 정보를 습득하는 것이 아니라 스스 로 정치성향과 일치하는 정보를 찾고, 정치성향과 불일치하는 정보를 배제하 는 등 적극적으로 이용하기도 한다(함민정·이상우, 2021). 문제는 현실정치의 문제인 진영 간 대립과 갈등이 유튜브 알고리즘과 결합하면서, '유튜브의 정치 화'가 '유튜브의 정파적 대립 강화'로 이어진다는 점이다. 실제로 관찰에 의하 면, 유튜브 정치채널들은 서민과 약자가 아닌 거대 양대 정파와 그 후보의 이 익을 위해 상대당이나 후보의 사생활을 털거나 가짜뉴스 유포도 시슴치 않는 모습을 보이기도 했다. 이는 정치 관련 정보와 소통을 원하는 다수 시민의 정 치참여 욕구 충족과 소수자와 약자의 목소리 제기를 통한 민주적 공론장 구축 이라는 선한 목적과는 배치되며, 오히려 거대 엘리트 세력의 이해관계에 따라 다수 시민들을 동원하는 수단으로 유튜브가 이용될 수 있다는 우려를 낳게 한다.

'객관적 저널리즘'에서 탈피하고, 단순 정보제공을 넘어 현안에 대한 비평과 해석, 적극적인 주장 제기가 중심이 되는 유튜브 저널리즘은 진영 간 대립과 갈등을 유발하는 플랫폼으로 변질될 수 있다. 실제로 건강과 생명이 달린 감 염병 재난 앞에서도 유튜브의 정파적 행태가 재연되었다. 코로나19 초기 '우한 폐렴', '중국인 출입금지', '특정 지역·종교 비난', '성소수자 타깃팅과 혐오' 등

낙인과 차별, 혐오 담론이 유튜브를 통해 확산했고, 이 과정에서 상업성과 정파성이 개입되었다. 서구에서도 유튜브 등 미디어 플랫폼을 통해 유색인종에 대한 비난과 낙인, 배제와 혐오가 심화하기도 했고, 실제 폭력 등 혐오범죄로 이어지기도 했다. 유튜브의 막대한 사회적 영향력을 고려하면, 시장과 이용자의 선택에만 맡길 수 없고, '사악한' 콘텐츠에 대한 규제와 함께 유튜브가 가진 긍정적 잠재력을 살려내는 정책이 필요하다. 이 과정에서 유튜브 시청자이자 시민들이 적극적으로 의견을 내고, 정책형성 과정에도 목소리를 내야 한다. 유튜브의 정치화는 '사이버세계'나 '상징영역'의 행동에만 머물지 않고, 오프라인 집회나 후원 모임, 구독자 미팅, 사안에 대한 입장표명, 특정 정당(후보)지지 등과 연결되면서 현실 세계에서 정치적 결속 강화나 대립 심화 등 정치적 영향으로 이어진다.

유튜브 애청자로서의 '자기민속지학'적 관찰에 의하면, 2020년 4월 총선을 앞두고 일부 보수 유튜버들은 전국으로 보수정당 후보들을 찾아다니며 지지하고, 홍보해 주는 특별현장방송을 편성했다. 이 유튜브 현장 방송이 특정 진영을 지지하는 정치유튜버와 구독자 및 지지자들이 만나고, 진영 간 연대를 두텁게 하는 장을 만들기도 했다. 당시 공천 잡음과 내부 분열로 보수정당이 총선에서 대패했고, 개표방송 전은 물론, 당일 개표방송에서도 이른바 '낙관적 편견optimistic bias'에 의한 잘못된 예측을 해서 보수유튜버들이 구독자들에게 사과하는 사태도 벌어졌다. 비록 당시 보수유튜버들의 현실정치 개입이 성공적이지 못했더라도 총선 후보자들을 찾아다니며 인터뷰하고, 홍보해 주는 특집방송과 당일 개표방송까지 강행하며, 현실정치의 열렬한 '행위자'이자 '지지자'로서 깊숙이 개입하고, 정파성을 강력하게 발휘한 것은 유튜브의 정치적 영향력을 보여준다. 그 이면에는 후원, 슈퍼챗 등 이윤을 추구하는 목적도 있겠지만, '탄핵' 이후 지리멸렬했던 보수진영이 결집해 정권교체를 하려는 정파적 목적이 분명히 있었고, 그 토대를 이 당시 유튜브를 통해 닦았다고 평가할 수 있다. 2021년 4월 서울과 부산시장 보궐선거 때도 정치유튜버들은 현실정치에 강력히 개입했다. 특히, 당시 보수유튜버들은 보수 야권 후보(서울시장) 단일화라는 정치적 목적을 위해 방송뿐 아니라 오프라인 기자회견을 하고, 직접 후보자를 만나 촉구하는 등 현실정치에 '참전'하는 정치적 '행위자' 역할을 했다. 이러한 분위기는 2022년 3월 대통령선거에서도 이어졌고, '보수유튜버'들은 특정 보수 후보 지지를 방송에서 표명함은 물론, 출연하는 패널들과 함께 후보 단일화를 촉구하는 목소리를 높였고, 단일화 촉구 행사에 직접 참여하거나 관련 행사를 생중계하는 등 적극적으로 보수정치권을 위해 뛰는 정치 '행위자' 역할을 수행했다. 즉, 유튜브의 '정치화'는 유튜브라는 생태계에서만 존재하는 것이 아니라, 정치유튜버들의 양적 증가 속에 이들이 정파적 주장을 더욱 강하게 표출하면서 진영 결집과 진영 간 대립 강화라는 현실정치에 미치는 영향으로 현실화됐고, 선거결과, 당내상황 등과도 영향을 주고받고 있음을 유튜브 애청자로서 관찰할 수 있었다.

'유튜브의 정치화'는 먼저, 시청률만 좇으면서 시청자 욕구를 충족시키지 못하는 이른바 '레거시미디어'에 대한 실망이 그 배경이다.[5] 겉으로는 객관성·중립성·공정성을 내세우지만, 이윤과 정파성에 따라 일방적으로 정보를 전파하는 주류언론과는 다르게 유튜브는 '친절한 미디어 플랫폼'이다. 즉, 소비자의 선호와 취향을 친절하게 기억하고, 거기에 맞게 콘텐츠를 배열하며, 소비자의 선택을 도와주는 미디어 역사상 유례없을 정도로 '시청자 친화적' 미디어 플랫폼이 유튜브이다. '유튜브 알고리즘'은 시청시간과 주제 선택에 있어서 주도권을 시청자에게 부여했고, 시청자는 유튜브 추천알고리즘이 제공하는 맞춤형 콘텐츠를 계속 접하게 된다. 유튜브 알고리즘은 실시간으로 이용 패턴을 읽어내고, 이용자에게 원하는 콘텐츠를 제공해 오래 머물게 하며(김성재,

---

[5] 젊은 세대 여성들은 올드 미디어에서 이탈해 새로운 미디어로 문화적 놀이공간을 옮겨가고 있고, 그 이유는 기존 주류미디어의 콘텐츠가 자신의 경험을 제대로 언어화하지 못한다는 점이며, 이는 대중문화에 '젠더감수성'을 요구하고 있다(장은미·허솔, 2022, 112쪽).

2019), 시청시간, 조회 수, 키워드 등 계량적 데이터 중심으로 설계된 자동화 알고리즘을 통해 맞춤화된 영상을 추천한다(박영흠·정준희, 2020). 유튜브는 동영상 향유를 넘어 언제든 생산자가 될 수 있는 낮은 진입장벽에다가 규정 위반이 없는 한 콘텐츠 게시가 자유로워 혁신적 정보 공유의 장이 되고 있다 (하승희, 2020). 이러한 특성은 하루하루 새로운 이슈, 특히 진영 간 대립과 갈 등 이슈가 발생하고 있는 한국의 양극화된 정치지형에서 정치 콘텐츠 생산·유통 채널로서 적합한 매체가 될 수 있게 한다. 앞서 언급했지만, 유튜브 알고 리즘의 특성도 '유튜브 정치화'의 작동요인이다. 즉, 누구나 뉴스로 포장된 시 사 콘텐츠를 생산하고 이용자는 검색과 알고리즘 추천을 통해 쉽게 이용할 수 있게 되면서 뉴스의 경계가 모호해지고 있는 상황도(유용민, 2021), 개인이 유 튜브 채널을 개설해 정치에 관한 정보와 해설을 제공하며, 뉴스 생태계 전면 에 나서면서 정치유튜브 구독자도 늘어나는 현상도 알고리즘의 영향이기도 하다. '엔터테인먼트화+상업화+정파성'이 시너지를 발휘하는 '대세 플랫폼' 의 '정치화'는 주류언론이 편파적 정보를 쏟아내는 마당에 차라리 믿고 싶은 콘텐츠를 자유로운 시간대에 보면서 감성적 위로와 지지를 받을 수 있기 때문 에 유튜브에 더욱 의존하게 만들고 있다.

정치 영역을 확장해 보면, 대통령, 국회 등 입법부, 행정부, 선거, 정치인 중 심을 넘어 일상 속에서 이슈와 요구들이 분출되고, 토론과 논쟁, 정책논의로 이어지는 '생활정치', 소수자·약자 포함 다양한 집단들이 자신의 목소리를 내 는 '정체성의 정치'를 포괄한다. 이 점에서, 유튜브의 긍정적 역할도 관찰된다. 코로나19 초기 대구의 한 지상파 방송은 유튜브 댓글을 통해 주민 제보를 신 속히 공유했고, 쌍방향 소통을 전개했으며, 디지털뉴스팀은 독립적 유튜브 콘 텐츠 제작을 통해 코로나 상황과 예방법을 긴 호흡으로 정보 위주 뉴스로 공 유했다(김연식, 2021). 광주 지역방송에 대한 연구(한선, 2021)에 의하면, 오랜 기간 확보한 데이터 보고를 전략적으로 활용한다면, 지역방송 유튜브 채널이 영향력과 수익성 면에서 개인 유튜버에 비해 경쟁력이 크며, 주민 제보에 반응해 주민 문제해결에 나서는 저널리즘을 실천할 수 있다. 또한, 지역방송 콘텐츠가 유튜브에서 유통되면서 시청자와 소통이 확장되고, 다양한 시청자를 끌어들임으로써 지역성을 확장할 수 있다. 광주 고려인마을에서는 유튜브를 통해 고려인이 쉽게 방역 정보를 접하며, 방역물품과 정보 공유 등 지지와 연대의 가교역할을 유튜브가 수행했고,[6] 재난에 맞서 상호 지지하고 '임파워먼트empowerment'하는 장이 되었다. 투병 브이로그에서 침묵의 가장자리에 있던 사람들이 아픔을 공유하며 공동체 경험을 축적한 과정에 대한 연구에서는(이해수, 2021), 유튜브라는 가상공간에서 형성된 이야기판에서 환자와 보호자 등 다양한 이야기꾼들과 공감하는 사람들의 용기 있는 발화로 이야기판이 커지면서 질병이 초래한 고립을 연결로 변화시켰고, 사적 고통이 공적 표현이 되면서 상처받은 스토리텔러가 목소리 내는 공론장 역할을 했다. 즉, 유튜브가 소통, 연결, 공감, 위로, 지지, 연대, 시민성 실천의 플랫폼이 되고 있었다.

지역방송 PD의 자기민속지학 연구에 의하면, 유튜브가 '다양한 취재원 활용'과 '현장 목소리 전달'로 이어졌고, 제주 제2공항 반대 주민 인터뷰를 언론에 자주 나오던 이장이나 개발위원장이 아닌 평범한 주민 목소리로 담아내 시청자에게 흥미나 진정성 면에서 어필했다(송철민·최낙진, 2022). 광주 아파트 붕괴 때는 시청자 요청에 응답해 지역방송의 유튜브 생방송이 18일간 이어지고, 30만이 넘는 조회 수를 기록했으며, 생방송 중인 건물에 시민들이 찾아와 취재진에게 커피와 핫팩을 전해주는 모습이 전해지면서 기자 등 제작자들이 시청자와의 친근한 소통을 체험했다고 한다(이형길, 2022, 4). 탈북민이 제작한

---

6) 한동안 인터넷 팟캐스트 형식으로 운영되었던 〈고려FM〉은 '공동체 라디오'로 승인받아 2022년 3월 1일 〈고려방송〉(93.5Mhz)으로 재개국해 "광주고려인마을"을 중심으로 방송하고 있다.

유튜브도 늘어나고 있는데, 외모를 부각하거나 북한을 희화화하는 종편 등 주류 방송의 콘텐츠와는 차별화된 내용을 제작하는 경향이 있다. 또한, 이주민, 장애인, 성소수자, 환우들이 유튜브 채널을 만들어 정보를 공유하며, 그들의 관점을 표현하면서, 소수자를 위한 공감, 위로, 연대의 장을 만들고, '정체성의 정치'를 실천하기도 했다. 코로나19 초기 이탈리아 주택가에서 펼쳐진 플래시몹을 유튜브를 통해 볼 수 있었는데, 발코니에서 시민들이 연주하고, 노래하며, 춤추고, 위로하면서 함께 위기를 극복하자는 연대감이 발현되기도 했다(신혜경, 2020). 이는 유튜브가 매개하는 시민참여이자 '시민성' 실천이며, 유튜브를 통해 예술과 문화, 엔터테인먼트와 정치 이슈가 결합하고, 시민이 연대해 정치에 참여하며, 위기를 극복할 수 있음을 보여준다. 특히, 차별, 불평등, 재난, 질병에 취약한 계층들이 자신의 이슈를 표현하고, 사회변화를 주장할 수 있게 한다는 점에서도 유튜브는 시민의 '임파워먼트'에 기여하는 플랫폼이 될 수 있다. 나아가, 이러한 디지털기술을 능동적으로 활용한다면, 취재처와 전문가 중심으로 뉴스를 생산하던 주류언론을 통해서는 목소리 내기가 불가능했던 시민, 특히 서민의 목소리 내기를 돕고 공동체의 연대를 이끌어내는 긍정적 역할을 할 수 있다. 문제는 이러한 유튜브의 긍정적 기능을 강화하고, 동시에 부정적 영향을 예방하기 위한 구체적인 정책과 교육, 그리고 공동체의 노력이 필요하다는 점이다.

4. '정치화' – '엔터테인먼트화' 융합과 영향: 전문가 의견 중심으로

유튜브의 '정치화'는 유튜브를 포함한 미디어의 '엔터테인먼트화'와 분리할 수 없다. 민영(2014)에 의하면, 2012년 전후(정치팟캐스트가 인기를 끌던 시절) 정치-엔터테인먼트의 결합이 관찰됐고, 이는 인터넷과 모바일 기반 콘텐츠에서만 관찰되는 현상을 넘어 지상파 3사의 간판 코미디 프로그램에 정치패러디물이 편성되었으며, 엔터테인먼트 토크쇼에 정치인이 출연하기도 했다. 당시 〈나는 꼼수다〉 등 정치팟캐스트가 대안 저널리즘 성격을 바탕으로 엔터테인먼트 요소를 도입했으며, 〈무릎팍도사〉, 〈힐링캠프〉 등 지상파 프로그램들은 전통적인 엔터테인먼트 포맷에 정치시사 콘텐츠를 비정기적 또는 부분적으로 결합했고, 2012년 대선 이후 정치콘텐츠-엔터테인먼트의 결합은 종편과 케이블 채널에서 뚜렷히 나타나는 현상이었다.[7] 정치팟캐스트와 지상파, 종편에서 10여 년 전부터 본격화된 정치-엔터테인먼트의 융합을 통한 '정치화'가 최근에는 유튜브의 특성과 매력을 바탕으로 더욱 강하게 진행되고 있다.

현직 기자이자 경제 관련 유튜브를 오랜 기간 제작해 온 A는 솔직한 표현을 할 수 있고, 풍자나 비판이 자유로워 유튜브가 더욱 매력적이라는 점을 강조했다. 지역신문 기자 출신인 B는 정치유튜브 채널이 가지는 장점으로 "날것"을 보여주고, 대리만족을 느끼게 할 수 있는 '엔터테인먼트적' 속성을 강조했다. 아래는 A와 B의 유튜브에 대한 경험을 바탕으로 한 의견이다.

유튜브는 정치 관련 다양한 의견과 해석을 내놓아 재미있게 본다. 특정 정당 관점을 내세우더라도 솔직하고 가치관을 가감 없이 드러내 정치 성향이 맞으면 공감이 많이 가며, TV나 신문에서 보이지 않는 정보도 솔

---

7) 2013년 2월 시작한 〈JTBC〉의 시사토크쇼 〈썰전〉은 유머코드를 본격적으로 내세우면서도 다양한 시각으로 정치사회 이슈들을 조망한다는 기획의도를 내세웠다(민영, 2014, 72-73쪽).

직히 표현되기 때문에 오락적 흥미 요소가 있고, 풍자나 비판에서 자유로워 훨씬 더 정보에 공감하며 본다. (A, 기자 겸 유튜버)

　　시청자들은 '날것'을 좋아한다. 권투 보는 것보다 유혈이 낭자하고, 더 자극적인 종합격투기에 열광하는 것과 같다. 정치유튜브를 통해 자신이 하고 싶어 하는 말을 대신해 주는 것을 경험하면서 대리만족과 카타르시스를 느낄 수 있다. (B, 미디어학 박사/전직 기자)

　A는 '레거시미디어'는 물론, 인터넷 기사도 일방적인 면이 강해 흥미를 잃게 되면서 다양한 해석과 의견, 상호작용과 공감에 특화되었고, 정보의 취사 선택이 자유로워 시청자로서 자율성을 더 느끼게 만드는 유튜브를 더욱 집중해 보게 되며, 실제로 유튜브 채널을 제작·운영까지 하고 있다고 설명했다. 아래는 A의 설명이다.

　　전통적인 TV, 오락, 신문, 인터넷 기사 등에 흥미를 느끼지 못하며, 일방적이고 관심 없는 정보도 무분별하게 시청하게 되면서 흥미를 잃게 됐다. 유튜브의 경우 정보의 취사 선택이 자유로운 편이며 다양한 사람들의 해석을 담은 정보를 내보내서 재밌게 보고 있고, 사실 관련 정보보다 공감, 의견, 견해 이런 내용을 담다 보니 공감이 가면서 더욱 흥미를 느꼈고 이용하게 됐던 주요 계기가 됐다. (B, 기자 겸 유튜버)

　A의 설명은 유튜브, 팟캐스트 등 이른바 '비주류 디지털 매체'들이 갖는 풍자와 엔터테인먼트 기능(민영, 2014)을 암시하며, 날것 그대로의 방송이고, 캐주얼한 방식으로 공감과 연대의 장이 될 수 있다(장은미·허솔, 2022)는 연구결과와도 연결된다.

　저널리즘과 유튜브 제작 경험, 그리고 이용자로서의 체험을 바탕으로 제시된 위의 의견들을 종합하면, 유튜브가 정치콘텐츠 채널이자 대세 플랫폼으로 성장한 배경에는 솔직한 표현과 공감, 자유로운 풍자와 비판 등 오락적 요소, 취사선택이 가능한 특성, 그리고 날것과 자극적인 내용을 좋아하면서 대리만족을 원하는 시청자 욕구 등이 융합된 것임을 알 수 있다. 특히, '대세 플랫폼'이고 막대한 상업적 이윤을 창출하지만, '비주류 디지털 매체'의 특성도 분명히 가지고 있는 유튜브의 속성이 유튜브의 정치화와 결합해 그 영향력을 확대한다고 해석할 수 있겠다.

불편부당성의 저널리즘 규범을 지키지 않고, 노골적인 정파성을 전면에 표출하는 유튜브 정치채널 이용은 정파성을 넘어, 가짜뉴스, 갈등유발, 혐오 등의 부정적 영향을 낳는다. 정치유튜브 사용의 한국적 특징은 진보 또는 보수의 확실한 정치성향을 가진 높은 연령대의 이용자가 많다는 점이며, 이로 인해 강한 정파성을 가진 이용자가 많은 한국사회에서 '반향실효과'는 더욱 심화할 수 있다(정금희, 2021, 54쪽). 유튜브 이용자가 유튜버의 사견이 포함된 정치 콘텐츠를 적극적으로 소비하고, 유튜브 알고리즘이 이용 패턴을 기반으로 콘텐츠를 추천하면서, 이용자가 특정 정치이념에 선택적으로 노출되어 더욱 '확증편향적' 사고를 할 수 있다. 문제는 유튜브라는 미디어 플랫폼의 긍정적 기능을 살리되 알고리즘의 상업적 이용과 확증편향 강화 등의 부정적 영향을 줄이기 위한 정치적 노력이 없다면, 기술의 혜택은 상업성과 정파성을 추구하는 소수에게만 갈 수 있다는 점이다. 정금희(2021)에 의하면, 정치채널 이용자는 '정치풍자 오락성' 동기에 따라 탈권위적 진행과 정치풍자의 재미를 선호하며, 엔터테인먼트 요소와 자유로운 소통을 추구하고, '정치유튜버'들은 지지하는 정파 이익을 위해 '또 다른' 흥미 요소인 '자신만의 해석, 의견, 주장, 감정'을 제공한다. 유튜브의 '정치화'와 '엔터테인먼트화'는 단순한 오락을 넘어 감성적 지지, 공감, 참여, 몰입을 제공하면서 사회적 영향을 강화하고 있다. 유튜브 알고리즘은 오락과 설득, 지배를 추구하는 인간 본성에 호소하기에 적합하지만, 추천알고리즘과 선택적 노출로 의해 다양한 정보를 접할 기회를 위축시킨다(함민정·이상우, 2021).

 '정치유튜브'를 표방한 채널도 흥미에 집중하며 '클릭수, 구독, 좋아요'를 위한 광고효과와 슈퍼챗, 후원 경쟁에 몰입하고, 사실 확인에 기초한 정보제공보다는 불신과 갈등 증폭에 집중하며, 다른 진영을 댓글, 문자폭탄, 욕설, 가짜뉴스로 공격하면서 진영 간 대립을 심화시키기도 한다. 유튜브 같은 디지털 유포 매체이자 플랫폼의 대중화는 저널리즘-광고-엔터테인먼트의 경계를 허물며, '대중권력화popular empowerment'를 낳고, 각 체계의 전문적 권위를 약화시킬 수도 있다(박영흠·정준희, 2020). 나아가, 플랫폼을 통해 특정 채널, 인물, 집단을 지지하는 '팬덤' 문화와 반대로 악성 댓글과 문자폭탄으로 공격하는 혐오문화를 강화할 수도 한다. 유튜브 알고리즘은 새로운 '게이트키퍼gatekeeper'로서 작동하고, 수용자에게 흥미를 끌 만한 자극적 정보의 소비를 부추기며, 자극적이고 편향적으로 제작된 동영상이 알고리즘을 통해 쉽게 유통되고, 이견 노출은 더 요원해질 수 있다(정금희, 2021).

 유튜브 정치채널이 객관적 저널리즘에서 일탈해 주관적이고 해석적인 의견 전달이나 선정적 주장의 폭로에 치우쳐 있다는 측면에서 유튜브 공간에서 나타나는 새로운 저널리즘에 대한 수요가 갖는 성격의 일면이 드러났다(유용민, 2021. 641쪽). 과거 시청행위와 검색결과를 기억하는 알고리즘은 유튜브를 더 오래 이용하도록 유인하는 최적의 동영상을 추천해 이용자에게 편안함을 주지만, 다양한 사고를 막는 '필터버블'를 낳고, 정파적 갈등을 조장할 수 있다(함민정·이상우, 2021). 유튜브의 '정치화' 역사를 추적한 이종명(2021)에 의하면, 종편 등장 후 폭증한 시사평론가들이 정치와 미디어 환경 급변기에 유튜브로 몰렸고, 흥미를 끄는 정치채널을 개설해 구독자를 모았다. 앞서 설명했지만, 2016~2017년 탄핵 국면에서 늘어난 정치행위를 하는 우파 유튜버들이 집회 현장을 보조하며, 메시지 재생산 역할을 자임했다. 일반인이 유튜브를 매개로 목소리 내며 정치 현안에 참여한 것은 과거 '진보진영'이 인터넷과 캠코더를 매개로 정치참여에 나섰던 것과 '행위자'의 이념적 위치가 바뀌었을 뿐 유사하다. 2008년 미국산 쇠고기 반대 촛불시위 당시 뉴미디어였던 캠코더 등을 활용해 1인 미디어들이 진보적 목소리를 내며. 시민참여와 동원 역할을 했다면(이창호·정의철, 2008a), 탄핵 후에는 진영 차원에서는 반대의 '정치화' 현상이 전개됐고, 그 매개체가 '유튜브'였다. '유튜브'의 정치화는 10여 년 전 정치팟캐스트를 통해 부상한 '정치화'와 비교해도 닮은 점과 다른 점이 있다. 2012년 대선 전과 후 시점에 주목한 민영의 연구(2014)에 의하면, 정치적 관심이 높고 진보적 성향을 띠며 디지털 미디어 이용을 활발하게 하는 젊은 계층이 가장 적극적인 정치팟캐스트 이용자였다. 이는 탄핵 이후 전개된 유튜브의 정치화와 정반대로 당시 정권에서 배제된 진보진영이 정치팟캐스트를 통해 결집하고, 정치에 대한 관심과 참여를 높였으며, 정치적 목소리를 냈다고 해석할 수 있다. 이러한 역사적 굴곡을 고려하면, 유튜브의 '대안 저널리즘이자 공론장'으로의 역할을 강화하는 노력이 절실하다.

이상호(2020)는 자극적 영상과 비논리적 주장이 만연한 채널이 구독자가 늘었다는 점은 유튜브 알고리즘의 맹점이며, 가짜뉴스나 성적·폭력적 콘텐츠를 양산하고, 불안을 초래하는 것을 '사악한' 비즈니스 사례라고 비판했다. 선행 연구에 의하면, 자신의 정치적 이념을 지지하는 정보를 적극적으로 수용하고 이외 정보를 회피하는 '당파적 선택성partisan selectivity은 집단 간 갈등과 사회갈등의 원인이다(함민정·이상우, 2021, 158쪽). 또한, 자신의 이야기만 진실로 느끼게 하는 '반향실효과'와 보고 싶은 것만 인지하는 '선택적 지각'을 촉발해 이용자를 유튜브라는 굴에 빠뜨리는 '토끼굴효과'를 낳을 수 있다(봉미선, 2021; 이상호, 2020). '네트워킹 과잉' 시대에는 갈등, 분열, 불통, 혐오의 문제도 크다는 점에서 유튜브가 만들어내는 사회문화적 파장을 정확하게 이해해야 한다. 유튜브는 '레거시미디어'가 못했던 이용자 선호를 반영하는 '친절한 서비스'이지만, '구독, 좋아요, 후원 경쟁'과 극단적 '정치화'를 낳을 수도 있다. 유튜브 이용자도 고품질 뉴스를 선호하기 때문에(유용민, 2021), 기성 언론의 유튜브가 눈길을 사로잡는 '스낵컬처snack culture'식 유튜브 콘텐츠 따라하기 수준이어서는 안 된다(송철민 · 최낙진, 2022). 유튜브가 낳은 부정적 현상에 대해서는 사실 확인 부재, 가짜 정보와 자극적 내용, 원하지 않은 콘텐츠에 노출, 지나친 의존과 중독, 광고 등 상업적 이용, 확증편향, 지각적 편향, 예능 편중, 무엇이 팩트이고, 오락이며, 의견인지 헷갈리는 경우 등이 있다. 아래는 언론학 교수인 C의 지적이다.

> 자주 가는 베이커리에 갈 때마다 '지각적 편향'을 목격한다. 연세 있는 여사장님이 극우로 보이는 개인 유튜브를 시청하시는데 상식적으로 말이 되지 않는 내용에 대한 억지 주장을 듣고 욕하면서 동조하시는 것을 보고 놀랐던 경험이 있다. 주변에 극우 유튜브를 열렬하게 시청하는 교수님도 있다. 이러한 편중 현상이 사안을 제대로 바라보지 못하게 하고, 쏠림 현상을 가중시킬 수 있으며, 수업 중 한쪽의 의견과 주장에 매몰되어 그 정보를 사실로 확신하고, 다른 정보를 부인하거나 거짓으로 매도하는 경우도 있었다. (C, 교수)

C의 의견을 보면, 누구나 쉽게 접근할 수 있다는 특성과 시청자 친화적인 알고리즘이 선택적 시청과 지각적 편향을 강화하며, 다른 주장을 거짓으로 매도하는 것으로 이어질 수 있다. 피드백과 상호작용이 풍부하다는 점은 유튜브의 장점이지만, 단점이 될 수도 있다. A는 무조건적 반대나 정파적 주장이 언제든 제약 없이 공유될 수 있기 때문에, 유튜버로서 프로그램을 제작할 때 직접적인 반대나 공격을 우려하게 되면서 제작의 어려움을 더 크게 느낀다고 아래와 같이 말했다.

경제 재테크와 관련해 나의 경험, 이야기와 주장을 바탕으로 제작하기 때문에 이에 반대하는 의견도 많고 동의하지 않는 사람도 많다는 것을 느낄 때 제작 방향성이 헷갈리기도 한다. 유튜브가 나의 이야기를 하는 공간이기도 하지만 사람들과 소통하는 채널이기 때문에 긍정적 피드백도 있지만, 아닌 경우도 있어서 제작에 어려움을 느낀다. (A, 기자 겸 유튜버)

정치팟캐스트가 뚜렷한 정치적 단서를 제공해 시민들의 의사결정에 큰 영향력을 행사했고, 이 결과는 선거들을 통해 부각된 이념과 세대 간 차이가 정파성이 강한 팟캐스트 이용을 통해 더욱 심화할 수 있음을 보여준다는 민영(2014, 91쪽)의 연구결과를 반면교사 삼을 필요가 있다.[8] 즉, 10여 년 전 정치팟캐스트가 정치적 관심과 참여를 강화하는 데 유익했음에도 당시에 이미 이념·세대·진영 간 갈등을 강화했다는 점에서 유튜브의 부정적 영향, 특히 앞서 제시한 '필터버블', '확증편향', '반향실효과'에 대한 심층적 분석과 대책 모색이 시급하다. 아래는 유튜브 알고리즘에 정통하고, IT업계에 오래 근무했었던 미디어학 교수 D와 앞서 소개한 미디어학 교수인 C의 의견이다.

알고리즘이 이용자가 콘텐츠에 지속적으로 노출되게 만들어 구독자와 시청시간이 늘수록 운영자 수익이 증가하는 구조이기에 알고리즘 작동에 사악성이 개입하는 구조를 이해하고, 크리에이터인 유튜버에게 사회적 책임에 대해 교육하는 등 자율규제와 함께 구글과 유튜브에게는 알고리즘과 노출 체계 개선을 요구해야 한다. (D, 교수/전 IT 기업)

채널이 생겨난 이상, 그리고 그것이 상업적으로 이용되고 있는 만큼 '유저'들의 판단력이 중요하며, 무엇보다도 유저들의 '리터러시 역량' 강화와 절제 능력이 필요하다. (C, 교수)

---

8) 2011년 〈나는 꼼수다〉로 시작된 팟캐스트의 사회적 파급력은 규범적 '공론장' 개념에서는 생각할 수 없었던 해학, 풍자, 속어, 성적 유희 등의 질펀한 감성이 코드로 발화되고 작동한 것으로 이어졌다(김수정·박기령, 2021, 104쪽).

유튜브가 매개하는 '엔터테인먼트화'와 '정치화'는 상호작용하며, 융합적 영향력을 갖고 있다. 즉, 정치, 시사, 예술, 문화, 일상의 다양한 영역들에서 유튜브의 '정치화'와 '엔터테인먼트화'가 교차하며, 엘리트 영역으로만 여겼던 정치를 '엔터테인먼트'화 함으로써 그 사회·문화적 영향력을 확대하고 있다. 이 점에서, 다양한 목소리 제기와 공론장 확대라는 유튜브 등 이른바 '비주류 디지털 미디어'의 긍정적 영향을 확대하기 위해 금지나 처벌 중심의 수동적 대응이 아니라 모든 시민이 유튜브 등 미디어를 적극적이고, 긍정적으로 활용할 수 있는 능력을 갖추면서, 시민으로서 참여할 수 있는 '임파워먼트' 차원의 정책 추진이 필요하다. 유튜브 본사와 유튜버들의 탐욕과 세계적으로 즉각적 확산이 가능하고, 맞춤형 콘텐츠를 제공하는 알고리즘이 결합하면서, 상업적 이윤을 절대시하는 '구독, 좋아요, 후원 지상주의'에 빠질 수 있다는 우려도 크다. 이 점에서, 알고리즘 개선을 위해 유튜버 본사와 유튜버 대상 캠페인은 물론, 국내에서도 연령등급 부여 등 선제적 정책과 학교와 공동체의 유튜브 리터러시 교육, 그리고 사후적인 법적·행정적 규제 강화도 필요할 것이다.

5. 대안과 결론

연구결과에 의하면, 유튜브의 정치화와 엔터테인먼트화는 디지털기술 발전과 지상파 중심의 방송 질서의 변화, 그리고 주류언론에 대한 실망이 결합한 결과이다. '나'의 경험을 바탕으로 보면, 유튜브에서는 '정치'와 '엔터테인먼트', '상업성'과 '정파성'의 융합이 전개되고 있고, 부정확한 정보와 루머는 물론, 가짜뉴스, 선정성, 갈등·혐오 확산 등의 문제도 관찰되었다. 먼저, 유튜버들이 미디어의 사회적 책임, 의제설정과 프레이밍의 의미, '해결지향 저널리즘solution journalism'의 목표와 방법을 배울 수 있도록 교육이 필요하다. 정치유튜브 부상을 새로운 '유튜브 저널리즘' 현상으로 본다면, '해결지향 저널리즘' 모델을 바탕으로 주민이 요구하는 의제를 추적하고 대안을 제시해 문제를 해결하는 방식으로 유튜버 저널리즘이 변화하는 것도 대안이 될 수 있다. 다양한 컨설팅과 인센티브 제공을 통해 유튜버들이 자발적으로 사회적 책임에 관한 교육에 참여하도록 유도하는 노력도 병행해야 한다.

유튜브의 대안적 미디어 플랫폼 역할을 위해서는 엘리트나 정파의 표현의 자유가 아니라 시민의 알 권리 충족을 우선하는 담론이 요구된다. 정수영(2015)은 언론이 '사회의 공기(公器)' 역할을 하도록 시민사회의 감시와 개입이 필요하다고 강조했다. 이병남(2014)도 시민의 개입인 미디어 운동과 모니터링을 통해 미디어 내용을 감시·평가하는 활동을 강화함으로써 미디어의 상업성, 선정성, 폭력성을 비판하고 예방할 때 미디어의 공익성을 지킬 수 있다고 강조했다. 고영삼(2014)은 디지털기술 발달로 인한 정보와 네트워킹 과잉으로 거짓 정보가 난무하고 갈등을 확대하는 '분열소통'에 대응해 이용자의 스마트 문화 역량 강화를 주장했다. 상업성과 정파성의 영향을 받는 유튜브 생태계가 자연스럽게 바람직한 방향으로 흘러가지는 않을 것이기에 정책적 개입, 공동체의 노력, 그리고 시민참여가 요구된다. 이상호(2020)는 무방비로 노출되는 불법적이고 해악적인 콘텐츠는 방대하며, 미디어의 영향에 대한 교육이 전무한 일부 인플루언서가 주도하고 있고, 특정계층 비하, 불법 업소 경험담, 재력과시 쇼핑, 비윤리적·불법적 성적 내용 등의 주시청 연령대가 10~20대라는 점에서 심각한 문제라고 주장했다. 나아가, 이는 '엔터테인먼트'를 넘어서는 것이며, 사기, 성희롱, 폭력, 특정 집단 비하, 허위·과대 광고, 불법적인 성적 내용, 동물 학대 등에 대해서는 현행법을 적용해 규제할 것을 강조했다. 앞서 설명한 것처럼, 감염병 국면에서도 국민의 생명을 지키기 위해 정확한 정보를 제공하기보다는 정파적 주장 또는 선정적 콘텐츠로 클릭수, 구독, 좋아요를 늘리려는 이윤 욕구에 매몰된 채 방역을 방해한 사례들도 있다. 시간과 공간의 제약을 허물면서 정보와 콘텐츠를 즉각 확산한다는 영향력을 고려해, 유튜브의 사회적 영향과 책임, 윤리교육을 콘텐츠 생산자와 이용자 모두 대상으로 실시해야 하며, 다양한 문화와 관점이 공존·소통·교류하는 차원에서 유튜브의 성격과 영향력을 이해하고, 실제 제작을 체험하는 교육도 필요하다.

배상률과 이창호(2016)는 유튜브 등 소셜미디어의 부작용인 집착과 중독, 사회관계 동질화, 여가 문화의 획일화 등을 방기하지 말고, 미디어를 통한 참여와 상호작용 방법에 초점을 두는 '리터러시 교육'을 통해 대응할 것을 강조했다. 이를 위해서는 효과적인 유튜브 리터러시 교육 커리큘럼을 개발해야 하며, 교육의 전 과정(각 상황에 맞는 커리큘럼 개발, 교육 실시, 평가와 보완 등)을 관리하고 지원하는 정책도 필요하다. 즉, 유튜브 제작능력은 물론, 그 사회·문화적 영향을 충분히 숙지할 수 있도록 전 사회적으로 '유튜브 리터러시' 교육의 실시가 시급하다. '리터러시' 교육은 미디어를 매개로 정치와 사회참여를 강화하고 메시지 이해 능력을 키우며(배상률·이창호, 2016), 이용자가 관망자나 수동적 소비자가 아니라 사회에 완전한 참여자가 되도록 '디지털 리터러시'를 갖추는 것이 목표이다(Duncan, 2015). 동시에, 제작을 가르침으로써 이슈와 정체성, 욕망을 주체적으로 표현할 수 있어야 한다(강진숙·박지혜, 2015). 이창호(2021)는 학교에서 알고리즘 원리와 제작과정에서 발생할 수 있는 문제에 대한 리터러시 교육 강화를 제안했다. 청소년을 약자로 보는 통념에서 벗어나 창의적 사유와 욕망을 생성하는 주체로서 청소년의 존재론적 위상을 성찰하는 방식의 교육이 필요하며(강진숙·배민영, 2010), 아동이 적극적인 온라인 이용자라는 점에서 학교에서 리터러시 교육을 시작하고, 디지털 리터러시 기초·고급 과정을 제공해야 한다(Duncan, 2015). 청소년을 미디어로부터 차단하지 않고, 미디어를 활용해 사회활동과 정치에 참여하는 주체로서 '임파워먼트'하는 교육도 필요하다(강진숙·박지혜, 2015). 청소년이 그들이 친숙한 스마트폰을 도구로 이용해 학교나 마을 소식을 뉴스로 제작해 공유하면서, 유튜브 영향을 체험하고, 제작역량을 갖추며, 제작자로서의 책임감을 갖게 하는 교육도 유익할 것이다.

유튜브의 긍정적 기능을 살리기 위한 정책도 시급하다. 유튜브는 크리에이터와 이용자 모두에게 매력적이며, 언론, 기업, 정부 기관, 대학도 유튜브를 운영하면서 유튜브 시장 규모도 커지고 있고, 대규모 인력·장비와 함께 조직적으로 제작되는 경우도 많아지면서 '유튜브＝1인 방송'이라는 등식은 더는 통하지 않지만, 여전히 혼자서도 촬영·편집·송출이 가능한 특성도 병존하고 있다(송철민·최낙진, 2022). 유튜브의 '스토리텔링'과 '엔터테인먼트적' 요소는 질병으로 고통받는 환자나 재난 피해자, 그리고 그 가족과 공동체 구성원에게는 지지, 위로, 연대, 회복을 위한 소통과 공감의 장이 될 수 있다(김연식, 2021; 이형길, 2022, 4; 이해수, 2020; 한선, 2021). 이 점에서, 영향력 있는 '유튜버' 등 창작자들과 독립적 콘텐츠를 제작하는 언론사나 기관에게 유튜브 제작 및 운영의 가이드라인 역할을 하는 교육의 기회를 제공하고, 관련 예산 지원 등 현장 중심 정책을 강화해야 한다. 즉, 무엇을 하지 말라는 금지 차원만이 아니라, 시민과 공동체의 이익에 부합하는 콘텐츠 생산과 확산을 장려하고 지원하는 정책이 개발되어야 한다.

'디지털 격차digital divide'는 일상과 정책 관련해 필수적인 정보에 대한 접근 격차를 낳고, 사회문화 활동에서의 참여 격차로 이어진다. 또한, 건강을 포함한 다양한 사회문화적 불평등을 심화할 수 있고, 반대로 정보와 소통을 통해 불평등을 완화할 수 있다는 점에서 '디지털 격차' 해소가 중요하다. 유튜브 활용에서 소외되지 않도록 기술적 환경 제공을 넘어 '유튜브 제작·리터러시 교육'이 학교는 물론, 공동체(주민센터, 주민복지기관 등)를 중심으로 전개될 때 디지털 격차가 불평등으로 이어지지 않게 예방할 수 있다. 필자 자신도 유튜브 이용 초반에 또 지금도 방법에 익숙하지 않아서 또는 와이파이 연결의 불안정성으로 '디지털 격차'를 느꼈는데, 이는 경제적 격차 이상의 의미가 있다. 와이파이 접속 환경과 디지털 TV 보유 등 경제적 능력과 가족관계, 거주 환경, 심리적·정서적 상태가 유튜브 이용과 디지털 격차에 영향을 준다. 이상호(2020)는 신문과 TV를 거의 보지 않는 지금 청소년이 성인이 되는 10년쯤 뒤에는 유튜브 의존이 더 심해질 것으로 예측했다. 이 점에서, 전문가들은 자극적 내용, 가짜뉴스, 인신공격 등에 대응하는 규제의 필요성을 강조했고, 유튜브 생태계를 시장에 방임하면 알아서 잘되리라는 낙관론에 반대하고 있었다. 즉, 자율규제를 위한 유튜버의 사회적 책임 교육, 유튜브 알고리즘 개선을 위한 국제적 캠페인과 한국적 상황에 맞는 '유튜브 제작가이드라인' 마련, 좋은 콘텐츠 시상과 제작지원, 모든 시민이 참여하는 '유튜브 제작·리터러시 교육'도 제안되었다. 선정적, 폭력적, 혐오적 표현까지 옹호하는 무조건적 표현의 자유 논리에 맞서 서민을 포함한 모든 시민의 알 권리와 '소통권'을 지지하는 대안적 담론 개발도 요구된다.

블로그, 이메일, 채팅, 웹캠을 통한 표현 기회 확산에도 불구하고 계속되는 소통의 불평등과 상업화, 정파성으로 인한 콘텐츠의 다양성과 공익성 축소에 대응해 시민 이익에 초점을 두는 정책과 캠페인 등 적극적 개입이 강조되어 왔다. 유튜버의 창의력을 살리기 위해 유익한 콘텐츠에 대한 보상인 "긍정적 내용 규제positive content regulation" 정책(Croteau & Hoynes, 2006), 즉 내용 금지나 처벌이 아니라 좋은 콘텐츠의 생산을 장려하는 정책 강화도 시급하다. 시민 감시단이나 서포터스를 운영하는 등 시민 개입 강화도 필요하다. 가짜뉴스, 허위정보, 폭력, 사기, 갈등, 혐오 등을 부추기는 불법적·반사회적 콘텐츠에 대해서는 법을 적용해 대처하면서도 선제적 규제 노력과 이를 위한 시민사회 역할이 강화되어야 한다. 미디어 읽기, 고정관념적 재현에 대한 비판적 해석, 미디어제작으로 구성되는 시민교육이기도 한 미디어교육은 다양성 존중과 상호문화 이해력을 높이며, 시민의 '임파워먼트'에 기여한다(김은규, 2015). 이 점에서, 유튜브에 대한 접근과 이용 격차를 줄이고, 동시에 미디어 리터러시와 제작교육을 강화해야 한다. 아동의 경우 보호주의 접근을 통한 차단이 아닌, 이들이 자발적으로 미디어를 체험하고, 비판적 해석과 이용 능력을 키우는 정책이 필요하며, 동시에 이용자나 사업자를 억압하고 정보 접근의 자유를 제한하는 것이 아니라 이들의 정보와 문화 이용 권한 강화인 '임파워먼트' 차원에서 정책이 추진되어야 한다. 전통적 저널리즘과 달리 문제의 맥락 해설과 대안 제시에 집중하는 유튜브 정치채널의 시도는 "해결지향 저널리즘"과 연결된다. 주민 일상에 주목하고, 이들의 근심을 제기하고 해결하는 데 기여하는 새로운 저널리즘 역할인 '해결지향 저널리즘'은 미디어가 문제와 갈등 요인의 나열에만 머물지 말고, '의제추적과 문제해결'에 집중하며, 누가 더 강하게 비판하는지의 경쟁보다 대안과 해법을 이야기할 때 저널리즘은 신뢰를 회복하고, 사회가 스스로 교정할 수 있도록 돕는 피드백 메커니즘 기능을 한다고 본다(강준만, 2019). 나아가, 시민 삶의 실질적 개선을 위한 탐사에 치중하고, 문제 나열보다는 문제 해결을 위해 무엇을 할지와 문제 해결을 위해 노력하는 과정에 집중하는 원칙을 갖는다(Lough, & Mclntyre, 2018). 유튜브에서 뉴스처럼 소비되는 정치콘텐츠는 엄밀한 검증이나 객관성 규범 등 전문직주의 뉴스 생산 관행을 거치지 않고, 직설적 의견이나 관점에 기초한 해석과 추측에 기초하는 경향이 있다. 반면, 짧은 방송뉴스나 신문기사와 달리 긴 시간에 걸쳐 심도 있는 분석과 대안을 제공할 수 있기 때문에 주류언론이 충족하지 못하는 심층성을 갖춘 대안 매체의 특징도 있다(유용민, 2021, 632쪽). 이러한 장점을 살리기 위한 정책도 필요하다.

'유튜브 저널리즘'이라는 차별성을 강요할 것이 아니라 '부드러운 개입'으로 더 좋은 선택을 유도하는 '넛지nudge'를 구축한다면, 시청자인 시민과 유튜버, 공동체 모두에게 긍정적인 '저널리즘 플랫폼' 역할을 할 수 있다. 유튜브 저널리즘이 지향하는 '넛지'는 공동의 문제를 숙의하며, 문제 해결을 적극적으로 시도하는 시민 커뮤니티를 중심에 두고, 저널리즘 포함 콘텐츠 생산에서 아마

추어리즘도 존중하는 참여 중심 개입을 바탕으로 한다(이종혁, 2018). 송철민과 최낙진(2022)의 체험처럼, 유튜브를 통해 기자 저널리즘의 한계를 PD저널리즘이 채워줄 수도 있다. 즉, 지역방송 PD가 운영한 유튜브 채널에서 제주 2공항 관련 기존 언론기사들에서는 찾아보기 힘든 '다양한 취재원 활용'과 '현장 목소리 전달'이 이루어졌다. 정금희(2021)는 정치유튜브가 전통적 저널리즘을 위협한다는 프레임과 저널리즘에 대한 관념적 논의에 매몰되기보다 새롭게 대두된 유튜브 저널리즘을 이해하면서 왜 한국 사회에서 정치유튜브 채널이 부상하는지 그 현실적 원인에 주목할 것을 제안했다. 저널리즘, 특히 지역언론 같은 비기득권 언론이 유튜브 같은 '비주류 디지털 매체'를 활용해 '해결지향 저널리즘'이라는 대안적 뉴스제작을 실천하고, 언론 스스로의 위기를 극복하며, 지역주민이자 시청자의 신뢰를 회복하는 계기로도 이어질 수 있을 것이다.

유튜브 정치채널을 통해 주민밀착형 정치 주제들을 발굴하고, 주민입장에서 파헤쳐 주민 삶의 실질적 변화를 이끌 수 있는 구체적 대안을 제시함으로써 '생활정치화'에 기여할 수 있다. 이는 '해결지향 유튜브 저널리즘'의 가능성과 함께 유튜브를 적극적으로 활용하는 지역방송의 역할과도 직결된다. 이른바 '주류언론'이 엘리트와 취재처 중심 취재 관행, 선정성·정파성에 입각한 갈등유발 행태에서 탈피가 어렵다는 점에서 유튜브 저널리즘과 지역언론이 결합한 '넛지'의 기능과 '해결지향'의 가능성이 더욱 빛날 수 있다. 유튜브 정치채널을 통해 주민과 공동체의 요구에 선제적으로 반응하면서 주민의 삶의 개선을 위한 콘텐츠 제작과 대안 제시에 집중하는 '해결지향 저널리즘'을 실천할 수 있을 것이다.

참고문헌

강진숙 (2010). 청소년미디어보호 자율규제제도에 대한 인식 연구: 청소년 및 미디어교육
　　전문가와의 심층인터뷰를 중심으로. 〈한국언론학보〉, 54권 5호, 372-397.
고영삼 (2014). 정부의 소셜미디어 활용에 대한 성찰적 조명. 소셜미디어연구포럼 (편).
　　〈소셜미디어의 이해: 일상생활과 소셜커머스에서 기업혁신과 정치혁명까지 소셜미
　　디어를 둘러싼 핵심 쟁점들을 총정리한 입문서〉 (139-176). 서울: 미래인.
김성재 (2019). 탈문자적 문명의 가속화와 상징적 자본의 변질: 유튜브의 지배력 강화에
　　대하여. 〈영상문화콘텐츠연구〉, 16집, 91-117.
김성태·김여진·최홍규·김형지 (2011). 뉴미디어를 통한 소통 채널의 확장과 정치참여
　　변화 연구: 인터넷과 소셜미디어를 주목하며. 〈평화연구〉, 19권 1호, 5-38.
김은규 (2015). 다문화미디어교육의 운영 현황 점검과 방향성 모색: 다문화가족지원센
　　터와 시민미디어센터의 다문화미디어교육 사례를 중심으로. 〈언론과학연구〉, 15권
　　1호, 115-161.
민영 (2014). 뉴스와 엔터테인먼트의 융합: 2012년 대통령 선거에서 정치 팟캐스트의 효과.
　　〈한국언론학보〉, 58권 5호, 70-96.
박영흠·정준희 (2020). 저널리즘 경계의 해체, 지속, 혹은 진화적 재형성: 체계이론적 분
　　석 가능성의 탐색. 〈언론과 사회〉, 28권 4호, 103-143.
배상률·이창호 (2016). 소셜미디어가 청소년 여가문화 및 팬덤문화에 미치는 영향에 관
　　한 질적 연구: 페이스북을 활용한 청소년 집단지성 토론단 운영결과를 중심으로. 〈한
　　국청소년연구〉, 27권 3호, 189-218.
봉미선 (2021). 유튜브와 리터러시. 남윤재·노광우·봉미선·양선희·이상호·이종명·
　　이창호·정의철 (편). 〈유튜브의 이해와 활용〉 (185-209쪽). 서울: 한울.
설진아 (2021). 인기 유튜브 채널의 장르 유형과 채널 인기 요인에 관한 탐색 연구. 〈미디
　　어 경제와 문화〉, 19권 1호, 49-86.
송철민·최낙진 (2022). PD저널리즘 실현 수단으로서의 유튜브 경험: 어느 20년 차 지역
　　방송 PD의 자기민속지학. 〈언론과학연구〉, 22권 1호, 250-292.
유용민 (2021). 유튜브 시사정치채널 이용자의 뉴스 관점에 관한 탐색적 연구. 〈한국콘텐
　　츠학회논문지〉, 21권 4호, 628-644.

이상호 (2020). 〈야만의 회귀, 유튜브 실체와 전망: 창의적 공유지에서 퀀텀문명까지 생존 비법〉. 부산: 예린원.

이종명 (2021). 유튜브의 시사·정치 콘텐츠. 남윤재·노광우·봉미선·양선희·이상호·이종명·이창호·정의철 (편). 〈유튜브의 이해와 활용〉(53-80쪽). 서울: 한울.

이창호·정의철 (2008). 촛불문화제에 나타난 청소년의 사회참여 특성에 대한 연구. 〈언론과학연구〉, 8권 3호, 457-491.

이해수 (2021). 디지털 스토리텔링의 재조명: 암 환자들의 유튜브 투병 브이로그를 중심으로. 〈미디어, 젠더 & 문화〉, 36권 1호, 229-273.

이형길 (2022. 4). KBS 〈광주 아파트 붕괴 현장 생방송〉. 지역 방송의 가치 되새긴 18일 연속 생방송. 〈신문과 방송〉.

장은미·허솔 (2022). 여성들의 놀이터, 일상의 경험이 공유되는 새로운 방식: 팟캐스트 〈송은이 & 김숙 비밀보장〉을 중심으로. 〈미디어, 젠더 & 문화〉, 37권 1호, 111-153.

장은영 (2017). 자기민속지학적 글쓰기를 적용한 학술적 글쓰기의 방향과 수업 방안. 〈리터러시연구〉, 21호, 157-187.

정금희 (2021). 정치 유튜브 개인방송에서 '정파성'은 어떻게 발현되는가?: 청년 정치 유튜버의 심층 인터뷰를 중심으로. 〈언론정보연구〉, 58권 3호, 46-109.

정의철 (2007). 청소년 인터넷 중독 PR 캠페인 메시지 담론분석: 헬스커뮤니케이션 관점을 통해 본 탐색적 연구. 〈언론과학연구〉, 7권 3호, 301-338.

주형일 (2007). 왜 나는 스파이더맨을 좋아하는가. 〈언론과 사회〉, 15권 3호, 2-36.

허승희 (2020). 북한의 유튜브 대외 선전매체 활용 양상. 〈북한학연구〉, 16권 2호, 171-205.

한정훈 (2021). 유튜브 정치채널 시청의 결정요인과 표본선택편향. 〈한국정치학회보〉, 55권 5호, 293-118.

함민정·이상우 (2021). 유튜브 정치동영상의 선택적 노출과 정치적 태도극화: 정치성향별 내집단 의식의 매개효과 검증. 〈한국콘텐츠학회논문지〉, 21권 5호, 157-169.

Croteau, D., & Hoynes, W. (2006). *The business of media*. Thousand Oaks. CA: Pine Forge Press.

3장

정치팟캐스트와 정치유튜브 이용자 특성

이창호 | 한국청소년정책연구원 선임연구위원

여러 팟캐스트 장르 중에서도 특히 정치팟캐스트는 우리나라에서 많은 인기를 얻고 있다. 최근에는 유튜브의 성장과 더불어 정치유튜브를 시청하는 사람들도 늘고 있다. 정치팟캐스트를 주로 청취하는 집단은 진보적인 성향의 사람들이며 학력수준과 소득수준이 비교적 높다. 정치팟캐스트 이용자들은 대안언론으로서의 역할과 속보전달을 정치팟캐스트의 중요한 기능으로 인식하고 있다. 주류언론이 다루지 않는 내용을 소개하고 이를 심층적으로 다룬다는 면에서 대안매체의 속성을 지니고 있다고 볼 수 있다. 하지만 정치팟캐스트가 특정 정치적 입장을 대변한다는 부정적 측면도 인식하고 있다. 청소년들의 경우 팟캐스트보다는 유튜브를 통해 정치관련 정보를 많이 얻는 것으로 조사됐다. 이와 더불어 전통적 매체인 TV에 대한 의존도 여전히 높았다. 유튜브 세대인 만큼 유튜브를 통해 많은 정보를 얻기 때문에 정치, 시사정보도 이 매체를 통해 주로 얻고 있다. 초기에 진보진영의 전유물이었던 정치팟캐스트는 이제 유튜브 전성시대를 맞아 정치유튜브로 많이 옮겨가고 있다. 진보성향의 정치유튜브들이 많이 생겨남에 따라 이를 시청하는 사람들도 늘고 있다. 바야흐로 정치유튜브를 통해 보수, 진보진영이 구독자를 모으기 위해 치열하게 경쟁하고 있다.

1. 인구학적 특성

　정치팟캐스트 이용자의 인구학적 특성을 알아보기 위해 한국언론진흥재단 (2020)이 19세 이상 성인남녀 5,010명을 대상으로 조사한 언론수용자조사 통계 표를 살펴보았다. 전체 응답자의 1.7%가 지난 1주일 동안 뉴스/시사보도를 주로 다루는 팟캐스트를 이용한 적이 있다고 답해 정치팟캐스트를 즐기는 이용 자들은 매우 소수임을 알 수 있다. 여성보다는 남성이 많았고 20대 연령층에서 이용률이 높았다. 그리고 대학교 재학 이상의 학력을 가진 경우와 월평균 가구소득 600만 원 이상인 경우 이용한다고 답한 비율이 가장 높았다. 정치성 향의 경우 진보가 많았다. 종합하면, 남성, 고학력, 고소득, 젊은층, 진보성향의 사람들이 정치팟캐스트를 이용할 가능성이 높았다.

　반면, 유튜브에서는 약간 다른 양상이 나타났다. 진보와 보수성향을 대변하는 6개의 유튜브채널(3개 진보, 3개 보수채널) 시청자를 대상으로 조사한 결과는 50세 이상의 연령층이 많은 것으로 나타나 중장년층에서 정치유튜브를 많이 본다는 것을 암시하고 있다(장승진·한정훈, 2021). 정치성향의 경우 진보가 많았고 정치 관심은 높은 편이었으며 교육수준은 대졸 이상이 많았다. 종합하면, 정치에 대한 관심이 많고 교육수준이 높으며 고연령층의 사람들이 정치유튜 브를 시청하는 경향이 강하다(한정훈, 2021).

표 3-1. 인구학적 특성에 따른 뉴스/시사보도 팟캐스트 이용 여부

전 체		사례수(명)	이용했다	이용하지 않았다	계
		(5,010)	1.7	98.3	100.0
성 별	남 성	(2,497)	2.2	97.8	100.0
	여 성	(2,513)	1.2	98.8	100.0
연 령	19~29세	(870)	3.3	96.7	100.0
	30~39세	(828)	2.7	97.3	100.0
	40~49세	(953)	2.3	97.7	100.0
	50~59세	(987)	0.9	99.1	100.0
	60대 이상	(1,372)	0.2	99.8	100.0
학 력	중학교 졸업	(631)	0.5	99.5	100.0
	고등학교 졸업	(2,073)	0.7	99.3	100.0
	대학교 재학 이상	(2,306)	3.0	97.0	100.0
가구 소득	100만 원 미만	(183)	0.0	100.0	100.0
	100~200만 원 미만	(363)	0.9	99.1	100.0
	200~300만 원 미만	(674)	0.9	99.1	100.0
	300~400만 원 미만	(977)	1.4	98.6	100.0
	400~500만 원 미만	(1,155)	2.0	98.0	100.0
	500~600만 원 미만	(891)	1.5	98.5	100.0
	600만 원 이상	(768)	3.4	96.6	100.0
주관적 정치 성향	진 보	(1,301)	3.0	97.0	100.0
	중 도	(2,353)	1.8	98.2	100.0
	보 수	(1,355)	0.3	99.7	100.0

출처: 한국언론진흥재단 (2020). 〈2020 언론수용자 조사 통계표〉. 서울: 한국언론진흥재단, 142쪽에서 인용. 원 저작권자의 모든 권리가 보호됨.

사실 팟캐스트는 지역, 문화, 경제, 예술 등 다양한 장르들이 존재한다. 이 중에서도 정치팟캐스트는 우리나라에서 제일 인기가 많다. 팟캐스트 이용자 1,000명을 대상으로 진행한 온라인조사에서도 응답자들은 여러 팟캐스트 장르 중에서 시사/정치 장르(72.8%)를 가장 많이 이용하는 것으로 나타났다(이재국 외, 2018). 이어 음악(66.7%), 경제(53.1%), 영화(49.7%), 연예(49.4%)가 뒤를 이었다. 특히 연령별 차이가 눈에 띄었는데 20~30대의 경우 음악장르를 즐겨

들었지만 40~50대의 경우 시사/정치장르를 즐겨 듣는 것으로 나타나 대조를 이뤘다. 학생들의 경우도 시사/정치보다 음악장르를 즐기는 층이 더 많았다. 성별로 보면 남자의 경우 시사/정치를 듣는 비율이 높았지만 여자의 경우 음악장르를 듣는 비율이 가장 높았다. 대학 재학의 경우에도 음악장르를 이용하는 비율이 가장 높았다. 정치적 성향의 경우 진보적 입장을 가진 이용자들이 시사/정치 팟캐스트를 많이 이용하였다. 따라서, 젊은층일수록 음악장르를 즐겨 듣고 연령이 높고 진보적 성향의 이용자일수록 시사/정치분야의 팟캐스트를 많이 듣는다고 볼 수 있다.

표 3-2. 장르별 팟캐스트 이용 정도 ('가끔 이용한다'+'자주 이용한다' 비율)

구 분		시사/정치	음악	영화	경제	연예	교육/도서	건강/의학	스포츠
전 체		72.8	68.7	49.7	53.1	49.4	48.8	39.6	42.2
성 별	남 자	79.3	69.5	50.4	56.6	45.9	40.8	36.9	56.4
	여 자	66.0	67.8	49.0	49.4	53.1	57.2	42.4	27.3
연 령	20대	57.5	71.7	50.2	38.4	58.4	51.1	26.9	46.6
	30대	65.4	68.8	50.2	51.9	51.1	52.8	34.6	39.0
	40대	81.2	65.0	45.8	59.2	44.0	49.5	39.0	37.9
	50대	82.8	70.0	52.7	59.7	46.2	42.9	54.6	45.8
학 력	고졸 이하	76.1	72.7	51.1	65.9	50.0	38.6	58.0	38.6
	대학 재학 (전문대 재학 포함)	58.8	72.9	52.9	34.1	54.1	48.2	20.0	52.9
	대학 졸업 (전문 대졸 포함)	73.3	68.0	48.9	54.1	49.4	49.9	39.5	41.5
	대학원 재학 이상	77.2	66.7	51.2	51.2	45.5	50.4	40.7	41.5
월평균소득	100만 원 미만	76.0	60.0	52.0	52.0	60.0	48.0	44.0	40.0
	100~200만 원 미만	63.6	64.9	46.8	45.5	54.5	48.1	36.4	42.9
	200~300만 원 미만	66.9	69.6	50.3	48.1	51.9	45.9	33.1	40.9
	300~400만 원 미만	71.0	67.6	48.3	50.0	45.5	46.0	36.9	36.4
	400~500만 원 미만	76.9	72.9	54.8	55.3	50.8	52.8	44.2	42.7
	500만 원 이상	76.3	67.8	47.7	57.9	47.4	49.7	42.1	45.6

직 업	자영업	72.0	73.3	58.7	60.0	48.0	40.0	45.3	37.3
	블루칼라	77.6	75.3	52.9	55.3	51.8	47.1	45.9	40.0
	화이트칼라	75.5	66.8	47.9	54.1	47.7	48.6	40.0	44.0
	가정주부	69.4	73.5	49.0	64.3	50.0	59.2	55.1	26.5
	학 생	61.2	71.8	52.9	37.6	55.3	48.2	18.8	52.9
	기타/무직	62.5	60.9	48.4	35.9	54.7	48.4	25.0	43.8
정치 적 성향	보 수	64.3	67.4	48.8	51.9	48.8	40.3	39.5	51.9
	중 도	65.5	71.3	51.6	52.6	53.2	49.4	42.6	45.2
	진 보	78.8	67.6	48.8	53.7	47.4	50.4	38.0	38.3

팟캐스트 포털 플랫폼으로 잘 알려진 팟빵 이용자 676명을 대상으로 조사
한 결과도 정치팟캐스트의 인기를 뒷받침한다(한국리서치, 2018). 5점 척도(1 =
전혀 듣지 않음~5 = 매우 자주 들음)로 측정한 결과, 장르별로는 시사 및 정치분
야(4.2점)가 가장 높았고 경제(2.4점), 도서(2.2점), 영화(2.1점), 어학(1.9점) 순
이었다. 즉, 팟캐스트 이용자들은 정치팟캐스트를 자주 듣고 있는 것이다. 이
조사에서 팟캐스트 주요 이용자층은 30~40대로 나타났다.

다른 국가들과 비교해서도 우리나라의 정치팟캐스트 선호도는 매우 높은
편이다(김선호 · 김위근, 2019). 2019년 1월 한 달 동안 팟캐스트를 이용한 적이
있다고 응답한 비율은 53%를 차지했는데 이는 조사대상 38개 국 가운데 5위이
다. 특히 팟캐스트를 이용하는 주제는 정치 및 국제이슈(28%)가 가장 많았고
라이프스타일(21%), 경제/과학기술(15%), 사회/범죄(15%), 스포츠(13%) 순이었
다. 정치관련 팟캐스트를 이용하는 비율의 경우 38개 국 전체 평균은 15%였
다. 따라서 우리나라의 정치팟캐스트 선호도가 다른 국가에 비해 매우 높다고
볼 수 있다. 하지만 뉴스 전반에 대한 신뢰는 38개 국가 중 가장 낮은 것으로
나타났다. 이처럼 뉴스에 대한 신뢰가 떨어지다 보니 많은 사람들이 제도권

언론보다 정치팟캐스트에 보다 많은 관심을 갖게 되고 귀를 기울인다고 볼 수 있다. 한정훈의 연구(2021)에서도 주류 방송채널의 뉴스에 대한 불신과 개인의 정치 관심도가 정치유튜브 시청에 유의미한 영향을 미치는 것으로 나타난 바 있다. 즉 주류미디어를 신뢰하지 않고 정치 관심이 높은 사람들이 정치유튜브를 시청할 가능성이 높은 것이다.

조사마다 이용 연령층에서는 다소 차이가 있지만 대체로 진보성향을 가진 사람들이 정치팟캐스트를 청취할 가능성이 높다. 이는 〈나는 꼼수다〉와 같이 초창기에 등장한 팟캐스트들이 대부분 보수정권의 비리를 고발하거나 파헤치는 역할을 하면서 팟캐스트는 진보 매체라는 인식을 국민들에게 각인시켜준 결과로 해석해 볼 수 있다. 보수진영의 경우 유튜브를 중심으로 세력을 확장했지만 역사 면에서는 진보진영의 팟캐스트보다 짧다.

2. 저널리즘 기능에 대한 인식

정치팟캐스트를 언론으로 규정해야 할지에 관해서는 여전히 논쟁 중이다. 하지만 최근 정치팟캐스트의 확산으로 이를 언론으로 봐야 한다는 주장이 힘을 얻고 있다. 그렇다면 이용자들은 정치팟캐스트가 어떤 저널리즘 역할을 하고 있다고 생각할까?

앞서 소개한 조사에 따르면, 정치팟캐스트 이용자들은 대안언론으로서의 역할과 속보전달을 정치팟캐스트의 중요한 기능으로 인식하고 있다(이재국 외, 2018). 이들은 정치팟캐스트가 제도권 언론이 보도하지 않는 내용을 보도함으로써 대안적인 언론의 기능을 하고 있다는 데 가장 많이 동의하였다. 또한 우리 사회에서 일어나고 있는 일들을 빠르게 전달하는 것도 주요 기능으로 인식하였다. 특히 우리 사회에 큰 영향을 미치고 있으므로 정치팟캐스트를 언론으로 간주해야 한다는 의견에도 많은 사람들이 동의하였다. 사안에 대한 상세한 해석이나 시민참여의 촉진 역할도 정치팟캐스트의 중요한 기능 중 하나로 인식하였다. 이러한 인식은 기존의 저널리즘이 추구하는 역할과도 매우 맞닿아 있어 정치팟캐스트의 저널리즘 가능성을 시사해주고 있다. 즉 이미 많은 이용자들이 정치팟캐스트가 언론기능을 하고 있다고 생각하고 있다.

반면, 남을 비방하거나 명예를 훼손하는 이야기들이 많은 측면은 정치팟캐스트의 부정적 기능 중의 하나이다. 또한 정치팟캐스트가 특정한 정치적 입장을 대변하는 경향이 있다는 측면도 많은 이용자들이 동의하였다. 보수성향의 이용자(3.8점)가 진보성향의 이용자(3.59점)보다 정치팟캐스트의 정치적 편향성을 더 느끼고 있었다. 정치팟캐스트의 정보에 대한 신뢰성 평가에서도 많은 이용자들이 정치팟캐스트를 통해 전달되는 정보가 심층적(3.6점)이고 믿을 만하다(3.43점)고 답했으나 공정하다(3.15점)고 대답한 비율은 상대적으로 낮았다. 즉 정치팟캐스트가 한쪽으로 치우친 정보를 전달할 가능성이 큰 것으로 이용자들은 인식하고 있다.

이러한 우려에도 불구하고 대체로 이용자들은 정치팟캐스트의 부정적 기능보다 긍정적 기능을 높이 평가하고 있다.

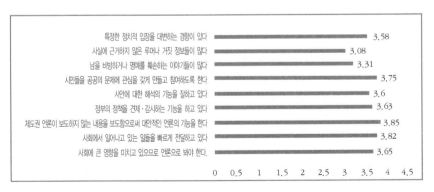

그림 3-1. 정치팟캐스트의 기능(5점 척도)

출처: 이재국 외 (2018). 〈팟캐스트 저널리즘 연구〉. 서울: 한국언론진흥재단. 134-135쪽에서 재구성. 원 저작권자의 모든 권리가 보호됨.

유용민(2021)은 유튜브 시사정치채널을 통해 뉴스를 소비하는 이용자를 대상으로 뉴스 역할 인식에 어떤 변인이 영향을 미치는지를 분석하였다. 이 연구에서 뉴스 역할은 크게 정보전달, 대중동원, 큐레이션curation으로 구성되었다. 다양한 소식을 대중에게 빠르게 전달하는 것은 뉴스의 정보전달 기능이고 중요 사안에 대한 공적 토론을 활성화시키는 것은 대중동원 기능에 해당된다. 큐레이션 기능은 이용자가 어떤 정보를 취사선택해야 하는지 돕는 것을 의미한다. 분석결과 정치유튜브를 많이 이용하고 정치유튜브를 신뢰할수록 세 가지 뉴스의 역할 인식도 강화되는 것으로 나타났다. 사실을 주로 전달하는 기존 언론과 달리 유튜브는 사안에 대한 비평과 해석에 초점을 두고 있기 때문에 큐레이터로서의 기능이 중요해지고 있다. 즉 이용자들이 관심 있는 뉴스를 찾아보도록 돕거나 무엇을 믿어야 할지 파악하도록 돕는 역할이 디지털 시대의 중요한 뉴스기능이라는 것이다.

위에서 살펴본 것처럼 정치팟캐스트는 이미 이용자들의 머릿속에 기존 언론과 같은 막강한 영향력을 행사하는 매체로 인식되고 있다. 특히 정치팟캐스트가 균형적인 시각을 갖기보다 정파성을 띠는 것은 기존 언론과 다른 차별적인 부분이고 이를 인정해야 한다는 목소리가 많다. 전문가들은 정치팟캐스트에도 저널리즘 원리가 일정 정도 작동해야 한다고 주장한다.

필자가 2018년 진행한 팟캐스트 저널리즘 연구(이재국 외, 2018)에서 자문위원으로 참석한 한 기자는 특정 입장을 대변하는 것은 문제가 되지 않지만 팟캐스트에도 저널리즘의 기본원칙이 어느 정도 적용돼야 한다는 입장이다.

> 팟캐스트를 비롯한 온라인 콘텐츠에서 정치·경제적 목적으로 지나치게 자극적이고 선정적으로 이슈를 만드는 경우가 있는 건 사실이다. 일부 팟캐스트가 언론 이상의 영향력을 갖고 있다는 점에 비춰 보면 기본적인 보도윤리를 적용하는 등 자성할 필요성이 있다. 핵심은 해설과 논평은 자유롭게 할 수 있지만 그 근거가 사실에 부합해야 한다는 기본적인 저널리즘의 원칙이다. 특정 정치인에 대한 평가, 정책에 대한 비판은 당연히 할

수 있고 기존 방송과 달리 한쪽 진영의 입장을 대변하는 것도 문제가 되지 않는다. 단, 진행자나 제작진 스스로가 그 주장의 근거가 사실관계가 맞는지를 따지고, 이슈의 본질을 왜곡할 소지가 있는지를 검토해야 한다.

또 다른 기자도 기존 언론사가 팟캐스트용으로 만드는 프로그램에 저널리즘의 원리가 작동돼야 한다고 주장한다.

> 팟캐스트는 기존 미디어가 진실을 전달하지 않으며 권력에 장악됐다는 비판과 의심 속에서 대안 방송의 성격으로 만들어졌다. 동시에 팟캐스트의 가장 두드러진 특징은 제작자와 진행자의 지극히 주관적인 관점으로 만들어진 방송 콘텐츠라는 점이다. 독자들은 자신의 정치성향이나 신념에 따라 자신의 입맛에 맞는 팟캐스트 프로그램을 선택해 스스로 구독자가 되었다. 따라서 팟캐스트에서 저널리즘의 근본정신과 객관성, 공공성을 논한다는 것 자체가 맞지 않는다는 비판도 있다. 하지만 언론사가 만드는 팟캐스트 전용 프로그램의 경우에는 일반 방송에 준하는 기준이 여전히 지켜져야 한다고 생각한다. 최근 이슈가 되고, 독자의 궁금증을 해결함과 동시에 뉴스 가치가 있는 주제의 선정과 한쪽에 치우치지 않은 분석, 균형을 맞춘 게스트 섭외, 반론권 보장이 그것이다. 단 방송에서 다루지 못한 더 깊은 분석과 배경 설명, 사회의 다양한 반응을 담아내야 하는 것도 잊지 말아야 한다.

하지만 한 전문가는 정치팟캐스트의 경우 기존 매체와는 다른 뉴스 생산, 소비, 전파 방식을 갖고 있어 전통적인 미디어에 대한 규제방안을 그대로 적용하는 것은 지양해야 한다고 주장한다. 따라서 기존의 방송에 부과된 공적 책임, 공공성, 공정성 등의 기준을 너무 강조하다 보면 팟캐스트의 장점인 자율성이나 개방성 등의 가치를 해칠 수 있다는 것이다.

정치팟캐스트가 사회적 영향력을 확대할수록 언론으로서의 자질과 역할을 기대하는 목소리도 점차 늘어날 것으로 전망된다. 자유분방함과 개방성 등 팟캐스트의 특징을 저널리즘 가치와 어떻게 잘 접목시킬지가 팟캐스트 저널리즘의 미래를 좌우할 것으로 보인다.

3. 청소년 이용 현황

한국청소년정책연구원(배상률 외, 2021)은 전국 중·고등학생 2,810명을 대상으로 미디어 이용현황을 조사하였다. 시사관련 뉴스에 대한 관심 정도를 묻는 질문에 이어 뉴스 접촉경로를 질문하였다. 청소년들은 유튜브(33.4%)를 통해 뉴스를 가장 많이 접하고 있었다. TV는 20.2%로 그 뒤를 이었고 부모님이나 가족을 통해 뉴스를 접하는 경우도 17.5%에 달했다. 반면 팟캐스트는 0.1%에 불과해 종이신문(0.3%)이나 라디오(0.1%)의 비율과 비슷했다. 성별로 보면 남학생이 유튜브를 통해 뉴스를 접하는 경우가 여학생보다 훨씬 많았고 여학생의 경우 SNS을 통해 남학생보다 뉴스를 더 많이 접했다. 학업 성적이 하위권인 경우 유튜브에 대한 의존도가 높았고 상위권 학생들은 포털이나 온라인을 통해 뉴스를 접하는 경우가 많았다.

청소년들이 어떤 성향의 정치유튜브를 즐겨 이용하는지는 이 조사로 알 수 없지만 유튜브 세대인 청소년들이 정치나 시사관련 정보도 유튜브 매체를 통해 많이 접하고 있다는 것은 놀랄 만한 일은 아니다. 유튜브 상에는 정치관련 뉴스를 짧게 편집해 제공하거나 쉽게 요약해서 정리해 전달하는 정치콘텐츠들이 많이 있다. 특히 많은 청소년들이 유튜브를 보다가 추천영상이 제공하는 뉴스 콘텐츠를 우연히 접하는 경우가 많다. 이러한 여러 요인으로 인해 이제 유튜브는 정치, 시사뉴스를 청소년에게 전달하는 주요 통로가 되고 있다. TV도 청소년들이 시사정보를 얻는 주요 매체로 자리잡았다. 흥미로운 점은 이어진 미디어 신뢰도 조사에서 TV가 56.8%로 가장 높게 나타났다. 응답자의 절반이상이 TV 뉴스정보를 신뢰하고 있었다. 반면, 유튜브의 신뢰도는 27.0%, SNS의 신뢰도는 13.7%로 조사돼 뉴미디어에 대한 신뢰도는 매우 낮았다.

이처럼 청소년들은 팟캐스트보다는 유튜브 채널을 통해 정치, 시사정보를 훨씬 많이 이용하는 것으로 나타났다. TV와 같은 전통미디어에 대한 신뢰는 매우 높은 것으로 나타났지만 유튜브나 SNS 정보에 대한 신뢰는 낮았다. 최근 뉴미디어를 통해 가짜뉴스가 확산되면서 유튜브 등에 대한 신뢰가 매우 낮아진 것으로 해석해 볼 수 있다.

표 3-3. 시사관련 뉴스 접촉 경로(1순위)

(단위: %)

구 분	사례수 (명)	유튜브	TV	인터넷 포털/온 라인 뉴스	팟캐 스트	SNS(유 튜브 제외)	부모님/ 가족	친구/선 후배/선 생님	종이 신문	라디오	기 타
전 체	(2,767)	33.4	20.2	14.6	0.1	10.0	17.5	2.9	0.3	0.1	0.8
성 별											
남	(1,432)	43.6	20.1	12.3	0.1	7.0	12.8	2.5	0.3	0.2	1.2
여	(1,335)	22.6	20.3	17.1	0.2	13.3	22.5	3.4	0.3	0.1	0.3
교 급											
중학생	(1,376)	32.5	24.4	10.1	0.1	7.7	20.6	3.2	0.4	0.2	0.8
고등학생	(1,391)	34.4	16.0	19.1	0.1	12.3	14.4	2.6	0.2	0.1	0.7
학 년											
중1	(496)	30.0	26.5	8.4	0.1	5.8	23.4	4.0	0.7	0.2	0.8
중2	(446)	37.5	22.0	9.4	0.0	9.0	18.2	3.3	0.0	0.1	0.5
중3	(435)	30.1	24.5	12.8	0.0	8.5	19.8	2.3	0.5	0.4	1.2
고1	(465)	34.6	16.7	16.9	0.0	10.9	18.0	1.8	0.0	0.2	0.9
고2	(492)	39.1	15.1	16.5	0.2	15.0	11.4	2.0	0.2	0.0	0.4
고3	(433)	28.8	16.4	24.2	0.1	10.9	14.0	4.3	0.4	0.0	0.9
학급 성적											
상위권	(939)	29.8	22.6	18.3	0.2	7.6	17.5	2.9	0.5	0.2	0.5
중위권	(956)	29.9	21.5	17.0	0.1	9.9	17.5	3.3	0.2	0.0	0.6
하위권	(849)	41.3	16.6	8.2	0.0	12.4	17.3	2.6	0.2	0.1	1.3
경제 수준											
상위권	(862)	28.5	19.8	16.8	0.3	9.8	19.9	3.7	0.5	0.2	0.5
중위권	(1,514)	34.9	21.5	14.2	0.1	9.9	16.0	2.4	0.1	0.1	1.0
하위권	(363)	37.7	16.8	12.1	0.0	10.5	17.9	3.8	0.7	0.0	0.6

4. 청취 사례와 제언

정치팟캐스트나 정치유튜브를 어떤 동기와 목적을 가지고 이용하는지 보다 깊이 분석하기 위해 애청자들을 대상으로 청취동기와 효과 등에 관해 질문하였다.

먼저 국책연구기관에 근무하는 A씨의 사례를 통해 정치팟캐스트 및 정치유튜브를 어떻게 소비하고 있는지 살펴보았다. 그는 〈이박사와 이작가의 이이제이〉(팟빵), 〈이동형TV〉(유튜브), 〈정규재TV〉(팟빵), 〈펜앤드마이크TV〉(유튜브)를 주로 듣는다고 말했다. 즉 진보적인 채널과 보수적인 채널을 동시에 청취하는 유형에 속한다. 정치팟캐스트 및 정치유튜브의 매력으로는, 첫째 기존 언론에서 접하지 못하는 사실을 접할 수 있다는 점, 둘째 지향하는 정치적 입장(좌파, 우파 등)에 따라 같은 사안에 대해 다른 시각의 해석을 들을 수 있다는 점을 꼽았다. 정치팟캐스트 및 정치유튜브 청취 전후 달라진 점은 우리 사회의 정치 · 사회적 사건에 대한 관심이 약간 커진 것이다. 그는 정치팟캐스트 및 정치유튜브의 문제점에 대해 비교적 장황하게 지적하였다. 첫째, 지향하는 정치적 입장(좌파, 우파 등)에 따라 사실에 대한 해석이 객관적이지 않고 일방적으로 편파적인 경우가 많다는 것이다. 둘째, 다매체 다채널 시대인 요즈음 사람들이 자기가 좋아하는 채널만 듣는 경향이 많아 지향하는 정치적 입장(좌파, 우파 등)에 따라 편파적 해석 및 갈등이 확대 재생산될 가능성이 높다는 것이다. 따라서 정파적인 성향이 강한 정치팟캐스트의 특성상 건전한 공론장의 토대인 의사소통 합리성communicative action을 저해할 가능성이 높다고 그는 강조했다.

공무원 B씨는 팟캐스트 시장이 처음 열리던 2012년경부터 정치팟캐스트를 즐겨 들었다고 한다. 그는 진보성향의 정치팟캐스트 마니아로 볼 수 있다. 그 이전에도 기존의 신문방송을 대체하는 대안미디어에 관심이 많았고, 한동안 팟캐스트가 그 역할을 수행했다고 생각하고 있었다. 초창기에는 〈나는 꼼수다〉부터 〈다스뵈이다〉(딴지방송국), 〈새가 날아든다〉(새날), 〈이박사와 이작가의 이이제이〉(미르미디어), 〈김용민브리핑〉(여사여풍) 등 주로 시사정치 분야의 팟캐스트를 들었다. 그는 정치팟캐스트를 듣게 된 계기에 대해 다음과 같이 말했다.

> 기존 신문방송 정치콘텐츠의 경우 좋게 말하면 '품격을 갖춘 언어', 나쁘게 표현하자면 '점잖 뜨는' 표현으로 인해 정치현상의 실체적 진실에서 거리가 멀다고 생각했습니다. 그런데 정치팟캐스트의 경우 사실과 현상을 일상생활의 언어로 표현하고 이성적 접근뿐 아니라 감정적 공감을 유도하는 콘텐츠들로 인해 해당 방송의 정치적 입장에 쉽게 동화될 수 있었습니다. 특히 정치나 시사현안에 관한 해설에서 명확한 진영논리를 기반으로 한 선명한 정치적 입장을 갖고 있어 해당 사안에 대한 관점을 형성하기 쉬웠습니다. (B씨, 인터뷰)

그는 정치팟캐스트의 가장 큰 장점으로 정치적 의사표현의 자유로움을 들었다. 즉 진행자들은 자유로운 표현을 통해 사안에 대한 정확한 분석과 감정적 선동이 가능하고, 청취자들은 여기에 동화되어 동질감을 느끼면서 정치콘텐츠를 소비할 수 있는 매력이 있다는 것이다. 또한 이동 시간이나 운전 중에 지루하지 않게 시간을 보낼 수 있다는 점도 좋다고 말한다. 짧은 방송 뉴스로는 해소되지 않는 정치콘텐츠에 대한 갈증을 장시간 소비하면서 느끼는 충족효과도 정치팟캐스트의 매력이다. 정치팟캐스트를 듣고 난 후 정치 분야에 대한 관심과 관여가 생기고 증폭되는 효과가 있었다고 그는 말한다. 같은 정치뉴스도 다른 관점에서 바라보려는 노력을 하게 되고, 또 여론조사나 정치인들의 말을 읽고 해석하는 문해력이 생기는 긍정적인 효과도 있다. 하지만 특정 정파의 팟캐스트에 지나치게 몰입할 경우 편향성이 생기는 역효과도 있는 것 같다고 그는 말한다. 특히 선거 시즌에 특정한 후보나 정파를 지지하는 팟캐스트를 많이 듣는 경우 상대 후보에 대한 지나친 비난을 여과 없이 청취함으로써 자신도 모르게 그쪽 진영으로 치우친 의견을 형성하는 경우가 있다. 또 하나의 문제점은 상업화이다. 광고의 영향을 덜 받는 뉴미디어 플랫폼이지만, 광고 효과의 극대화를 위해 콘텐츠 자체가 극단화될 우려가 있다.

교사인 C씨는 진보성향의 정치팟캐스트와 정치유튜브를 즐겨 듣는다. 〈김용민의 측면승부〉를 자주 들으며 유튜브를 통해 〈김어준의 뉴스공장〉, 〈김어준의 다스뵈이다〉, 이동형의 〈뉴스 정면승부〉, 〈새날〉 등을 본다. 그는 종편이나 지상파방송이 너무 편향되고 편파적이며 조선일보, 중앙일보, 동아일보 등 소위 레거시미디어에 가짜뉴스가 너무 많아 정치팟캐스트와 정치유튜브를 이용하게 됐다고 말한다. 정치팟캐스트나 정치유튜브의 매력으로는 편한 시간에 청취가 가능하다는 점, 재미있다는 점, 쉬운 언어로 전달되는 점, 새로운 시각의 뉴스 분석을 접할 수 있는 점이다. 일부 연구에서도 진행자의 개성과 틀에 얽매이지 않은 구성과 내용연출 같은 정치풍자의 오락성과 언제 어디서든지 이용할 수 있는 매체 편리성이 정치유튜브 채널을 이용하는 주요 동기로 나타난 바 있다(박상현·김성훈·정승화, 2020). 그는 이러한 정치콘텐츠를 접하고 난 후 자신이 응원하는 방송의 광고를 보고 쇼핑을 하였고 〈뉴스타파〉 등 탐사전문 언론사를 후원했다. 또한 고립감을 해소하고 연대감을 증진시킬 수 있었다고 말한다. 정치팟캐스트나 정치유튜브의 문제점은 고정관념이 고착화되고 다양한 분야에 대한 관심이 적어진다는 점이다.

오랜 기자생활을 했던 D씨는 진보성향의 유튜브를 통해 정치뉴스를 즐겨 보는 편이다. 그가 주로 이용하는 유튜브 채널은 〈새날〉, 〈언론이 알아야 바꾼다〉, 〈고발뉴스TV〉이다. 정치유튜브를 접한 계기는 추천 알고리즘 덕분이라고 한다. 이후 다양한 이슈에 대해 심층적으로 다루는 것이 좋아 주기적으로 시청하게 됐다는 것이다. 정치유튜브의 매력은 자신의 정치적 성향에 맞는 사람들을 만나 공감할 수 있다는 점이다. 실제로 다른 청취자와의 유대감을 느끼면서 심리적 안정을 갖는 것은 정치유튜브의 주요 이용동기였다(박상현·김성훈·정승화, 2020). 또한 청와대와 관가 등에서 흘러다니는 내부정보를 파악할 수 있다는 면도 매력이다. 장점은 유튜브 채널에서 나온 이슈와 특정 정치입장에 대해 개인적으로 집단적 공감효과가 크게 강화된 점이다. 문제점으로는 방송 내용이 가짜뉴스나 잘못된 신념에 물들 경우 채널 운영자 스스로 수정할 가능성이 거의 없다는 것이다. 따라서 시청자도 영향을 받을 수 있어 사리판단능력이 흐려질 수 있다. 그는 유튜브 정치채널을 시청하더라도 다른 미디어를 통해 사실을 체크하는 것이 필요하다고 강조한다.

비록 일부 이용자들의 후기를 서술했지만 몇 가지 흥미로운 점을 발견할 수 있다. 첫째, 보수성향의 사람들이 보수정치콘텐츠를 소비하고 진보성향의 사람들이 진보정치콘텐츠를 소비한다는 점은 충분히 예상가능한 이야기이나 그렇지 않은 경우도 있다는 것이다. '연구원 A씨'의 사례처럼 진보든 보수든 다양한 시각을 가진 뉴스를 접할 목적으로 정치콘텐츠를 소비할 수 있다. 혹은 호기심에서 무슨 이야기를 하는지 궁금해서 정치유튜브를 볼 수도 있다. 둘째, 최근 유튜브가 인기를 끌면서 오디오로만 서비스됐던 기존의 팟캐스트 방송들이 유튜브를 통해서도 적극적으로 서비스를 시작함에 따라 진보성향의 정치유튜브를 보는 사람들이 증가하고 있다는 것이다. 따라서 보수성향의 사람들이 정치유튜브를 보고 진보성향의 사람들이 오디오 형식의 정치팟캐스트를 즐겨 듣는다는 논리는 이제 먹혀들지 않는다. 유튜브가 대세가 됨에 따라 진보든 보수든 유튜브를 통해 자신의 정치적 이념을 전파하기 위해 유튜브를 통한 정치메시지 전달에 많은 노력을 기울이고 있다. 오디오 중심의 정치팟캐스트가 여전히 진보성향이 주류이지만 정치유튜브의 경우 보수, 진보 모두 시청자들을 끌어모으기 위해 경합하는 국면이어서 향후 정치유튜브를 시청하는 진보성향의 이용자들이 늘어날 것으로 예상된다. 유튜브가 대세가 됨에 따라 유튜브 구독자 수를 늘리기 위한 진영 간 경쟁이 더욱 가속화할 것으로 보인다. 이는 태도 극화를 초래할 것으로 예상돼 극단적인 이념이나 정치신념을 가진 유권자들을 만들어낼 가능성이 크다. 정치유튜브를 비판적으로 이해할 수 있는 미디어 리터러시 교육이 중요해지는 이유이다.

참고문헌

김선호 · 김위근 (2019). 유튜브의 대약진: 〈Digital News Report 2019〉 한국 관련 주요 결과. 〈Media Issue〉, 5권 3호, 1-12.

박상현 · 김성훈 · 정승화 (2020). 유튜브 정치, 시사채널이용이 정치사회화에 미치는 영향. 〈한국콘텐츠학회논문지〉, 20권 9호, 224-237.

유용민 (2021). 유튜브 시사정치채널 이용자의 뉴스관점에 관한 탐색적 연구. 〈한국콘텐츠학회논문지〉, 21권 4호, 628-644.

이재국 · 이창호 · 정낙원 · 진보래 (2018). 〈팟캐스트 저널리즘 연구〉. 서울: 한국언론진흥재단.

장승진 · 한정훈 (2021). 유튜브는 사용자들을 정치적으로 양극화시키는가?: 주요 정치 및 시사 관련 유튜브 채널 구독자에 대한 설문조사 분석. 〈현대정치연구〉, 14권 2호, 5-35.

한국리서치 (2018). 팟캐스트에 대하여 알고 싶은 두세 가지 것들. 〈컨슈머리포트〉.

한국언론진흥재단 (2020). 〈2020 언론수용자 조사 통계표〉. 서울: 한국언론진흥재단. URL: https://www.kpf.or.kr/synap/skin/doc.html?fn=1618553408340.pdf&rs=/synap/result/research

배상률 · 이창호 · 김남두 (2021). 〈청소년 미디어 이용 실태 및 대상별 정책대응방안 연구 Ⅱ: 10대 청소년〉. (연구보고서 21-R17). 세종: 한국청소년정책연구원.

한정훈 (2021). 유튜브 정치채널 시청의 결정요인과 표본선택편향. 〈한국정치학회보〉, 55집 5/6호, 93-118.

4장

<뉴스공장>과 <신의한수> 비교

이창호 | 한국청소년정책연구원 선임연구위원

우리 사회에는 무수히 많은 정치팟캐스트와 정치유튜브가 이용자층을 확대하기 위해 경쟁하고 있다. 이 장에서는 대표적인 진보 정치팟캐스트로 알려진 〈뉴스공장〉과 보수유튜브로 알려진 〈신의한수〉를 비교해 보았다. 이재국 외 연구(2018)에 의하면, 진보성향의 사람들과 고학력, 고소득 수준을 가진 사람들이 〈뉴스공장〉을 즐겨보는 반면 보수성향의 사람들과 저학력, 저소득 수준을 가진 사람들이 〈신의한수〉를 자주 보는 것으로 나타났다. 특히 진보적인 성향의 팟캐스트 이용자들은 진보적 팟캐스트에 대한 충성도가 매우 높은 것으로 분석됐다. 여러 매체를 통해 정치정보를 얻기보다 〈뉴스공장〉에 의존하는 경향이 강해 확증편향의 위험성도 동시에 안고 있는 것이다. 최근 들어 정치팟캐스트나 정치유튜브의 영향력이 커지면서 이를 통해 정치정보를 얻는 유권자나 이용자들이 늘고 있다. 따라서 정치팟캐스트나 정치유튜브를 적절하게 규제하면서도 이를 진흥하기 위한 정책들이 필요하다. 사실에 입각한 보도, 특정이슈에 대한 심층적인 분석과 해설, 이용자와의 직접적 소통 강화 등이 이뤄질 때 정치팟캐스트나 정치유튜브가 저널리즘의 한 축을 담당할 것으로 기대된다.

1. 〈뉴스공장〉과 〈신의한수〉 소개

〈김어준의 뉴스공장〉(이하 '뉴스공장')은 진보 정치팟캐스트의 대표적인 프로그램이다. 2016년 9월 26일 이재명 당시 성남시장 인터뷰를 시작함으로써 닻을 올린 이 시사프로그램은 〈TBS FM〉을 통해 거의 매일 아침에 방송된다. 팟캐스트 포털인 '팟빵'에 따르면, 2021년 7월 20일 현재 〈뉴스공장〉은 전체 팟캐스트 중 청취율 1위에 랭크되었다. 구독자 수는 28만 여명에 달한다. 진행자 김어준은 〈나는 꼼수다〉 원년 멤버로 〈딴지일보〉 총수를 지낸 언론인이다. 정치팟캐스트를 진행하면서 그의 영향력은 기존 언론 못지 않게 커졌다. 〈시사저널〉(2020, 8, 19)이 2020년 1,000명의 전문가를 대상으로 조사한 바에 의하면, 가장 영향력 있는 언론인으로 김어준은 2위를 차지했다. 손석희 JTBC 대표이사가 1위였다. 이만하면 그가 언론인으로서 우리 사회 여론 형성에 매우 지대한 영향을 미치고 있음을 알 수 있다.

〈신의한수〉는 민초 커뮤니케이션에서 직접 운영하는 시사유튜브 채널로 신혜식이 대표다. 2012년 9월 14일 개설됐으며 구독자 수는 134만 명에 달한다. 신혜식은 인터넷언론인 〈독립신문〉 대표를 지낸 바 있는 언론인이다. 그는 유튜브상에서 〈신튜브〉도 운영하고 있는데 구독자 수는 35만 여명이다.

대체로 〈뉴스공장〉은 진보세력에 우호적인 반면 〈신의한수〉는 보수 색채가 매우 강하다고 볼 수 있다. 각 채널은 대표적인 진보, 보수 정치채널로 이야기해도 무방할 정도로 사회에 큰 영향력을 행사하고 있다.

두 정치채널이 어떤 정치적 성향이나 이데올로기를 가지고 있는지는 아래 사례를 통해 알 수 있다.

2021년 7월 12일 방송된 〈신의한수〉의 토픽은 '대선출마한 윤석열의 사진으로 보는 인생'이었다. 초등학교 소풍 모습, 초등학교 졸업식 장면, 고등학교 시절, 대학교 시절의 사진을 소개하는 내용이었다. 이때 달린 댓글들(〈그림 4-1〉 참조)을 보면 윤석열을 지지하는 내용이 거의 대부분이다. 간혹 기자들을 치켜세우는 댓글도 눈에 띄었다.

> 서울대 법대 사진 엄지척에요!!!
> 윤석열~화이팅~~!!
> 〈신의한수〉 기자님들 최고
> 너무 귀엽네요 윤석열총장님 화이팅입니다
> 학사모 윤총장님 꽃미남이네요
> 학사모 윤총장님 잘생겼어요 윤총장님 영웅이십니다
> 윤석열 대통령님
> 대통령감이네
> 아궁 – 너무 귀여웡.
> 총장님 대통령 가는 길 응원합니다
> 고맙습니다 힘차게 나가세요

〈그림 4-1〉〈신의한수〉 댓글(2021, 7, 12).

　　반면, 동일한 날짜에 방송된 〈뉴스공장〉은 김건희의 의혹에 대해 파헤치고 있었다(〈그림 4-2〉 참조). 변호사 3명을 패널로 초청해 김씨가 거주한 한 아파트에 삼성전자가 전세를 든 과정이 석연치 않다는 것을 강조하여 전달하였다.

7월 12일 월요일 방송내용입니다.
··· (전 략) ···

[인터뷰 제3공장]
윤석열 부인 김건희 씨 단독 인터뷰 그 후···
"윤석열과 부인 의혹 계속해서 검증할 것"
- 이진동 기자(<뉴스버스> 발행인)

• 3부
[인터뷰 제3공장]
윤석열 부인 김건희 씨 단독 인터뷰 그 후···
"윤석열과 부인 의혹 계속해서 검증할 것"
- 이진동 기자(<뉴스버스> 발행인)

[황야의 우나이퍼]
민주당 예비경선 컷오프 관전평 & 윤석열, 8월 경선버스 탑승할까?
- 우상호 의원(더불어민주당)

• 4부
[서양신]
윤석열 부인 김건희 씨 소유 강남 아파트
삼성전자의 전세권 설정 & 늦은 전입신고··· 법리 해석은?
- 서기호 변호사(전 판사)
- 양지열 변호사
- 신장식 변호사

〈그림 4-2〉〈뉴스공장〉 프로그램(2021. 7. 12).

  이처럼 〈신의한수〉는 20대 대선에 출마한 윤석열 후보를 적극적으로 지지하고 있었고 〈뉴스공장〉은 그의 주변 비리를 폭로하려고 노력하고 있었다.
  허만섭의 연구(2020)에서도 〈뉴스공장〉을 비롯한 진보 유튜브 채널과 〈신의한수〉를 포함한 보수 유튜브 채널의 고위공직자비리수사처(이하 공수처) 이슈 보도의 차이가 확연히 드러났다. 진보성향의 유튜브 채널은 '검찰개혁', '통과', '설치', '국회', '폭도', '응징' 등의 표현을 자주 사용하면서 공수처 설치의 당위성과 이 법안에 반대하는 야당을 강하게 비판하는 경향을 보였다. 반면, 보수성향의 유튜브 채널은 '문재인', '독재', '저지', '날치기', '좌파', '민주당' 등의 단어를 자주 사용하면서 공수처 처리를 반대하거나 공수처를 추진하고 있는 여당을 강하게 비판하는 어휘를 활용하였다.

이처럼 〈뉴스공장〉과 〈신의한수〉는 정치적, 이데올로기적 편향성을 지니고 있다. 전자가 진보진영의 이념 창구 역할을 맡고 있다면 후자는 보수진영의 선전도구로서 기능하고 있는 것이다.

2. 〈뉴스공장〉과 〈신의한수〉 이용자 비교

필자가 참여한 2018년 조사를 통해서 개략적으로 〈뉴스공장〉과 〈신의한수〉 이용자의 특성을 유추해 볼 수 있다(이재국 외, 2018). 이 연구는 정치소식뿐 아니라 경제, 문화 등 다양한 뉴스를 전달하는 뉴스 팟캐스트 이용자 734명을 대상으로 조사하였다.

〈뉴스공장〉의 경우 전체 응답자의 88.6%가 이용하는 것으로 나타났다. 일주일에 5일 이상 이용하는 경우를 중이용자로 고려하면 40대와 50대에서 중이용자 비율이 높았다. 학력 수준의 경우 대학원 재학 이상이 중이용자인 경우가 많았다. 대체로 고학력일수록 〈뉴스공장〉을 듣는 비율도 높았다. 정치적 성향으로 보면 진보성향의 팟캐스트 이용자들이 이 진보 팟캐스트를 많이 듣는 것으로 조사됐다.

표 4-1. 〈뉴스공장〉 이용빈도 및 이용자 특성

구 분		전혀 이용하지 않는다	일주일에 1일 미만	일주일에 1~2일 이용	일주일에 3~4일 이용	일주일에 5일 이상 이용	계
전 체		11.4	26.4	31.5	17.0	13.6	100.0
성 별	남 자	11.5	23.9	30.9	20.0	13.7	100.0
	여 자	11.4	29.4	32.1	13.5	13.5	100.0
연 령	20대	20.7	31.9	31.1	11.9	4.4	100.0
	30대	11.2	24.3	38.2	15.8	10.5	100.0
	40대	6.7	28.6	25.0	21.9	17.9	100.0
	50대	10.8	22.4	33.6	16.1	17.0	100.0
학 력	고졸 이하	10.8	33.8	23.1	15.4	16.9	100.0
	대학 재학 (전문대 재학 포함)	30.6	36.7	16.3	14.3	2.0	100.0
	대학졸업 (전문대졸 포함)	10.2	25.5	33.8	17.0	13.4	100.0
	대학원 재학 이상	8.8	20.9	31.9	19.8	18.7	100.0
월 평균 소득	100만 원 미만	21.1	36.8	26.3	10.5	5.3	100.0
	100~ 200만 원 미만	25.0	22.9	25.0	14.6	12.5	100.0
	200~ 300만 원 미만	10.2	26.8	32.3	18.1	12.6	100.0
	300~ 400만 원 미만	11.3	30.6	32.3	12.9	12.9	100.0
	400~ 500만 원 미만	8.1	28.8	27.5	18.8	16.9	100.0
	500만 원 이상	10.9	22.7	34.8	18.4	13.3	100.0

직 업	자영업	10.0	31.7	26.7	13.3	18.3	100.0
	블루칼라	5.0	28.3	41.7	10.0	15.0	100.0
	화이트칼라	8.8	23.7	33.4	19.0	15.1	100.0
	가정주부	15.8	30.3	30.3	13.2	10.5	100.0
	학 생	31.4	33.3	17.6	13.7	3.9	100.0
	기타/무직	18.2	29.5	22.7	22.7	6.8	100.0
정치적 성향	보 수	29.5	35.2	22.7	5.7	6.8	100.0
	중 도	14.2	33.0	31.1	15.1	6.6	100.0
	진 보	6.5	21.4	33.4	20.3	18.4	100.0

출처: 이재국 외 (2018). 〈팟캐스트 저널리즘 연구〉. 서울: 한국언론진흥재단. 110-111쪽에서 인용.
원 저작권자의 모든 권리가 보호됨.

반면, 〈신의한수〉를 듣는 비율은 43.6%로 절반에 약간 못 미쳤다. 일주일에 5일 이상 이용하는 중이용자의 경우 여자보다 남자가 더 많았고 20대와 50대에서 중이용자 비율이 높았다. 학력 수준의 경우 고졸 이하에서 중이용자 비율이 높았다. 월 평균소득도 100~200만 원 미만 집단에서 중이용자가 많았다. 대체로 보수성향의 사람들이 이 보수 유튜브를 즐겨 보는 것으로 나타났다.

이처럼 대표적인 진보정치 팟캐스트와 보수정치 유튜브로 알려진 두 채널의 이용자는 매우 다르다는 것을 확인할 수 있다. 진보성향의 사람들과 고학력, 고소득 수준의 사람들이 〈뉴스공장〉을 즐겨보는 반면 보수성향의 사람들과 저학력, 저소득 수준을 가진 사람들이 〈신의한수〉를 자주 본다고 볼 수 있다. 하지만 보다 면밀한 분석을 위해서는 60대 이상을 포함한 전 연령층을 대상으로 광범위한 조사가 필요하다.

표 4-2. 〈신의한수〉 이용빈도 및 이용자 특성

구 분		전혀 이용하지 않는다	일주일에 1일 미만	일주일에 1~2일 이용	일주일에 3~4일 이용	일주일에 5일 이상 이용	계
전 체		56.4	21.7	15.0	5.2	1.8	100.0
성 별	남 자	53.6	25.2	14.7	4.2	2.2	100.0
	여 자	59.8	17.4	15.3	6.3	1.2	100.0
연 령	20대	52.6	20.7	20.7	3.7	2.2	100.0
	30대	61.8	21.1	13.2	3.9	0.0	100.0
	40대	59.8	21.9	11.6	4.9	1.8	100.0
	50대	51.6	22.4	16.1	7.2	2.7	100.0
학 력	고졸 이하	50.8	21.5	13.8	9.2	4.6	100.0
	대학 재학 (전문대재학 포함)	55.1	26.5	12.2	4.1	2.0	100.0
	대학 졸업 (전문대졸 포함)	56.7	21.7	15.7	4.5	1.3	100.0
	대학원 재학 이상	59.3	18.7	13.2	6.6	2.2	100.0
월 평균 소득	100만 원 미만	57.9	26.3	5.3	10.5	0.0	100.0
	100~ 200만 원 미만	64.6	8.3	16.7	6.3	4.2	100.0
	200~ 300만 원 미만	56.7	22.8	17.3	2.4	0.8	100.0
	300~ 400만 원 미만	55.6	22.6	17.7	1.6	2.4	100.0
	400~ 500만 원 미만	55.0	22.5	13.8	7.5	1.3	100.0
	500만 원 이상	55.9	22.3	13.7	6.3	2.0	100.0
직 업	자영업	55.0	26.7	13.3	3.3	1.7	100.0
	블루칼라	45.0	23.3	20.0	10.0	1.7	100.0
	화이트칼라	58.0	21.2	14.2	4.5	2.0	100.0
	가정주부	47.4	21.1	19.7	10.5	1.3	100.0
	학 생	56.9	27.5	11.8	2.0	2.0	100.0
	기타/무직	72.7	11.4	13.6	2.3	0.0	100.0
정치적 성향	보 수	47.7	22.7	17.0	10.2	2.3	100.0
	중 도	47.2	25.9	17.5	7.5	1.9	100.0
	진 보	62.7	19.4	13.4	3.0	1.6	100.0

출처: 이재국 외 (2018). 〈팟캐스트 저널리즘 연구〉. 서울: 한국언론진흥재단. 122-123쪽에서 인용.
원 저작권자의 모든 권리가 보호됨.

3. 〈뉴스공장〉과 〈신의한수〉 이용에 영향을 미치는 요인

필자는 〈뉴스공장〉과 〈신의한수〉 이용에 영향을 미치는 다양한 요인들을 분석한 바 있다(이창호 외, 2021). 〈표 4-3〉은 〈뉴스공장〉 이용에 어떤 요인들이 영향을 미치는지 그 결과를 보여주고 있다. 먼저 인구학적 변인 중에는 성별과 나이가 유의미한 영향을 미쳤다. 즉 남성이거나 연령이 높을수록 이 팟캐스트를 더 많이 이용하는 것으로 나타났다. 정치적 변인으로는 정치 관심과 정치적 성향이 관련성이 높았다. 정치 관심이 높고 정치적 성향이 진보적일수록 이 프로그램을 많이 이용하고 있었다. 미디어 이용 변인 가운데는 오직 뉴스 팟캐스트 이용만이 유의미한 관련성이 있었다. 즉 하루 평균 뉴스 팟캐스트를 많이 이용하는 청취자들이 〈뉴스공장〉을 많이 이용하는 것으로 드러났다. 팟캐스트 이용 동기 중에는 정보추구 동기만이 해당 프로그램 시청과 유의미한 관련성이 있었다. 그리고 뉴스팟캐스트 정보를 신뢰할수록 〈뉴스공장〉을 자주 청취하는 것으로 나타났다. 팟캐스트를 통해 전달되는 정보의 신뢰성이 진보적 성향을 보이는 정치팟캐스트의 이용자층을 끌어모으는 중요한 예측 변인임을 시사하고 있다.

표 4-3. 〈뉴스공장〉 이용 예측요인

구 분		β	t	ΔR^2
인구학적 변인	성(여성=1)	-.080**	-2.621	.035
	연 령	.110**	3.372	
	소득수준	.048	1.583	
정치적 변인	정치관심	.118**	3.247	.179
	정치효능감	-.024	-0.686	
	정치적 성향	.187***	6.069	
미디어	신 문	-.046	-1.376	.073
	TV	.008	0.238	
	인터넷	.011	0.299	
	소셜미디어	-.045	-1.249	
	뉴스 팟캐스트	.213***	6.679	
팟캐스트 이용 동기	오락 동기	-.017	-0.515	.060
	접근 동기	.008	0.235	
	정보추구 동기	.171***	3.932	
	대안언론 동기	.034	0.841	
뉴스 팟캐스트 정보 신뢰도		.235***	6.807	.040
수정된 R^2		.373		

** $p < .01$, *** $p < .001$, $N=734$

출처: 이창호 외 (2021). 정치 팟캐스트 이용의 예측 요인 탐구: 미디어 이용, 팟캐스트 이용 동기,
정치적 성향, 정보 신뢰성을 중심으로. 〈정치커뮤니케이션 연구〉, 99쪽에서 인용. 원 저작권자
의 모든 권리가 보호됨.

〈신의한수〉 이용을 분석한 결과, 신문, TV, 소셜미디어를 통해 정치 정보를
얻는 정치팟캐스트 이용자들이 이 정치유튜브를 보다 많이 청취할 가능성이
높았다. 정치적 성향은 이 정치팟캐스트 프로그램 시청과 유의미한 방향의 관
련성을 보여 보수적 성향이 강할수록 〈신의한수〉를 더 많이 청취했다.

팟캐스트 이용 동기 가운데는 오락 동기만이 이 프로그램 시청과 정적인 관련성이 있는 것으로 나타났다. 하지만, 뉴스 팟캐스트 정보의 신뢰성은 〈신의한수〉 이용과 유의미한 관련성이 나타나지 않아 〈뉴스공장〉 이용 결과와 대조를 이뤘다.

표 4-4. 〈신의한수〉 이용 예측요인

구 분		β	t	ΔR^2
인구학적 변인	성(여성 = 1)	-.019	-0.562	.002
	연 령	.080*	2.194	
	소득수준	-.001	-0.025	
정치적 변인	정치관심	-.014	-0.330	.023
	정치효능감	-.016	-0.401	
	정치적 성향	-.138**	-3.991	
미디어	신 문	.188***	5.020	.189
	TV	.115**	2.933	
	인터넷	.029	0.721	
	소셜미디어	.229***	5.617	
	뉴스 팟캐스트	.015	0.431	
팟캐스트 이용 동기	오락 동기	.096*	2.585	.013
	접근 동기	.019	0.484	
	정보추구 동기	-.072	-1.470	
	대안언론 동기	.045	0.972	
뉴스 팟캐스트 정보 신뢰도		.011	0.287	.000
수정된 R^2		.210		

* $p < 0.05$, ** $p < .01$, *** $p < .001$, $N=734$

출처: 이창호 외 (2021). 정치 팟캐스트 이용의 예측 요인 탐구: 미디어 이용, 팟캐스트 이용 동기, 정치적 성향, 정보 신뢰성을 중심으로. 〈정치커뮤니케이션 연구〉, 100쪽에서 인용. 원 저작권자의 모든 권리가 보호됨.

이 같은 결과를 보면 〈뉴스공장〉과 〈신의한수〉 이용에는 정치적 성향이 공통적으로 유의미한 관련성을 보였다는 것을 확인할 수 있다. 즉 진보적인 성향을 가지고 있는 이용자들은 〈뉴스공장〉을 많이 이용하고, 보수적인 성향의 이용자들은 〈신의한수〉를 많이 이용하였다. 이러한 결과는 선택적 노출 이론을 뒷받침하고 있다. 미디어 이용자들은 자신들의 정치적 성향에 따라 해당 미디어를 선택적으로 수용하는 것으로 보인다. 주요 변인들의 영향력을 살펴보면, 정치적 변인(관심, 효능감, 진보적 성향)이 〈뉴스공장〉 이용을 가장 많이 설명한 반면, 미디어 이용 변인은 〈신의한수〉와 밀접한 관련성이 있었다. 즉 정치 관심이 높고 정보추구 동기가 강할수록 진보적인 정치팟캐스트를 자주 이용한 반면 신문, TV, 소셜미디어를 통해 정치 정보를 얻고 오락적 목적으로 팟캐스트를 이용할수록 보수 정치유튜브를 자주 이용하였다.

진보적인 성향의 팟캐스트 이용자들은 진보적 팟캐스트에 대한 충성도가 매우 높다고 볼 수 있다. 여러 채널에서 정보를 얻기보다 자신들이 신뢰하는 정치팟캐스트를 통해서 정보를 얻으려고만 한다. 하지만 특정 정파적 성향을 지닌 정치팟캐스트나 정치유튜브에 지나치게 의존하고 이것만을 신뢰하다 보면 이와 다른 정치적 관점이나 견해를 지닌 사람들의 의견에 배타적일 가능성이 크다. 이른바 자신의 신념과 일치되는 정보만을 받아들이고 그렇지 않은 것은 무시하는 확증편향이 발생하여 민주적인 의사소통이 제한되고 더 나아가 여론의 왜곡이 발생할 우려가 있다(김미경, 2019). 특히 특정 정치적 성향이 강한 사람이 그 성향을 대변하는 언론매체를 많이 접할수록 정당과 정치인에 대한 정치 태도의 극화 정도가 증가한 것으로 나타난 연구 결과도 있다(민영, 2016). 이처럼 특정 성향의 정치팟캐스트에 지나치게 몰입하는 것이 사회적으로 바람직한 미디어 이용 행태라고는 할 수 없을 것이다.

4. 〈뉴스공장〉과 〈신의한수〉의 문제점

앞서 살펴본 바와 같이 〈뉴스공장〉은 진보성향의 사람들로부터, 〈신의한수〉는 보수성향의 사람들로부터 지지와 신뢰를 받고 있다. 하지만 두 채널 다 한쪽으로 치우친 방송으로 인하여 많은 비판을 받고 있는 것도 사실이다. 이 때문에 정치팟캐스트나 정치유튜브가 저널리즘의 역할을 충실히 하기보다 특정 정파의 입장을 선전하거나 특정 정파의 이익을 실현하는 도구로 전락했다고 보는 견해도 있다. 민주언론시민연합회(2022)가 대선기간 정치유튜브 콘텐츠를 분석한 결과, 진보진영과 보수진영의 채널들은 모두 정치적 편향성을 강화하고 자극적이고 선정적인 표현을 사용하였다. 사실보다는 의견 중심의 정보를 전달하는 경우가 많았고 여론조사를 전달하는 데 있어 출처를 이야기하지 않는 경우도 더러 있었다고 한다. 이러한 문제점 외에도 정치팟캐스트나 정치유튜브에서는 언론에서 거치는 엄격한 게이트키핑gatekeeping 과정이 이뤄지지 않다 보니 거침없는 욕설이나 특정인에 대한 근거 없는 비방 등이 난무할 수도 있다.

지난 2022년 3월, 20대 대선 선거방송심의위원회는 〈뉴스공장〉에 대해 '경고' 처분의 중징계를 내렸다. 김어준이 2021년 10월 이재명 대선후보에 대해 공개적으로 지지선언을 한 바 있는데 대통령 선거기간 중 방송을 계속 진행했다는 것이다. 「선거방송심의에 관한 특별규정」은 특정 후보나 정당을 지지한 사람이 선거기간 중 시사정보 프로그램 진행자로 나설 수 없다고 돼 있다고 한다. 이와 관련하여 한국PD연합회는 다음과 같이 밝히기도 했다.

먼저, 유튜브 방송인 〈다스뵈이다〉의 발언으로 〈뉴스공장〉을 징계한 건 적절치 않아 보인다. 유튜브는 사적 영역의 방송이다. 방송통신심의위원회는 불법 유해 정보에 대해 시정 요구를 할 뿐, 더 이상의 심의는

하지 않는다. 이러한 유튜브 방송에서 개인 의견을 피력했다는 이유로 〈뉴스공장〉을 처벌한 것은 부적절한 것으로, '믿다고 처벌하는' 중세의 마녀사냥을 연상시킨다. 이게 선례가 된다면 선거 때마다 선거방송심의위가 자의적인 판단으로 방송의 자유를 위축시키지 않는다는 보장이 없다 … 누구나 SNS와 유튜브에 자기의 정치적 견해를 표출하는 다매체 시대다. 개인의 발언에 대한 처벌 기준은 '명확성의 원칙'을 요하는바, 무엇이 금지되고 무엇이 허용되는지 누구나 알 수 있도록 명료하게 규정해야 자의적 판단을 예방할 수 있고, 법적 안정성과 예측 가능성을 확보할 수 있다. 방통심의위는 지금까지 나온 구체적인 사례들을 종합하여 '지지공표'에 대한 섬세한 가이드라인을 마련해서 앞으로 다가올 선거에 대비해야 할 것이다.

출처: PD저널(http://www.pdjournal.com)

이처럼 PD연합회 측은 〈뉴스공장〉을 사적 영역의 방송으로 보고 있다. 국가가 사적 영역에까지 개입해서는 안 된다는 것이다. 하지만 〈뉴스공장〉의 저널리즘 역할을 높이 평가하고 있는 사람들도 많아 정치팟캐스트의 법적 지위와 저널리즘 역할을 둘러싼 논란은 계속될 것이다.

〈신의한수〉 신혜식 대표는 2020년 8월 15일 광화문 집회에 참석한 뒤 코로나바이러스감염증-19 확진판정을 받았다. 그는 병상에서 유튜브방송을 진행하면서 "왜 특정 집단만 조사하나. 우파들은 죄다 격리 조치시키고, 이낙연 총리는 막 돌아다니게 한다"며 "코로나는 정부 때문에 걸린 것이 아니냐"고 주장했다(전민일보, 2020. 8. 30). 자신이 코로나가 걸린 책임을 정부 탓으로 돌린 것이다. 완치된 후에도 그는 "K-방역은 사기다"라며 정부의 방역정책을 비난했다(MBC, 2020. 9. 2). 이 사례 외에도 정치유튜브를 통해 사실에 근거하지 않은 거짓정보가 확산된 사례가 많다. 대표적인 것이 5.18 북한개입설이다. 이를 주장한 지만원은 허위사실 유포와 명예훼손으로 대법원 유죄판결을 받았으나 유튜브에는 극우단체가 제작한 허위정보영상이 버젓이 올라온 경우가 많다(이재국 외, 2018).

일부 연구는 정치유튜브의 서비스 질이 높아져야 정치인에 대한 이미지와 신뢰가 높아진다는 것을 경험적으로 보여주고 있다(김종필·호규현, 2022). 유튜브를 통해 정치에 관한 정보들이 신속하고 시의적절하게 제공되고, 정보가 정확하거나 신뢰할 만할 때 정치인에 대한 이미지와 신뢰가 향상될 수 있다는 것이다. 이러한 정치정보 서비스 질의 향상은 선거활동이나 서명운동 참여의 향에도 긍정적인 영향을 미치는 것으로 나타났다.

객관성, 공정성, 균형성 등 기존의 저널리즘 잣대로 정치팟캐스트나 정치유튜브를 평가하면 공정성의 측면에서 문제가 많은 것은 사실이다. 특정 정치적 입장을 선전하고 퍼뜨리기 때문에 편향되었다고 볼 수 있다. 하지만 정치팟캐스트나 정치유튜브가 갖는 특성들을 살펴보면 이 채널들이 갖는 고유성을 인정할 필요도 있다. 기존 매체와 달리 누구나 쉽게 제작에 참여할 수 있다는 점은 정치팟캐스트나 정치유튜브의 장점이다. 1인 미디어로서 허심탄회하게 자신의 정치적 입장을 전달할 수 있고 시청자와 소통할 수 있다. 〈나는 꼼수다〉가 정치권력에 대한 풍자와 해학, 유머를 사용하면서 인기를 끌었듯이 뉴스를 전달하는 방식이 제도권 언론과는 판이하게 다르다. 더욱 중요한 점은 뉴스에 대한 엄격한 게이트키핑 과정이 이뤄지지 않는다는 것이다. 따라서 이런 고유한 특성들을 인정하고 정치팟캐스트나 정치유튜브를 바라볼 필요도 있다.

5. 정치팟캐스트와 정치유튜브의 발전 방향

이 장에서 대표적인 진보 팟캐스트로 알려진 〈뉴스공장〉과 보수 정치유튜브인 〈신의한수〉를 비교해 보았다. 이 두 채널은 콘텐츠의 내용이나 이용자층에서 확연한 차이를 보였지만 각각 채널 충성도가 높은 마니아층을 많이 확보하고 있다는 점에서 눈여겨볼 만하다. 최근 들어 정치팟캐스트나 정치유튜브의 영향력이 커지면서 이를 통해 정치정보를 얻는 유권자나 이용자들이 늘고 있다. 따라서 정치팟캐스트나 정치유튜브를 적절하게 규제하면서도 이를 진흥하기 위한 정책들이 필요하다. 이를 위해서는 정치팟캐스트나 정치유튜브가 기존의 저널리즘 지형에서 차지하고 있는 역할에 대해 긍정적으로 인식하는 것이 중요하다. 이 채널들은 제도권 언론이 보도할 수 없는 문제들을 과감히 전달한다는 면에서, 대안미디어로서의 역할을 하고 있다. 또한 여러 이슈를 폭넓게 다루지 못하지만 특정 이슈에 대해 깊고 풍부하게 취재하여 보도한다는 면에서, 해석적 저널리즘의 역할도 충실하게 수행할 수 있다. 무엇보다도 상업적, 정치적 이해관계로부터 자유롭다는 면에서 기존 저널리즘을 보완하는 역할도 충분히 할 수 있다. 이처럼 정치팟캐스트나 정치유튜브는 저널리즘의 틈새시장을 잘 공략할 수 있다. 오디오와 비디오에 기반한 정치채널들은 기존의 저널리즘과는 다른 역할을 수행함으로써 저널리즘의 기반과 지형을 넓히고 있다. 특히 최근에는 언론사 기자들도 정치유튜브채널로 이직을 하거나 새로운 정치채널들을 만들어 운영하는 경우가 많아 정치팟캐스트나 정치유튜브가 디지털 플랫폼시대의 새로운 저널리즘 모델을 창출할 것으로 기대된다.

오랜 시간 신문사 기자생활을 그만두고 정치유튜브로 이직한 한 기자는 필자와의 인터뷰에서 정치유튜브의 특징에 대해 다음과 같이 이야기하였다.

> 유튜브를 통해 새로운 형태의 탐사저널리즘을 개척하고 있다. 그동안의 보도는 일방향이었다. 기자가 취재해서 일방적으로 내보내면 독자들은 소비하기만 했다. 하지만 유튜브의 경우 실시간으로 독자들의 피드백이 이뤄진다. 즉 실시간으로 양방향 소통이 가능하다. 시청자참여형 탐

사보도가 가능한 것이다. 심지어 일부 시민들은 현장을 취재해서 라이브로 보내는 경우도 있다. 취재가 난관에 봉착했을 때 제보를 요청하면 시청자가 취재를 해서 전달해주기도 하기 때문에 시청자의 제보를 통해서 일을 하기도 한다. 잘못된 정보를 전달하면 시청자들이 제대로 된 정보를 전달하는 경우도 있다. 실시간 댓글 가운데서도 유용한 제보들이 올라온다. 즉각적으로 실시간으로 시청자와 소통할 수 있어 좋다. 성취감도 더 생기고 동기부여도 된다.

그는 기존 미디어는 최대한 주관을 배제한 객관보도를 저널리즘의 원칙으로 강조하지만 유튜브는 그렇지 않다고 말한다. 객관보도와 중립보도에 큰 가치를 부여하지 않는다는 것이다. 오히려 시청자와의 감정적 소통이 중요하고 시청자의 분노도 고려해야 한다고 그는 말한다. 그의 주장대로 정치유튜브는 시청자와의 교감과 소통을 중요시하고 시청자들과 함께 뉴스를 만든다. 이처럼 정치유튜브는 디지털 시대의 새로운 시민참여 저널리즘으로 성장할 가능성이 있다.

하지만 어떤 새로운 저널리즘이 등장하더라도 몇 가지 저널리즘 기본 원칙은 지켜야 한다. 무엇보다도 가장 중요한 원칙은 사실에 기반한 보도이다. 또한 특정인을 비방하거나 명예를 훼손하는 일은 없어야 한다. 이러한 몇 가지 원칙을 지키고 시민과 소통한다면 정치팟캐스트나 정치유튜브의 미래는 밝을 것으로 본다.

참고문헌

김미경 (2019). 뉴스 신뢰도, 뉴스 관여도와 확증편향이 소셜 커뮤니케이션 행위에 미치는 영향: 가짜뉴스와 팩트뉴스 수용자 비교. 〈정치커뮤니케이션연구〉, 52호, 5-48.

김종필·호규현 (2022). 정치인의 유튜브 정보서비스 질이 정치인 이미지 및 신뢰와 유권자의 사회·정치 참여의도에 미치는 영향. 〈한국콘텐츠학회논문지〉, 22권 6호, 145-159.

민영 (2016). 선택적 뉴스 이용: 정파적 선택성과 뉴스 선택성의 원인과 정치적 함의. 〈한국언론학보〉, 60권 2호, 7-34.

이재국·이창호·정낙원·진보래 (2018). 〈팟캐스트 저널리즘 연구〉. 서울: 한국언론진흥재단.

이창호·이재국·정낙원·유효선·진보래 (2021). 정치 팟캐스트 이용의 예측 요인 탐구: 미디어 이용, 팟캐스트 이용 동기, 정치적 성향, 정보 신뢰성을 중심으로. 〈정치커뮤니케이션 연구〉, 통권 62호, 77-113.

허만섭 (2020). 유튜브 채널과 TV 채널의 편향성에 대한 네트워크 분석: 공수처 이슈를 중심으로. 〈한국디지털콘텐츠학회논문지〉, 21권 8호, 1453-1464.

미디어오늘 (2022, 4, 4). 2022 대선에서 유튜브가 보여준 가능성과 한계.
　　URL: http://www.mediatoday.co.kr/news/articleView.html?idxno=303328

시사저널 (2020, 8, 19). [누가 한국을 움직이는가] 눈에 띄는 2등 김어준, '손석희 아성' 넘본다.
　　URL: http://www.sisajournal.com/news/articleView.html?idxno=203810

전민일보 (2020, 8, 30). 도내 가짜뉴스 '창궐'.
　　URL: http://www.jeonmin.co.kr/news/articleView.html?idxno=316638

MBC (2020, 9, 2). 퇴원하자 바로 선동방송 … "K방역은 사기"
　　URL: https://imnews.imbc.com/replay/2020/nwdesk/article/5896571_32524.html

유튜브와 전통 미디어의
저널리즘적 충돌

이종명 ǀ 경북대학교 사회과학연구원 전임연구원

정파적 차원을 넘어 유튜버들의 정치적 이슈 생산 및 언론 대행에 대한 주장은 구독자를 위시한 정치 지지층의 높은 화답을 이끌어낸다. 일각에서는 이를 '유튜브의 저널리즘적 실천'이라 자평하기도 한다. 학계는 이를 '유튜브 저널리즘'이라는 이름으로 규정해왔다. 반면 전통적 저널리즘 생산자, 즉 기자 집단에서는 유튜브의 정치 콘텐츠 생산 및 유통을 '저널리즘'으로 인정하지 않는다. 생산자 차원의 부정과는 달리, 수용자 집단은 적극적으로 화답하는 모양새다. 본 장에서는 뉴미디어 플랫폼에서의 시사정치 콘텐츠 생산을 바라보는 학계와 기자 집단의 시각을 각각 살핀다. 우선 학계는 '유튜브 저널리즘' 명명에 다소 섣부른 판단을 내린 것으로 보인다. 수용자들이 유튜브의 정치 콘텐츠를 '저널리즘'으로 수용하는 이상, 유튜브를 저널리즘 실천 플랫폼으로 바라보아야 한다는 것이다. 그러나 이는 사회적 현상으로서 '유튜브에서의 저널리즘적 실천'을 바라보는 기자들의 시각과 대립된다. 유튜브 속 정치 콘텐츠 자체를 부정하거나, 그 영향력을 인식조차 하지 않는다. 그러나 전통적 저널리즘 미디어를 대체하겠다는 유튜버들은 정치적 지지 세력의 동조를 위해 구독자, 즉 정치 콘텐츠 수용자와 적극적으로 영합하고 있다. 그 과정에서 전통적 저널리즘 미디어와 뉴미디어의 기술적 결합을 넘어선 정치 콘텐츠 생산자들의 충돌, 세력 다툼이 불거진다. 새로운 미디어 플랫폼인 유튜브의 등장 속에서 정치 콘텐츠의 폭발적 성장이 가시화된 지금, 서로의 학계의 현상 판단과 업계의 현실 인식 속에서 바람직한 저널리즘 실천방향을 제언한다.

1. 유튜브 속 '저널리즘적 실천', 그 현실

유튜브 속 정치 콘텐츠 생산과 유통은 더 이상 낯설지 않다. 2020년 제21대 국회의원 선거, 2022년 제20대 대통령 선거 등을 거치면서 유튜브가 정치적 담론 생산의 주된 플랫폼으로 대두되었다. 특히 제20대 대통령 선거에서는 그간 정치유튜버들이 수행해 온 기자와 뉴스 비평 차원을 넘어서, 정치적 의제를 주도하는 양상을 보였다. 대선 정국을 뜨겁게 달구었던 '녹취록 논란' 등이 일례다(중앙일보, 2022, 1, 20). 그 배경에는 유튜브 속 정치 콘텐츠의 소비 증가가 맞물려 있다.

한국언론진흥재단의 〈2021 언론수용자 조사〉 결과(2021)에 따르면, 주요 뉴스 이용 매체로 텔레비전(83.4%), 인터넷 포털 사이트(79.2%), 온라인 동영상 플랫폼(26.7%), 메신저 서비스(17.2%)를 활용하는 것으로 나타났다. 전 연령대에 걸친 포털 사이트의 뉴스 이용률 증가와 함께 두드러진 성장을 보인 것은 바로 유튜브 등 온라인 동영상 플랫폼을 통한 뉴스 이용률이었다. 증가폭은 2020년 24.4%에서 26.7%로 2.3%에 달했다. 텔레비전과 포털 사이트의 역사적 강세 속에서 코로나바이러스감염증-19 사태 등 모바일 인터넷 기반 미디어 이용의 증가가 맞물린 결과라는 분석이 나온다. 무엇보다도 뉴스 및 시사 정보를 소비하는 1순위, '주 이용경로'로 온라인 동영상 플랫폼을 선택한 비율이 5%였다. 지난해(2.8%)에 비해 약 2배에 달하는 증가세다. 심지어 60대 이상 응답자는 2020년 0.7%, 2021년 2.6%로 3배 이상 늘었다. 이에 대해 언론진흥재단 보고서는 "온라인 동영상 플랫폼이 뉴스 미디어로서 전통적 미디어, 혹은 다른 인터넷 기반 미디어보다 공고해지고 있다"고 평가했다. 영향력 있는 언론사와 미디어에 대한 응답 역시 유튜브가 3.2%로, 전체 8위에 달했다. 이는 〈조선일보〉, 〈연합뉴스TV〉보다 높은 수치다. 신뢰도 수준에서는 여전히 전통적 미디어의 신뢰도가 상대적으로 높다는 응답이 나왔다.

수용자들의 화답 속에서 생산 차원에서의 정치유튜버의 활동이 두드러진다. 단순히 정치 콘텐츠의 생산 차원을 넘어, 전통적 뉴스미디어를 대체한다는 주장을 펼친다. 보수 유튜버의 역할 인식과 정체성, 그리고 광장에서의 집회 참여자들의 환대에 대한 참여관찰 및 심층 인터뷰를 수행한 이종명의 연구(2021)나, 이념적 편향에 기초해 국가의 공식 기억을 부정하는 대항적 담론 실천의 면면을 살핀 연구(이종명, 2022a)가 이를 뒷받침한다. 그에 대한 진보적 정치 지지 세력의 화답도 닮은 꼴이다(이종명, 2022b). 유튜브 속 시사 정치 콘텐츠의 유통이 득세하자, 이를 '저널리즘적 실천'이라 자평하는 움직임도 인다. 학계는 이를 '유튜브 저널리즘'이라 명명해왔다(마정미, 2020; 양선희, 2020; 유용민, 2019). 반면 전통적 저널리즘 생산자 집단에서는 이를 '저널리즘'으로 고려조차 하지 않는다(이종명, 2022c). 그럼에도 수용자 집단에서는 적극적 화답이라는 사회적 반응을 보인다(이종명, 2021).

　유튜브를 위시한 뉴미디어 속 정치 콘텐츠의 등장과 확산, 그리고 의존도 및 신뢰도 상승의 맥락은 두 가지 국면을 놓고 고려해야 한다. 첫째, 2016년 7월 26일 〈TV조선〉의 '미르재단' 의혹 보도(TV조선, 2016, 7, 26)에 뒤이어 9월 20일 〈한겨레〉의 'K스포츠 재단' 개입 의혹 보도(한겨레, 2016, 9, 20), 그리고 마침내 10월 24일, 여론의 국면전환을 이끌어낸 〈JTBC〉의 태블릿 PC 보도(JTBC, 2016, 10, 24)가 이어졌다. 바로 정치 지형의 격변과 언론 불신의 시작이라 할 수 있는 박근혜 전 대통령 탄핵 국면이다. 정치 권력에 대한 의혹 제기와 문제의식 공유는 모두 소위 '전통적 뉴스미디어'에 의해서 이루어졌다. 언론이 촛불집회로 국민을 이끈 원동력이 되었으며, 대한민국 헌정사상 초유의 탄핵으로 공고한 보수 일변도의 정치 지형을 단숨에 뒤엎은 방아쇠를 당겼다.

　한편, 그 반대급부로서 태극기 집회라는 광장 저편의 목소리가 터져 나왔다. 소셜미디어, 특히 유튜브에서의 저널리즘적 실천이 움트는 순간이었다. 촛불집회에 대한 맞불이자 동시에 전통적 뉴스미디어에 대한 대항적 행위로서 유튜브를 통한 뉴스 생산과 유통에 적극적으로 나섰다. 요컨대 한국 정치의 헤게모니를 오랫동안 장악하던 보수적 정치 세력의 붕괴가 (일시적으로) 일어나면서, 그들의 몰락을 부추기거나 방관한 언론의 태도 변화가 눈에 띈다. 박근혜 전 대통령을 지지하는 세력에서는 언론의 태도 변화에 극렬히 반박했다. (태블릿 PC 보도를 위시한) 가짜뉴스로 사기 탄핵을 이끈 언론을 "탄핵 오적"으로 규정하고, 민주노총이 언론을 장악했다와 같은 주장을 내놓으며 비난했다. 언론에 대한 불신과 분노의 표출은 유튜브를 통해 이어진다. 뉴스 생산과 유통을 자청하며, 광장 정치라는 집회 현장에서의 목소리 내기와 옮겨내기에 참여한다.

둘째, 2019년 7월 26일 문재인 정부의 초대 민정수석비서관 조국은 사퇴 후 8월 9일 법무부 장관직에 내정된다. 이후 2019년 10월 14일, 35일간의 장관직 수행을 마치고 사의를 표하기까지 이른바 '조국 사태'라는 여론 대전이 벌어졌다. 2022년 1월 27일 조국 전 장관의 배우자 정경심 동양대 교수의 대법원 판결, 조국 전 장관의 딸 조민의 부산대(4월 5일), 고려대(4월 7일) 입학 취소 결정 등에 이르기까지 논란은 여전히 뜨겁다. '사태', '대전'이라는 수식어가 어색하지 않을 정도의 격론이었다. 검색에 따라 수치가 상이할 수 있으나(연합뉴스, 2019, 9, 10), 최대 118만 건에 이른다는 주장이 나올 만큼 조국 관련 기사가 폭발적으로 쏟아졌다. 무엇보다도 2019년 9월 23일, 조국 전 장관의 자택 수색 중계 과정에서 한 배달원에게 질문하는 기자들의 모습, 2021년 6월 21일, 〈조선일보〉의 성매매 기사 일러스트에서의 '조국부녀' 등장 등 언론의 병폐를 주장하는 일련의 특징적인 국면들이 돌출된다.

조국 사태를 이른바 '검찰개혁'에 대한 반발로 규정, 법조 관련 기관이 즐비한 서초동에서 "검찰개혁 촛불문화제"라는 이름으로 집회를 이어갔다. 2019년 9월 16일부터 12월 14일 서초동과 여의도 인근에서 있었던 일련의 집회다. 언론의 병폐와 '검언유착'이라는 주장 아래 검찰개혁과 언론개혁을 공히 주장하는 목소리를 넘어서, 언론에 대한 불신과 분노가 팽배해졌다. 나아가 서초동 집회 초기 및 여의도 집회의 〈시사타파TV〉, 서초동 집회 후반부의 〈NewBC〉 등 유튜버들이 현장을 생중계하고, 새로운 담론들을 생산해내면서 집회 현장에서의 목소리 내기와 옮겨내기에 참전했다. 동양대 PC 증거 조작, 〈SBS〉의 검찰 발표 전 보도 논란 등 가짜뉴스로 법적 판결에 영향을 미치는 언론과 정보를 흘리는 검찰에 대한 의혹들을 강하게 개진했다.

요컨대 보수 정치 세력의 괴멸적 상황과 언론에 대한 불신의 대두, 그리고 그 대체가 유튜브를 통해 이루어진 국면이 박근혜 탄핵을 둘러싸고 벌어졌다면, 진보 정치 세력의 동력 상실과 언론에 대한 불신 팽배, 그리고 그 대체의 움직임이 조국 사태를 둘러싸고 벌어진 것이다. 이념 지형을 넘어선 언론에 대한 불신과 유튜브를 통한 대체의 목소리는 2022년 대통령 선거로까지 고스란히 이어진다. 대표적으로 두 개의 유튜브 채널이 정치 담론을 주도했다. 〈열린공감TV〉와 〈서울의소리〉가 그것이다. 특히 〈열린공감TV〉는 2021년 6월 원색적인 루머로 세간을 떠들썩하게 했던 "윤석열 X파일"을 둘러싼 논란의 중심에 서며 주목받았다. 〈서울의소리〉는 윤석열 당선인의 배우자인 김건희씨와의 7시간 통화 녹취록 공방으로 여론의 전면에 나섰다. 정치 담론의 주체들로서 시사 정치유튜버들이 활약했다면, 다른 한쪽에서는 〈삼프로TV〉를 통해 대통령 후보자들의 토론에 대한 호응과 평가절하가 이어졌다. 이에 "〈삼프로TV〉가 나라를 구했다"라는 말이 나올 만큼, 전통적 저널리즘의 영향력 붕괴와 유튜브의 약진을 넘어선 대체까지도 점쳐볼 수 있는 상황이 펼쳐졌다.

대선 정국의 첨예한 논란 속에서 전통적 저널리즘 미디어와 유튜브를 위시한 뉴미디어의 저널리즘의 영향력을 예단할 수 없다. 뉴스에 대한 불신과 유튜브 저널리즘에 대한 맹신이 두드러지는 상황 속에서도, 전통적 저널리즘의 여론 주도는 약화되었다고 판단하기에는 섣부르다. 이에 본 장에서는 이른바 '유튜브 저널리즘'이라는 명목 아래 전통적 미디어와의 저널리즘적 충돌 양상에 주목하고자 한다. 이를 위해 우선 학계에서 바라보는 유튜브 저널리즘에 대한 주장과 맥락들을 검토한다. 나아가 전통적 저널리즘 종사자들인 기자들의 입장과 태도를 살피면서, 저널리즘 장의 외곽에서 벌어지는 충돌 양상을 확인한다. 본 장을 통해 유튜브 저널리즘이라는 새로운 현상에 대한 학계와 업계의 입장 차를 확인하여, 논의의 과잉을 해체함과 동시에 작금의 문제와 향후의 방향을 진단한다.

2. 학계의 '유튜브 저널리즘' 명명하기

유튜브 속 시사 정치 콘텐츠의 득세를 저널리즘 영역의 확장과 실천으로 바라보아야 하는가에 대해서는 서로 다른 주장이 존재한다(마정미, 2020). 대표적으로 양선희(2020)와 유용민(2019)은 '유튜브 저널리즘'이라는 용어를 들고 나왔다. 먼저, 양선희(2020)가 전범으로 삼은 것은 닐슨의 〈2019 뉴스미디어 리포트: 유튜브 저널리즘〉 보고서와 〈디지털 뉴스 리포트 2019〉였다. 시청률 조사 기업인 닐슨은 모바일 등을 활용해 유튜브 영상, 그중에서도 뉴스를 시청하는 양태가 증가하는 상황을 '유튜브 저널리즘'이라 명명했다. 그들의 주장이 그러할진대, 뉴스 시청만으로 '저널리즘'을 평가하기엔 부족함이 있다. 이에 덧붙여 〈2020 언론수용자 의식조사〉를 갖고 왔다. 온라인 소셜 미디어 채널에서의 뉴스 콘텐츠 소비 이용의 증가(한국언론진흥재단, 2020; 박아란·이소은, 2020)를 토대로, '저널리즘 현상'이라는 명명을 도출해낸다. 저널리즘을, 단순히 수용자의 뉴스 소비로만 국한하는 협소한 맥락에서 성긴 접근이 될 수 있다. 나아가 정철운 기자의 글(미디어오늘, 2019, 7, 28)을 통해 뉴스 수용자들의 유튜브를 통한 저널리즘 소비를 곧 유튜브 저널리즘으로 등치시키는 맥락도 보인다.

유용민(2019)은 행동주의적 관점으로 유튜브 저널리즘 현상을 풀어내고자 했다. 저널리즘의 오래된 관점인, '공적 관심과 현안에 대한 정보의 생산 및 확산'이라는 주장(Schudson, 2003/2011)을 근간으로 삼는다. 풀어 설명하면, 2022년 대선 국면에서도 두드러진바, 의제를 도출하는 것을 넘어 선점하고 공론화하여 여론을 주도하는 유튜브의 득세는 명징하다. 나아가 공적 의제에 대해 유튜브 채널에서의 정보 생산과 유통을 즉각적이면서 압도적으로 수행하여 적극적으로 관여하는 양상을 보인다. 더구나, 게이트키핑의 주체이자 의제 설정을 주도하는 미디어로서 유튜브를 이해한다면, 충분히 '유튜브 저널리즘'이라 명명할 수 있다는 것이다. 다만 전통적으로 뉴스를 취재하고 데스크의 게이트키핑을 통해 편집된 기사를 전통적 뉴스 플랫폼으로 유통하는 기존의 맥락과는 상이하다. 특히 정치적 편향성이라는, 객관주의의 오래된 저널리즘 원칙과 대립되는 맥락이 두드러지는 유튜브 속 시사 정치 콘텐츠의 특성은 저널리즘이라 여기기 어렵다. 그로 인해 해당 용례를 직결하기보다는, 우회적으로 저널리즘을 재맥락화해야 한다는 주장이다.

그러나 단순히 '인식의 전환'이라는 이름으로 유튜브 저널리즘을 저널리즘적 양식에 폭을 넓혀 욱여넣는 학계의 입장이 타당한가? "단순한 이분법"(마정미, 2020, 223쪽)이라는 말로, 저널리즘 현상을 좁게 바라보는 잣대라 비평하는 행위 속에, 오히려 지나치게 유튜브 속 저널리즘적 맥락을 과잉 표집하는 학계의 섣부른 판단이 내재되어 있을 수 있다. 마정미(2020) 역시 앞선 연구자들의 인식을 공유하며, 영국 연구에의 전통적 미디어 신뢰의 저하(디지털 뉴스 리포트 2019)를 인용한다. 이는 서론에서 밝힌 한국의 이념적으로 상이한 두 세력의 공통된 저널리즘 미디어에 대한 태도 변화와 대응과 일맥상통한다. 위의 연구자 스스로도 저널리즘의 일반적 정의를 "저널리즘이란 뉴스를 취재·편집해서 미디어를 통해 보도, 논평, 해설 등을 하는 활동이며 이 과정에서 수반되는 관행과 원칙들을 포함"(222쪽)한다고 분명히 한다. 그러나 곧바로 "이론의 정립보다 매체의 발달과 확산이 더 빠르다"는 이유로, "유튜브 저널리즘의 개념이 온당하냐라는 논의에 앞서 이미 실생활에서 유튜브는 저널리즘 기능을 수행하고 있다"고 거침없이 주장한다. 단지 "논평"(222쪽)한다는 이유 때문이다. "협소한", "타당성을 가질 수 있는지", "불명확해지고 있다는 점"(223쪽) 등의 표현 속에 너무나 쉽게 현상을 단정 지어버린다.

요컨대, 전통적 뉴스 미디어를 통해 생산되고 유통되던 저널리즘적 실천이 유튜브라는 뉴미디어 플랫폼을 통해 이루어지는 현상을 곧 '유튜브 저널리즘'이라 일컬어 왔다. 우선, 뉴미디어 플랫폼으로서의 유튜브는 정치인, 전통적 뉴스 미디어와 종사자, 그리고 개인 등을 포괄하는 '유튜버'들의 정치적 콘텐츠의 생산과 유통의 창구다. 이는 생산과 유통 두 가지 맥락에서 저널리즘적 특징을 갖는다. 첫째, 생산 차원에서는 그간 전통적 저널리즘 미디어의 독점적 콘텐츠의 해체가 두드러진다. 특히 정치인을 위시한 유튜버들의 사적 네트워크를 활용한 콘텐츠 생산이 주목을 받고, 나아가 개인 차원에서의 뉴스 콘텐츠 생산이 일상화되면서 유튜브가 '뉴스공급자'로서 발돋움하게 된다. 둘째, 유통 차원에서 일종의 사회적 게이트키핑의 역할을 수행한다는 주장이다(마정미, 2020). 전통적 뉴스미디어가 수행하던 뉴스 유통과 정치적 이슈의 맥락화는 유튜브에게 상당 부분 그 힘을 내주었다는 해석도 나온다(한겨레, 2021, 12, 28).

3. '저널리즘'적 실천과 유튜브 속 정파적 맥락의 괴리

그러나 일찍이 빌 코바치와 탐 로젠스틸(Kovach & Rosenstiel, 2021)은 (민주 사회) 시민이 필요로 하는 정보를 제공하는 것이 저널리즘의 할 일이라 밝힌 바 있다. 나아가 저널리즘은 진실 추구를 목표로 사실에 대한 철저한 검증을 기본 원칙으로 삼아야 한다고 천명했다. 그 가치가 소멸한, 다시 말해 진실

(truth)이 아닌 의제(agenda)를 추구하는 저널리즘은 핵심을 잃은 것이라는 주장도 나온다(Thomas, 2006, xiii쪽: 이재경, 2008, 52쪽 재인용).

전통적 저널리즘의 원칙에는 '진실'이 이상적 가치로 그 위치를 공고히 한다. 전문직 저널리즘에 대한 공방 속에서 '궁극의 이상'(김수미, 2019, 56쪽)으로 여겨졌다. 그러나 그 개념의 모호성과 실천의 불분명성으로 인해 논의의 여백이 많은 것도 사실이다. 이상적 개념이 지닌 주관성, 상대성을 들며 반발한 젤리저(Zelizer, 2004) 등의 논의에서 뻗어나가, 진실을 추구하는 담론 실천이자 규범이라는 인식이 확산된다. 이에 따라 등장하는 것이 곧 객관주의 관행이다. 객관적 관찰자로서의 거리두기(Carlson, 2018)를 통해 사회적 권력관계 속에서 적절하게 자리 잡는 것, '관점 없음' 등이 요체다. 그러나 그 실현 불가능성과 전문직 저널리스트들의 사회적 책무 실패 등이 맞물려 대안들 – 본 연구에서 주목하는 '유튜브 저널리즘' 등 – 이 부상하고 주목받게 된 것이다. 그러나 이들의 소위 '저널리즘'적 실천은 저널리즘의 기본 원칙으로서 진실을 추구하는 사실 확인의 노력, 이를 실현하기 위한 객관적인 관행에 대한 보완을 추구하지 않는다. 그보다는 오히려 저널리즘의 객관성에 대한 불신에 기반을 둔 주창형 저널리즘을 추구한다.

요컨대 '사실 확인'의 저널리즘과, '정파로부터의 독립'이라는 대원칙이 태초부터 성립되지 않는 유튜브 플랫폼의 저널리즘 실천을, '유튜브 저널리즘'이라는 이름으로 묶을 수 있을 것인가에 대한 의문을 해소하지 않은 채, 유튜브 속 저널리즘적 콘텐츠의 생산과 유통을 단순히 '유튜브 저널리즘'이라 명명하는 학계의 시선은 예단이 될 수 있다. 일례로, 센세이셔널리즘sensationalism, 주류 언론에 대한 정치적 대항의 자리 잡기 등을 구사하는 유튜브 인플루언서 채널의 양상(Lewis, 2018)은 사실상 전통적 저널리즘 미디어에 대한 적대감을 양분으로 삼아 자라나는 것이다.

저널리즘의 기본 원칙과는 공존할 수 없는 정파성은 유튜브의 기술적 맥락에도 숨어져 있다. 유튜브의 알고리즘은 종종 정파성 극단화의 원인으로 지목

된다(양선희, 2020). 성향에 따른 추천, 필터링된 리스트에 따라 극화되는 양상은 확증 편향 등으로 이어진다. 〈디지털 뉴스 리포트 2019〉 보고서를 통해 한국 유튜브 이용자의 정파성을 진단한 관련 연구에 따르면 유튜브 이용자의 성향은 진보와 보수의 경우 공히 50%에 육박하지만, 중도의 경우 37%에 그쳤다(김선호·김위근, 2019).

2022년 11월 뉴스·정치·사회 유튜브 순위 통계를 살펴보면 전통적 뉴스 미디어의 유튜브 활동과 더불어 정치유튜버의 활동이 두드러진다. 〈YouTube Rank〉에서 그 순위를 확인할 수 있다.[1] MBC entertainment, JTBC Entertainment, SBS NOW/SBS 공식 채널, TVCHOSUN - TV조선, SBS Catch, 채널A 등 드라마, 예능, 교양 위주의 채널을 제외하고, 〈YTN news〉가 367만 명, 〈SBS 뉴스〉 304만 명, 〈MBCNEWS〉 282만 명, 〈JTBC News〉 258만 명, 〈KBS News〉 197만 명으로 1위에서부터 5위까지를 차지했다. 이밖에 14위인 〈채널A 뉴스〉 191만을 뒤따라 15위로서 정치유튜버 중 보수성향을 띤 〈진성호방송〉이 179만 명의 구독자 수를 보였다.

구독자 수가 아닌 시청 수를 놓고 볼 때, 〈진성호방송〉이 32억 8천 만 뷰로 공영방송 〈KBS News〉의 34억 4천 만 뷰에 비등한 결과를 보였다. 이러한 경향은 시사 정치유튜버 중 정치인들을 중심으로 하는 채널의 인기로 인한 결과다. 터크만(Tuchman, 1978)이 규정한 '저널리즘의 기본 양식들에 따라 출입처 중심의 취재와 게이트키핑 등의 관행'에서 어긋난 뉴스 생산의 새로운 방식에 대한 화답이라 해석되기도 한다(오해정·최지향, 2021, 91쪽). 영향력 행사 방식에 있어서 인맥과 사적 정보를 활용한다는 점에서 차별화되며(Carlson, 2017), 정치인과의 직접 소통에 호응하는 정파적 성격의 수용자 집단이 유튜브 이용자의 대부분을 차지한다(Newman, et al., 2020). 당파성을 표방하며 자신의

---

[1] https://youtube-rank.com/board/bbs/board.php?bo_table=youtube&sca=뉴스/정치/사회 [열람일자: 2022. 11. 20].

표 5-1. 뉴스·정치·사회 유튜브 랭킹(2022년 11월 기준)

순 위	채널명	구독자 수(명)	시청 수(View)
1	MBCentertainment	888만	164억 3235만
2	JTBC Entertainment	752만	112억 8842만
3	SBS NOW/SBS 공식 채널	515만	54억 5118만
4	YTN	367만	95억 5837만
5	TVCHOSUN-TV조선	304만	53억 8875만
6	SBS 뉴스	296만	49억 6559만
7	SBS Catch	282만	80억 3845만
8	MBCNEWS	281만	29억 9348만
9	JTBC News	258만	54억 5211만
10	채널A 캔버스	233만	30억 3132만
11	디글 클래식: Diggle Classic	211만	52억 3945만
12	KBS News	197만	34억 4861만
13	EBSCulture(EBS 교양)	191만	28억 7603만
14	채널A 뉴스	186만	13억 4829만
15	진성호방송	179만	32억 8204만

출처: https://youtube-rank.com/board/bbs/board.php?bo_table=youtube&sca=뉴스/정치/사회.

정치적 주장을 관철하고자 활동하는 정치유튜버들의 활동(유용민, 2019)은 이념적 공명(오해정·최지향, 2021)을 통해 구독자와 조응한다. 특히 유튜브에서의 시사 정치 콘텐츠의 확산이 폭발적으로 성장하게 된 시점을 박근혜 전 대통령의 탄핵 국면으로 삼는다면, 정파성은 태동기부터 필연적이다. 보수 평론가들의 유튜브 진출 그리고 뒤이은 전·현직 정치인들의 유튜브 활동은 정치적 입장과의 불가분성을 선명하게 한다. 이른바 "공표된 정파성"(정금희, 2021, 50쪽)이 유튜브의 시사 정치 콘텐츠가 표방한 주된 특징이라는 점을 주지할 때, 정치적 양극화를 추동하는 매개체로서 저널리즘 원칙과는 상이한 유튜브 속 시사 정치 콘텐츠의 영향에 대한 문제 제기가 일견 타당해 보인다.

4. 유튜브의 부상 속 '저널리즘'적 실천에 대한 현업 기자들의 인식과 수용

유튜브 플랫폼을 통한 저널리즘 실천을 수용자들의 화답과 학계의 쟁점화를 통해 하나의 현상으로 받아들인다면, 전통적 뉴스미디어 종사자인 기자들의 인식과 반응 역시 응당 살펴보아야 한다(이종명, 2022c). 유튜브를 통한 뉴스 소비를 넘어선 개인 유튜버들의 대두가 저널리즘 지형 안팎에서 중요한 관심사가 되었음에도, 기자 직급별, 소속 부서별, 매체 특성별 인식에는 차이가 있었다. 기자 집단의 유튜브 인식은 유튜브를 정치적 루머의 확산 창구로 인식했기 때문에 그다지 큰 관심을 기울이지 않은 것으로 보이는데, 이는 앞서 고찰한 바와 같이 저널리즘의 본질로서 진실에 대한 추구, 취재, 검증 절차, 데스크를 통한 게이트키핑 등 기본적인 뉴스 생산 관행이 존재하지 않을 뿐만 아니라 고민조차 하지 않는다. 기자들은 연장선에서 사실을 발굴하는 '취재'의 지점에서 이행되지 않는 전문성의 문제와, 정파성을 넘어 정치적 공동체를 위한 메시지 생산 창구로 여기는 두 가지 문제가 맞물려 유튜브 콘텐츠를 저널리즘 생산물로서 수용하지 않는 견해를 공고화했다.

한편 기자들은 '유튜브 저널리즘'이라는 새로운 변화가 사회의 주된 쟁점이 된 상황에서 대부분 '새로운 움직임', '인상적인 사회적 현상'이라는 점에는 동의했다. 수용자를 위시한 여론에서 들끓는 유튜브에 대한 지지는, 전통적 뉴스미디어 종사자들에게 저널리즘에 대한 확고한 신념 속에서도 무시하지 못할 변화로 다가간다. 그러나 해당 현상이 저널리즘이라는 소위 '불가침의 영역'에 도달하지 못했다는 인식이 확고하다. 특히 기사(記事)의 대전제인 사실에 부합해야 한다는 점이 무너지면 그것은 기사가 아니라 하나의 주장이자 신념일 뿐이다. 따라서 기자의 인식 구조에는 유튜브 저널리즘이라는 용어 자체가 성립되지 않는다.

또한 기자들은 현재 유튜브의 자칭 '뉴스', 저널리즘적 콘텐츠 생산이 미치는 영향은 아직은 간접적이며 문제적이지 않다고 여기고 블로그 저널리즘 수준으로 유행에 그친다고 본다. 심지어 '독립언론'처럼 취재 현장을 직접 뛰지 않기 때문에, 유튜브는 진정한 저널리즘 가치를 실현하는 과정에서 겪는 응당의 어려움조차 겪지 않는다고 평한다. 이들은 결정적으로 유튜브가 저널리즘일 수 없는 이유를 언론을 하나의 '사회적 공기(公器)'로서 여기는 인식을 바탕으로 설명한다. 궁극적으로 전통적 저널리즘 미디어가 수행한 역할이 있어야만이 유튜브에서의 저널리즘적 실천이 이루어질 수 있다는 것이다. 이러한 인식은 특히 시니어급 기자에게서 더 강하게 나타난다. '유튜브 저널리즘'이라는 표현 자체의 불가능성은 부장급 기자의 일반적 인식에 가깝다. 선거철에 등장하는 정치꾼들이 내는 '소란의 정치 대화'에 휩쓸리면 저널리즘의 본령을 지키지 못한다는 것이 골자다. 이는 유튜브 활동을 단순히 '인정'하지 않는 것이라기보다 유튜브 활동의 '인식'에 대한 부재에 가깝다.

이와 달리 주니어 기자에게서는 일단 유튜브에서의 저널리즘적 역할 수행에 대해서 어느 정도 인식하고 반응하는 것으로 정리된다. 저널리즘적 가치를 실현하기 위한 최소한의 취재 과정이 생략된 짜깁기로서 받아들일지언정 그들의 존재 자체를 부정하지는 않는다. 어느 지점에서는 수용자들에게 다가가기 위한 노력 차원에서 동병상련을 느끼기도 한다. 그러나 시니어급에서는 유튜브 저널리즘이라는 용어에서부터 활동에 이르기까지 전면 수용 불가 입장이다. 이들은 전통적인 저널리즘의 역할, 사회적 책무 등에 충실하기도 바쁜데 유튜브를 고려할 틈이 없다고 생각하고 뉴미디어 시대 의례적으로 등장하는 의례적 위기론의 하나로 받아들이는 듯 보인다.

이러한 반응에는 공히 기자의 존재론적 위기가 담겨 있다. 다시 말해 기자에 대한 사회적 인식이 유례없이 낮은 현재 갑자기 부상한 유튜브라는 소위 저널리즘적 미디어는 직접적 위협이 된다. 그나마 현장의 목소리를 더 많이 청취하는 주니어급은 비교적 최근부터는 그 논의를 경청하고, 또 수용자들의 반응에서 그 맥락들을 담지하고 있다. 하지만 여전히 시니어급에서는 인정 거부와 인식 부재가 두드러진다. 이를 단순히 기자들의 위기의식에 따른 저항적 반응으로 축소하여 이해하는 것은 정확한 해석이 아닐 수 있다. 학계의 인식과 수용자들의 열광과는 달리, 전문직으로서의 기자 집단은 유튜브라는 사회적 현상에서 상당 부분 유리되어 있었다.

그럼에도 유튜브를 거스를 수 없는 시대적 현상으로 받아들인다면, 전통적 뉴스미디어는 어디까지 수용자에게 맞춰줄 것인가의 문제에 다다르게 된다. 보다 구체적으로, 유튜브가 '좋아요'와 구독 경제를 위해 콘텐츠의 성격을 극단화하듯, 전통적 뉴스미디어의 위기 시대에 그에 걸맞은 대응이 뒤따라야 한다는 의견이 제기된다. 이것은 저널리즘의 기본 원칙에 따라 공정성과 비판, 공공의 가치를 수호하는 본연의 역할을 수호할 것인지, 혹은 정파적이며 자극적인, 흥미 위주의 기사로 흘러갈 것인지에 대해서 유튜브라는 시대적 조류에 겹쳐 볼 필요가 있다.

이에 기자들은 다음과 같은 고충을 토로했다. 독자 등 수용자와 유리된 기사란 있을 수 없음에도, '공정성' 등 저널리즘 규범을 실천하는 것은 여전히 이상적인 무언가다. 특히 시니어 연차의 기자들은 유튜브 맥락과는 거리를 둔 채 많은 고민을 내놓았다. 이는 경영진과 현장 실무 기자들의 교량 역할을 수행하는 위치에서 오는 현실적 문제로도 이해될 수 있다. 기실 이러한 문제의식은 현장의 기자들에게도 고스란히 가해지는 압력으로, 이는 유튜브의 소위 '저널리즘적 실천'에 기인한 것은 아니라는 입장이다. 유튜브의 콘텐츠 생산, 수용자들의 화답과는 무관하게, 이미 언론의 신뢰와 가치에 대한 문제 제기가 있어왔다는 것이다. 저널리즘의 규범과 가치 훼손을 유튜브 저널리즘이 추동한 것이 아니라, 이미 언론 스스로가 자행해 왔다는 자성적 평가도 나온다. 유튜브의 등장 등은 부차적인 것일 뿐, 이미 내부적으로 기자 정체성과 언론사 조직 정체성 전체가 흔들리고 있다는 불안감이 있다.

요컨대 저널리즘의 실천, 신뢰를 위한 언론의 사회적 역할이라는 가치 추구가 모호해지는 작금의 상황에서, 유튜브의 득세를 시니어 연차에서는 받아들이지 않거나, 주니어 연차에서는 체감하기에 당면과제를 처리하는 데도 급급한 상황으로 인해 인지되지 못하는 삼중고를 겪는다.

5. 유튜브 속 '저널리즘' 원칙 실현의 (불)가능성

객관성에 대한 기자들의 이념적 괴리와 현실에서의 불가능성을 인식하고 인정하는 작금의 상황에서, 주창형 저널리즘의 부상과 유튜브의 부상이 맞물린 지점들이 있다. 현재적 맥락에서 존재하는 주창형 저널리즘에 대한 요구와, 그에 부응하기 위한 기자 집단의 노력을 주문하기도 했다. 오히려 전통적 저널리즘 종사자들은 객관주의 관행의 한계를 인정하고, 해석을 좀 더 담는 행위를 요구했다. 언론에 대한 불신이 여느 때보다 높아진 상황에서, 해석 저널리즘에 대한 입장과는 상이한 객관주의 저널리즘을 추구하는 전향적 자세를 통해 신뢰 회복에 집중해야 함을 주문하기도 했다. 이러한 관점에서 유튜브의 소위 '주창형 저널리즘'에 열광하는 분위기는 객관성과 정파성의 해석 틀 안에서 논해볼 필요가 있다.

다시 말해 기자에 대한 비판의 중심에는 객관성 상실과 정파적 특성에 대한 반발이 존재한다. 현재 기자의 취재 관행 및 객관주의 전통 수호에 대한 불신이 공고하다. 그렇다면 유튜브에서의 시사 정치 콘텐츠가 지닌 주창형 성격에 대해서도 동의하지 않아야 함이 논리적으로 자연스럽다. 유튜브에서의 저널리즘적 콘텐츠는 대부분 주창형 콘텐츠다. 하지만 유튜브 콘텐츠를 객관적이라 여기는 것이 구독자 등 수용자들의 인식이다.

요컨대 전통적 뉴스미디어에서조차 기자의 인식 조사에 따라 객관주의 전통을 담보할 수 없는 상황에서, 유튜브에서의 객관주의 전통을 주문하는 것은 요원하다. 그러나 수용자들이 객관성에 대한 갈망이 있음을, 그리하여 신뢰할 만한 언론인을 모색하고 있다는 주장도 나온다. 언론인 신뢰도 조사에서 예능인 유재석이 2위에 오르는 기형적 현상 속에서, 이를 단순히 누가 객관적이다, 주관적이다라는 논의에 묶어두기보다 신뢰 회복을 위한 새로운 모델 개발을 주문하는 시각에 주목할 필요가 있다.

객관성 회복을 통한 신뢰라는 쟁점에 천착하다 보면, 결국 "다시 '저널리즘 원칙'으로 돌아가기"로 논의를 이어갈 수 있다. 정파성에 대한 비판에서 '공정성'과 '불편부당성'을 실현 가능한 규범으로 받아들일 수 있을지에 대해서는 기자들 간에도 서로 다른 입장을 갖고 있다. 관념적이고 이상적인 무언가라는 주니어 기자들의 시각과 시니어 기자 집단에서 객관성을 실현하는 관행과 시스템에 주목하는 시각이 병존한다.

그렇다면 기자와 언론에 대한 작금의 비판을 넘어서는, 나아가서는 유튜브의 저널리즘적 실천과는 차별화된 저널리즘의 가치를 어디서 찾을 것인가에 대한 질문이 제기될 수 있다. 이는 분석적 저널리즘, 탐사보도, 그럼에도 다시 객관주의 전통 수호 등을 쟁점으로 한다. 시니어급 기자와 주니어급 기자를 막론하고, 차별화된 저널리즘의 가치란 품과 돈이 많이 드는 이상적인 무언가로 결론 내렸다. 하지만 시니어 기자들의 옅은 문제의식과 주니어 기자들의 고군분투 속에서 차별화된 지점을 모색하는 일은 요원하기만 하다. 그럼에도 일부 열정적인 기자들에 의해 좋은 기자를 위한 교육을 스스로 조직하고 초빙하여 진행하기도 하는 움직임도 존재한다. 특히 일부 주니어 기자들에게서 공통적으로 들은 말은 바로 "기자로서의 역할 인식"이었다.

객관성에 대한 추상적 인식과 데스킹을 위시한 내부 절차라는 시스템상에서의 객관주의 실현에 대한 증언에도 불구하고, 여전히 기자는 비판의 대상이다. 이는 소위 '복제 보도'라는 관행의 무분별한 시행에서 온다. 이에 대한 문제의식 공유 및 개선을 논하기 이전에는 객관주의 저널리즘 전통, 공정성과 불편부당성에 대한 인식은 요원하다. 전통적 뉴스미디어의 상황이 이러할진대, 유튜브의 저널리즘적 실천에 불편부당성을 요구하는 것은 논리적으로 적절하지 못하다는 평가가 나오는 까닭이다. 포털 뉴스 시대 기형적 수익 창출모델로 인해 탐사보도, 내러티브 저널리즘 등이 사실상 사장된 상황에서, 유튜브라는 새로운 바람은 절차적 객관성 추구에 대한 매서운 비판의 일환으로 볼수 있다. 그보다 더 큰 문제는 이에 대한 인식 자체가 부재한 것이라고 할 수있다. 유튜브 저널리즘이라는 개념이 주목받는 이유나, 유튜버들의 주장과 수용자들의 화답의 목소리는 기자 집단에 가닿지 않는다.

6. 유튜브의 '저널리즘'적 실천 개념 재정립에서 길을 찾다

본 장은 이른바 '유튜브 저널리즘'이라는 새로운 현상을 둘러싸고 벌어지는 서로 다른 입장을 이해하는 것에서 출발했다. 이를 위해 학계에서 규정하는 유튜브 저널리즘과 업계에서 부정하는 유튜브 저널리즘의 정파적 특성을 각각 살펴보았다. 유튜브 저널리즘이라는 학계의 명명하기 속에서도 전통적 저널리즘 종사자인 기자에게 이는 그저 또 하나의 뉴미디어라는 찻잔 속 태풍정도로 인식되고 있다. 심지어 이들은 저널리즘의 원칙과 구체적 실천에도 부합하지 않는 유튜브 콘텐츠를 저널리즘이라 부르는 행위에 불쾌감을 표시하기도 한다. 정파성이 극도로 표출되는 사회 분위기 속에서 기존 미디어 역시 유튜브와 일견 유사한 맥락들이 드러날 수 있으나, 어디까지나 관행과 진실추구를 위한 원칙들 속에서 차별화된다. 이 때문에 저널리즘 생산 관행에서 유튜브가 개입될 여지는 없다. 기자들에게 단지 이는 정파성을 극단적으로 드러내 보이는 뉴미디어의 일종일 뿐이다.

하지만 전통적인 저널리즘 종사자들은 그간 학계에서 관성적으로 호명해온 '유튜브 저널리즘'의 실체를 직시할 필요가 있는데, 이는 단순히 전통적 저널리즘 생산자인 기자 집단의 일관된 부정 때문은 아니다. 학술 용어로만 존재하는 '유튜브 저널리즘'에 대한 충분한 논의가 이루어지지 않은 상황에서, '저널리즘적 실천'을 주장하는 유튜브 콘텐츠의 논의들에 주목할 필요가 있다. 나아가서 유튜버들의 주장과 행위, 그리고 이에 화답하는 수용자 집단의 반응들도 폭넓게 논의해야 한다.

이를 위해서 이어지는 장에서, 유튜브 속 저널리즘적 실천을 주장하고 전통적 저널리즘 미디어 대체를 주장하는 목소리를 살펴본다. 이를 통해 유튜브 속 시사 정치 콘텐츠 생산을 넘어 뉴스미디어로의 역할을 자임하는 유튜버들의 입장을 확인한다. 유튜브라는 뉴미디어 플랫폼에서의 시사 정치 콘텐츠 유통과 확산이 일반화된 지금, 생산자로서 유튜버의 입장과 이에 조응하는 수용자들의 목소리에 귀를 기울일 필요가 있다. 이로써 유튜브를 위시한 뉴미디어에서의 시사 정치 콘텐츠의 생산을 넘어선 '저널리즘' 차원에서의 공방들을 이해하게 된다.

참고문헌

김선호 · 김위근 (2019). 유튜브의 대약진: 〈Digital News Report 2019〉 한국 관련 주요 결과. 〈Media Issue〉, 5권 3호, 1-12.

김수미 (2019). "포스트-진실" 시대의 진실에 대하여: 저널리즘과 진실의 정치에 대한 소고. 〈언론과 사회〉, 27권 4호, 49-103.

마정미 (2020). 유튜브 저널리즘과 공론장(public sphere)에 관한 연구. 〈한국소통학보〉, 19권 1호, 217-246.

박아란 · 이소은 (2020). 〈디지털 뉴스 리포트 2020 한국〉. 서울: 한국언론진흥재단.

양선희 (2020). 유튜브 저널리즘의 시대, 전통적 저널리즘의 대응현황과 과제. 〈사회과학연구〉, 31권 1호, 245-262.

오해정 · 최지향 (2021). 유튜브 정치인플루언서 채널 이용에 따른 인지적, 감정적 충족이 저널리즘 품질 평가에 미치는 영향: 이념적 공명성 개념을 중심으로. 〈한국방송학보〉, 35권 3호, 87-116.

유용민 (2019). 유튜브 저널리즘 현상 논쟁하기: 행동주의의 부상과 저널리즘의 새로운 탈경계화. 〈한국방송학보〉, 33권 6호, 5-38.

이재경 (2008). 한국의 저널리즘과 사회갈등: 갈등유발형 저널리즘을 극복하려면. 〈커뮤니케이션 이론〉, 4권 2호, 48-72.

이종명 (2021). 광장 정치와 집회 유튜버의 활동: 2019년 태극기 집회 참여관찰을 통해 본 유튜버의 역할과 정체성. 〈한국언론학보〉, 65권 6호, 147-201.

이종명 (2022a). 제주4 · 3에 대한 대항적 담론 실천: 시사정치 유튜브 채널의 제주4 · 3 콘텐츠를 중심으로. 〈미디어, 젠더 & 문화〉, 37권 1호, 67-108.

이종명 (2022b). 불신의 시대, 맹신의 유튜브 - 대선 국면을 뒤흔드는 유튜브의 '저널리즘 실천' 속 난맥상. 〈관훈저널〉, 통권 162호, 21-26.

이종명 (2022c). 소위 '유튜브 저널리즘'에 대한 기자 집단의 인식 연구: 기자 심층 인터뷰를 중심으로. 〈언론과 사회〉, 30권 1호, 51-98.

정금희 (2021). 정치 유튜브 개인 방송에서 '정파성'은 어떻게 발현되는가?: 청년 정치 유튜버의 심층 인터뷰를 중심으로. 〈언론정보연구〉, 58권 3호, 46-109.

Carlson, M. (2017). *Journalistic authority: Legitimating news in the digital era*. New York, NY: Columbia University Press.

Carlson, M. (2018). The information politics of journalism in a post-truth age. *Journalism Studies, 19*(13), 1879-1888.

Kovach, B., & Rosenstiel, T. (2021). *The elements of journalism: What newspeople should know and the public should expect* (4th ed.). New York, NY: Crown Publishing Group.

Newman, N., Fletcher, R., Schulz, A., Andi, S., & Nielsen, R. K. (2020). Reuters institute digital news report 2020. (Reuters Institute). Retrieved from https://reutersinstitute.politics.ox.ac.uk/sites/default/files/2020-06/DNR_2020_FINAL.pdf

Schudson, M. (2003/2011). *The sociology of news*. New York, NY: W.W. Norton & Company.

Thomas, H. (2006). *Watchdogs of democracy?: The waning Washington press corps and how it has failed the public*. New York, NY: Scribner.

Tuchman, G. (1978). *Making news: A study in the construction of reality*. New York, NY: Free Press.

Zelizer, B. (2004). *Taking journalism seriously: News and the academy*. Thousand Oaks, CA: Sage.

미디어오늘 (2019, 7, 28). "'유튜브 저널리즘'의 시대가 오고 있다"
URL: www.mediatoday.co.kr/news/articleView.html?idxno=201463

시사인 (2021, 9, 23). "'가장 신뢰하는 언론인' 2위는 유재석"
URL: https://www.sisain.co.kr/news/articleView.html?idxno=45536

연합뉴스 (2019, 9, 10). "[팩트체크] 조국 기사 118만건 … 최순실의 10배?"
URL: https://www.yna.co.kr/view/AKR20190910145900502

중앙일보 (2022, 1, 20). "MBC의 후회, 이재명의 눈물".
URL: https://www.joongang.co.kr/article/25042101#home

프레시안 (2022, 2, 28). 유튜브가 나라를 구했다? [좋은나라이슈페이퍼] 대선 국면에서 유튜브의 저널리즘 실천 가능성 타진하기.
URL: https://www.pressian.com/pages/articles/2022022813292659040

한겨레 (2016, 9, 20). "[단독] K스포츠 이사장은 최순실 단골 마사지 센터장"
URL: https://www.hani.co.kr/arti/politics/politics_general/761796.html

한겨레 (2021, 12, 28). "대선 '유튜브 토론' 450만뷰 반응 폭발 …… 검증 목마른 유권자"

    URL: https://www.hani.co.kr/arti/politics/politics_general/1025149.html

한국언론진흥재단 (2021). 〈2021 언론수용자 조사〉. 서울: 한국언론진흥재단.

    URL: https://www.kpf.or.kr/front/research/consumerDetail.do?miv_pageNo=&miv_

    pageSize=&total_cnt=&LISTOP=&mode=W&seq=592381&link_g_topmenu_id=&link_g_

    submenu_id=&link_g_homepage=F&reg_stadt=&reg_enddt=&searchkey=all1&searchtxt=

JTBC 뉴스 (2016, 10, 24). "[단독] 최순실 PC 파일 입수 …… 대통령 연설 전 연설문 받았다"

    URL: https://news.jtbc.co.kr/article/article.aspx?news_id=nb11340632

TV조선 (2016, 7, 26). "[TV조선 단독] 청와대 안종범 수석, '문화재단 미르' 500억 모금

    지원"

    URL: https://news.tvchosun.com/site/data/html_dir/2016/07/26/2016072690265.html

Lewis, R. (2018). Alternative influence: Broadcasting the reactionary right on YouTube.

    URL: https://datasociety.net/library/alternative-influence/

6장

정치유튜버의 정파적 담론 실천과
수용자 화답

이종명 ┃ 경북대학교 사회과학연구원 전임연구원

유튜브는 언론을 대체할 수 있을까? 시사 정치 콘텐츠를 생산하는 유튜버들은 전통적 저널리즘 미디어가 생산하는 정치 뉴스에 대한 비판을 넘어, 자신들이 기자와 언론을 대체할 것이라 주장한다. 수용자들은 이에 화답하고, 영합하면서 시사 정치 콘텐츠의 확산과 일상화를 추동했다. 앞선 장에서 논의한 바와 같이, 이에 대해 학계는 '유튜브 저널리즘'이라는 이름으로 현상을 진단했다. 본 장에서는 앞선 장에 이어서, 유튜브를 위시한 뉴미디어 플랫폼에서의 시사 정치 콘텐츠 생산자로 활동하는 유튜버들의 담론 실천과 이를 적극적으로 지지하는 생산자들의 목소리에 주목한다. 우선 저널리즘적 실천을 표방하는 유튜버들은 구독자들 및 정치적 지지 세력의 동조를 구하고자 영합한다. 전통적 뉴스 미디어와 뉴미디어의 기술적 결합을 넘어선 종사자들의 전이와 충돌, 나아가서는 세력 다툼이 불거진다. 일부 유튜버들은 저널리즘으로서의 유튜브의 역할과 자신의 정체성에 대해 부정적으로 여기지만, 그것은 전통적 개념과의 상이함일 뿐 대체와 대안의 공간으로 확정 짓는다. 이에 뉴미디어 시대 저널리즘적 시사 정치 콘텐츠 수용자들은 '전통적 저널리즘'에 대한 불신과, 그를 '대체'하겠다는 유튜버들에 열광한다. "진실은 유튜브에 있다"는 주장은 더 이상 공허한 메아리가 아닌, 구독자들과 정치적 동류 집단을 결속하는 구호가 되었다. 유튜브의 '저널리즘'적 실천 차원의 논의를 넘어선, 시사 정치 콘텐츠를 통한 정파성의 집단극화가 악화일로를 걷는 지금, 생산자와 수용자의 목소리에 주목함으로써 정치 콘텐츠를 생산하는 유튜버의 '저널리즘'적 실천과 그 가능성을 타진한다.

1. 유튜브 속 시사 정치 콘텐츠의 등장과 확산

2016년 박근혜 전 대통령의 국정농단 논란을 기점으로, 유튜브에서 소위 '저널리즘'적 콘텐츠가 폭발적으로 등장한다(이종명, 2021). 이는 크게 두 가지 측면으로 해석된다. 첫째, 모든 전통적 저널리즘 미디어에서, 심지어는 보수적 성향의 종합편성채널인 〈TV조선〉까지도 논란을 정면으로 보도함에 따라, 친 정부적 '평론가'들의 무대가 좁아진다. 김진, 고성국, 조갑제, 김동길 등 오랫 동안 보수 스피커로서 일하던 이들은 신해식, 정규재 등이 열어둔 유튜브 시 장으로 눈을 돌렸다. 나아가 정치인들까지도 유튜브에 뛰어든다. 홍준표, 이 언주, 김문수 등(시사인, 2019, 6, 5)의 활동은 유튜브 속 정치적 콘텐츠의 유통 을 촉발시켰다.

둘째, 현장 중심의 유튜브 콘텐츠 중계도 늘어났다. 촛불 집회에 맞선 태극 기 집회라는 광장 정치에서의 목소리 내기가 유튜브라는 플랫폼과 맞물려 파 급력을 갖는다. 특히 일반인들의 유튜버 전향이 눈에 띈다(경향신문, 2018, 10, 13). 박근혜 전 대통령을 지지하는 이들이 전통적으로 소비해오던 보수적 종 합편성채널 및 전통적 뉴스미디어에서 더 이상 그들의 입맛에 맞는 정보와 지 지의 목소리를 얻지 못하게 되자, 자신이 그 역할을 대신하겠다고 자청하고 나선 것이다. 이에 태극기 집회를 주최하던 당시 대한애국당은 이들의 활동을 공식적으로 지원하고 협업한다. 군소 정당의 언론 노출 비율을 만회하기 위한 조처이기도 했다(오마이뉴스, 2019, 9, 5).

요컨대 전문 정치인 혹은 여론 주도층의 유튜브 활동과, 일반 대중의 유튜 버로서의 자리매김 두 가지 측면은 공히 정치적 격변기라는 시대적 맥락 속에 서 미디어 환경의 급진적 변화를 추동하는 마중물이 되었다. 특히 이들의 활 동 배경에는 모두 전통적 뉴스미디어에 대한 불신이 자리 잡고 있다. 대표적 으로 태극기 집회 유튜버 및 집회 현장에서 나오는 주요 메시지로서 〈JTBC〉

의 태블릿 PC 보도가 '사기'였다고 단정하는 "사기 탄핵" 담론과, 언론이 모두 "민주노총에 장악"되었다는 담론이 두드러진다. 아울러 현장에 존재하지 않는 전통적 저널리즘 종사자, 즉 기자를 비난하면서 현장 중심의 라이브 방송을 필두로 콘텐츠를 생산해내는 양상이 두드러진다(이종명, 2021). 현장의 '뉴스'를 전달하는 것을 넘어, 정치적 사안을 논평하고 뉴스와 언론을 평가하는 유튜브 속 자칭 '저널리즘적 실천'이 두드러지기도 한다. 이를 통해 궁극적으로 전통적 저널리즘 미디어를 대체하겠다는 주장으로 도약한다.

박근혜 전 대통령 탄핵과 광장 정치에서의 담론 생산에 주축이 된 태극기 집회의 전유물로서 유튜브 속 언필칭(言必稱) 저널리즘 실천이 두드러졌다면, 2018년 이른바 조국 사태를 둘러싸고 벌어진 검찰개혁 촉구 집회의 전유물로서 유튜브가 '진정한 저널리즘'이라는 주장이 친정부적이면서 진보적 성향의 이들에게 확산된다. 그 양태는 닮은꼴이다. 첫째, 모든 전통적 저널리즘 미디어에서, 심지어 친정부적이고 진보적이라 분류되던 JTBC조차도 조국 사태를 둘러싼 의혹을 보도함에 따라, 친정부적 주장과 조국 수호의 목소리의 입지가 좁아진다. 친정부적 입장을 견지하던 이들은 박근혜 전 대통령 탄핵 이후 우리 편이라 여겼던 – 그러나 기울어진 운동장이라는 주장을 놓지 않으면서 – 전통적 저널리즘 미디어의 조국 사태를 둘러싼 보도를 경유하며 불신과 분노를 키웠다. 이들은 보수 스피커의 점령지였던 유튜브에서 진지전war of position을 벌였다. 자칭 평론가이자 작가로 자리매김한 유시민을 위시하여 전통적 저널리즘 미디어의 대항 담론을 만들고 나아가 저널리즘적 역할 수행을 자임하는 채널이 등장한다.

둘째, 집회 현장을 중계하는 유튜브의 득세다. 〈시사타파TV〉, 〈NewBC〉 등 서초동과 여의도의 집회 현장을 라이브로 중계하며 정치적 결사를 부추겼다. 소위 '검찰개혁'을 향한 국민적 목소리라는 미명 아래, 유튜버로서의 운신의 폭을 넓히고 나아가 온라인 커뮤니티 등지에서 화답을 이끌어냈다. 다소간에

상이하면서도 유사한 맥락은, 태극기 집회 참여자들에게서 자발적으로 현장 중계를 자청한 유튜버가 돌출되었다면, 서초동 집회는 〈시사타파TV〉 유튜브의 구독자였던 김희경에 의해 조직되고 시작되어, 유튜브 중계를 처음부터 공식화했다는 점이다(뉴스톱, 2019, 9, 30). 유사한 맥락으로서 당시 태극기 집회 주최 측이었던 우리공화당은 유튜버와의 협업을 넘어 활동 지원을 공식화하는 등, 적극적으로 유튜브를 활용하고자 했다. 이와 동일한 형태로 검찰개혁 집회 주최 측은 공식 유튜버는 물론 활동 유튜버들의 협업을 부추기고 유명세를 함께 누리고자 했다(조선일보, 2019, 10, 22).

뉴미디어 플랫폼은 물론 전통적 미디어를 아우르는 한국 사회의 정치적 양극화가 강화되는 지금, 기존의 저널리즘 미디어에 대한 불신과, 유튜브를 통한 전통적 저널리즘에 대한 비난, 그리고 그를 넘어서는 대체에 대한 주장이 뜨겁다. 수용자들의 열광에 대해 앞선 장에서 살핀 것처럼, 학계가 예단한 바와 같이 이를 섣불리 '유튜브 저널리즘'으로 규정하기에는 설익은 지점들이 많다. 마찬가지로, 전통적 저널리즘 생산자인 기자들이 부정하는 뉴미디어 플랫폼에서의 시사 정치 콘텐츠 확산을 단순히 정파적인 것만으로 규정하기에는, 위에서 살핀 바와 같이 이념적 구분을 넘어 일반적인 현상으로 고착화되는 양상을 보인다. 이에 본 장에서는 우선 시사 정치 콘텐츠를 생산하는 유튜버들의 주된 담론 실천을 살핀다. 스스로의 정체성과 역할 인식, 그를 통한 시사 정치 콘텐츠의 유통에 이르는 지점들을 아우른다. 나아가 이에 화답하는 수용자들의 반응을 온라인 커뮤니티 등에서 광범위하게 수집, 그 영합을 확인한다. 본 장을 통해 유튜브를 위시한 뉴미디어 플랫폼에서의 시사 정치 콘텐츠 확산과 그를 추동하는 유튜버와 수용자의 영합을 이해하여, 그 담론 실천과 화답의 맥락을 정리한다.

2. 유튜버들의 전통적 저널리즘 미디어에 대한 표상적 부정

먼저, 저널리즘적 역할 수행으로 수용자들의 화답을 끌어내는 유튜버들의 목소리에 주목한다. 특히 전통적 뉴스미디어 생산자인 기자와의 저널리즘 경계(Tandoc, 2019)에서 벌어지는 갈등과 정체성을 확인하고자, 기자 출신 유튜버들과 채널에 집중한다. 유튜브 속 뉴스 콘텐츠 생산과 유통을 저널리즘적 실천으로 볼 수 있을 것인가를 필두로, 전통적 저널리즘 생산자와의 접점과 충돌들, 그리고 수용자로서 유튜브 구독자들의 반응 인식, 나아가서는 정치적 이념을 공유하는 이들과의 영합이 주된 골자다.

우선 유튜버들도 유튜브를 저널리즘, 언론으로 인식하느냐에 있어서는 조심스러웠다. '수용자'인 구독자가 그렇게 반응한다, 세간의 인식이 그러하다 등과 같은 반응이었다. 그러면서도 애써 그 역할 수행을 부정하지는 않았다. 이는 〈KBS〉 "질문하는 기자들Q"가 던진 질문 당시와는 다소간에 차이가 있는 반응이다. 예컨대, 같은 질문에서 〈가로세로연구소〉 대표인 김세의 전 MBC 기자는 다음과 같이 답했다.

> 언론사로서의 가지는 제약이 많잖아요. 실제로 제약이 많기 때문에 어찌 됐든 저희는 언론사라기보다는 어떻게 보면 시청자들한테 편하게 다가가는 일종의 예능이라고 저희는 생각합니다. (KBS, 2021, 12, 25)

탐사전문채널을 표방, 정식 언론사로 등록한 〈열린공감TV〉의 최영민 취재팀장 역시 같은 질문에 대해 "법적 분쟁 등의 문제를 대비해 등록했을 뿐, 언론이다 아니다 규정은 별로 중요한 것이 아니"라고 답했다. 왜 응답이 상이하게 나타나는가? 이는 우선 KBS라는 전통적 저널리즘 미디어의 본령에서 던진, "유튜브는 언론인가?"라는 거시적 질문에 대한 표상적 응답이라 해석할 수 있다. 특히 전통적 저널리즘 미디어가 제기하는 정파성에 대한 지적을 스스로가 잘 알고 있기에, 외려 "언론의 기계적 중립에 부정적", "특정 진영의 입장만을 심층적으로 전해도 충분"하다는 견해를 피력하면서 유튜버의 행위를 정당화하는 데 힘쓰는 것이다.

반면 수용자와의 호흡과 화답 차원에서는 자신들을 유튜버가 아닌 기자로, 저널리즘의 본령으로 확신한다. 예컨대 유튜브 채널의 게시글에서 "질문하는 기자들Q" 인터뷰 응답에 대한 〈열린공감TV〉의 반응에서는, "언론법인사로 등록된 언론임을 몇 번에 걸쳐 강조했는데 모두 편집되었다", "기성언론들은 공공성을 잊은 채 자신들의 사익을 위해서만 움직인다", "현재와 같은 미디어 환경에서 누가 간단히 언론을 정의할 수 있느냐" 등의 상이한 반응을 쏟아냈다. 말미에는 "KBS의 고액연봉 기자들보다 훨씬 더 많은 시간을 들여 취재를 바탕으로 보도한다"라는 주장까지 내놓는다. 이에 구독자는 "이 시절의 알맹이자 고갱이인 〈열린공감TV〉를 취재하고 지적질하는가. 가당치도 않다"고 화답한다.

즉, 〈열린공감TV〉는 "오로지 '사실'에 기인한 '진실'과 그에 따른 합리적 의도를 보도할 따름"이며, "〈열린공감TV〉의 진실보도를 입막음하려 해도 결코 성공할 수 없을 것"이라 주장했다. 그리고 이 모든 행위는 "고통과 고난의 길"이겠지만, "그 길이 〈열린공감TV〉가 가야 할 길이며 시민이 함께 동행하는 길"이라 자평했다. 유튜브 채널의 게시글을 옮겨온 정치적으로 동조하는 온라인 커뮤니티에서는 "진실보도를 입막음하려 해도 절대 굴하지 않는 참언론"이라는 제목 아래 게시글 안에서 "저 말이 가슴을 때리네요..."라 화답한다. 마찬가지로 "〈열린공감TV〉는 거짓을 보도하지 않고 진실만을 전하는 방송이라는 게 증명된 겁니다", "〈열린공감TV〉 최고의 탐사보도 방송입니다. 응원합니다!", "언론독립군 〈열린공감TV〉 응원합니다!!!", "최고의 언론입니다"라는 화답도 줄을 잇는다.

다시 한번, 〈열린공감TV〉는 "악의 카르텔 옵티머스 게이트" 시리즈를 내놓으면서 발표한 입장문을 통해 자신의 위치를 선명히 한다.

1. 〈열린공감TV〉는 엄연히 언론법인으로 등록된 '언론사'입니다.
2. 〈열린공감TV〉는 유튜브 플랫폼을 활용하는 탐사전문 매체입니다.
3. 〈열린공감TV〉는 가급적 국가 공권력에 의해 무기력하게 억울한 사법피해를 당한 시민들과 약자들의 사연을 심층 취재하여 잘못된 사법폐단을 바로잡고자 합니다.
4. 〈열린공감TV〉는 오로지 '진실' 그 하나만을 추구하므로 이념적 특정 진영에 가급적 속하지 않으려 합니다. 다만, 진실을 찾아 진일보하는 '진보'에 무게를 두고 있는 것은 사실입니다.
5. 2021년 현재의 이념적 구도에서 보수를 참칭하는 무리들과 그것을 기반으로 정치집단이 된 '국힘당'의 지향점은 〈열린공감TV〉가 추구하는 '특권 없는 공정'에 위반되므로 일치하거나 지지하는 점이 단 0.1%도 없습니다.
6. 그러므로 문재인 정부를 지지하며 그에 여권이 올바른 길로 국민들을 위해 봉사해 줄 것을 기대합니다. (친여 매체라고 호도해도 옳은 것을 추구합니다)(후략)

(열린공감TV, 2021, 2, 10)

언론, 즉 전통적 저널리즘 미디어라는 점을 상기시키면서, 한편으로는 '억울한 시민', '약자를 취재'하여 궁극적으로 "잘못된 사법폐단을 바로잡는다"는 주장으로 나아간다. 그러면서 공교롭게도 하단에는 "'진보'에 무게를 두고 있다", "친여 매체라고 호도해도 옳은 것을 추구한다"라고 밝힌다. 언론을 표방하는 입장과, 정파성을 표방하는 입장이 공존하는 맥락은 앞선 장의 기자들이 짚은, 저널리즘의 변화된 인식 속에서 이른바 '기본 원칙'과는 다소 동떨어져 있다는 점을 주지할 필요가 있다.

3. 유튜버들의 전통적 저널리즘 미디어에 대한 암묵적 동조

최근 〈경향신문〉에서 해직되어 〈열린공감TV〉에 전업하게 된 강진구 기자는, 지난 1월에 있었던 〈CPBC 평화방송〉에서 유튜브를 둘러싼 논란들에 대한 입장을 밝혔다. 인터뷰에서 "주목받고 있는 대안 언론사", "레거시미디어와의 차이" 등에 대한 질문에 대해 다음과 같이 응답했다.

> 저는 미디어라고 하는 차원에서는 동일한 역할을 해야 한다. 동일한 사명이 주어져 있는 매체라는 점에서는 차별성이 없다. 동일한 사명이라고 얘기하는 거는 국민의 알권리 충족을 통해서 건전한 여론을 조성한다. 뉴미디어나 전통미디어나 같은 사명을 갖고 있다고 보고요. 민주국가 하에서. 다른 차별성이 있다고 얘기한다면 기존 레거시미디어는 점점 더 우리 사회의 권력 메커니즘 내에 편입이 되고 있는 것 같고 뉴미디어는 권력의 메커니즘 속에서 벗어나서 오로지 저희는 시민의 편에서 진실을 추구하는 어떤 외압 없이 시민의 편에서 진실을 추구하는 데 있어서 가장 자유로운 언론이다. 제 나름대로 규정을 하고 싶습니다. (CPBC, 2022. 1. 14)

이른바 '사명', 즉 알권리라는 표현의 자유와 취재의 자유라는 법적 · 철학적 근거를 동원해, 변화된 환경 속 전통적 미디어의 권력 영합과 시민 영합적인 유튜브의 차이를 분명히 한다. 구독자에 화답하고 조응하는 유튜브 콘텐츠를 생각할 때, 일견 타당한 해석으로 여겨질 수 있다. 그러나 저널리즘 장 이론이 전통적 저널리즘 환경에서 '경제' 장의 지배를 예리하게 지적한 부분을 갖고 온다면, 실상 같은 맥락 안에서 이해된다. 다시 말해 수용자의 구독과 '좋아요'를 통해 구축되는 소셜미디어 속 수익 구조와, '열린장터' 따위의 광고를 끊임없이 노출하는 행위 속에서 민주주의하 시민에게 봉사하는 '언론'의 본령이라기보다는 경제적 장에 더 직결된 구조로 해석되는 것이다.

계속해서, 〈열린공감TV〉의 특종이 전통적 뉴스미디어에서 언급되지 않는다는 '충돌' 차원의 질문에 대해, 아래와 같은 주장을 펼친다.

> 방금 전에 얘기했던 대로 기존 레거시미디어는 스스로 권력 메커니즘, 권력 구조 안에 점점 깊숙이 편입이 되고 있고 기득권 카르텔의 민낯을 드러내는 거고 레거시미디어는 저희 보도가 불편할 수밖에 없을 것 같아요. 그리고 또 한 가지 저희 〈열린공감TV〉의 보도를 레거시미디어가 인용보도를 한다고 얘기하는 건 그동안 레거시미디어의 정보의 독점, 의제 설정의 독점적인 구조들이 스스로 깨져나가는 거죠. 어떻게 보면 그것도 레거시미디어가 가지고 있는 기득권이라고 볼 수 있는데 〈열린공감TV〉는 성 안의 언론, 성 밖의 언론인데 철저히 성 밖에 있는 언론으로서 영향력이 성 안까지 확산되는 것을 막기 위한 기존 레거시미디어들의 암묵적인 담합이 형성되고 있는 게 아닌가. (CPBC, 2022. 1. 14)

아울러 전통적 저널리즘 미디어에 대항하는 유튜브를 위시한 뉴미디어의 저널리즘적 실천을 의제 설정의 독점, 정보의 독점 구조를 타파하는 맥락으로 해석한다. 또한 아래의 응답과 함께 저널리즘적 실천의 당위성과 차별화를 강변한다.

> 이제는 언론 노동자들이 깊이 있는 해설과 분석 그다음에 심층취재보다 단순한 정보의 전달자로 전락해가고 있고 미디어 수용자들은 교육수준의 향상을 통해서 전반적으로 훨씬 기자들보다 뛰어난 분석력과 전문성을 가지고 있는 분들이 많죠. (CPBC, 2022. 1. 14)

이러한 맥락은 앞서 언급한 유튜브의 저널리즘적 실천의 문제점과 기실 맞닿아 있다. 다시 말해, 취재라는 명목 아래 기존의 정보들을 조립하여, 이를 해석하고 평가하는 방송이 유튜브의 시사 정치 콘텐츠가 취하는 일반적인 양태다. 이 지점에서 전통적 저널리즘 생산자인 기자에게서 '취재하지 않음으로 인한 저널리즘의 불가능성'이라는 반응이 나온다.

〈열린공감TV〉의 소위 '취재 보도'는 대부분 "제보자"에 의존한다. 2022년 1월 28일, 녹취록 논란 속 '쥴리'에 대한 해명이 거짓임을 주장하는 콘텐츠는 당시 상황을 '목격'한 것을 생생히 '증언'한 제보자를 중심으로 꾸려졌다(굿모닝충청, 2022, 1, 29). "새로운 목격자 등장", "목격자 나타났다", "목격자 또 나왔다" 등의 이름 아래 갖은 의혹을 제보자 진술로 구성했다. 물론, 저널리즘은 사회적 논란과 비리를 '목격'한 사람의 증언에 기초한다. 그 제보에서 뉴스 가치가 발견된다면 이를 취재하여 보도한다(한겨레, 2021, 3, 14). 그 과정에서 간과하지 말아야 할 것이 있다. 기자와 제보자와의 관계, 진위 여부에 대한 판별, 검증 등이 그것이다(법조신문, 2020, 7, 13). 저널리즘의 역사와 함께 논의되어 온 '객관주의 관행'의 무게는, 이른바 '저널리즘적 실천'을 표방하는 유튜브 채널에도 동일하게 지워진다.

〈열린공감TV〉를 비롯해 유튜브에서 '저널리즘 실천'을 표방하는 유튜버에게서 제보자와의 관계, 뉴스 가치에 대한 고민, 사실 여부에 대한 검증 등을 엄정히 수행하는지에 대한 질문, 이에 앞서 취재 관행이라는 저널리즘의 기본 원칙을 수호하기 위한 절차들에 대해 우선순위를 어디에 놓는가에 대한 궁금증이 나온다. 다시 말해 구독자에게 영합하기 위해서라면 뉴스 가치와 사실 검증 등 기본을 후순위에 놓지는 않는가에 대한 맥락이다. 특히 라이브 위주의 유튜브 콘텐츠에서는 검증이 아닌 구독자에게 정보를 즉각적으로 전달해 주는 맥락이 도드라지기 마련이다. 이를 통해 '이념적 공명'에 치우치지는 않는가에 대해, 어느 정도 부정하지 않는 입장을 내놓는다. 다만, "오직 시민을 위해" 등과 같은 표상적 가치를 들고나와 이를 가리는 점은 문제적이다.

이는 유시민 전 노무현재단 이사장의 미디어를 바라보는 시선에도 공히 드러나는 입장이다. 2022년 1월 6일 〈열린공감TV〉에 출연한 그는, 이재명 당시 더불어민주당 대선 후보가 대선 후보로 나올 수 있었던 사실이 "기성 언론의 영향력이 더 이상 압도적이지 않다는 사실을 단적으로 드러낸 예"라며, "매스 미디어의 구박을 받고 눈 밖에 났던 사람이 유력 대통령 후보가 된 상황 자체 가 20세기 기준으로는 있을 수 없다"면서 "지금은 '레거시미디어가 묵시적 공 동 행동으로 특정 후보를 띄워도 뉴미디어가 중화시킬 수 있을 정도의 미디어 생태계가 만들어졌다', '레거시미디어가 압도적 위력을 잃었다'"고 주장한다. 말미에는 "언론개혁"에 목매지 않고, "기성 미디어 보도에 대해 비판적으로 이 해하면서 수준 있는 뉴미디어를 많이 이용하는 방식으로 대처"하는 방식을 주 문했다(한국일보, 2022, 1, 7).

전통적 저널리즘 생산자의 역할을 분담하는 것을 넘어 위임받겠다는 유튜 버들의 주장이 무색하게, 〈열린공감TV〉를 위시한 보도 내용과 방식에 있어서 사생활 중심 보도 및 취재 윤리 위반 등의 문제가 제기되기도 한다(미디어오늘, 2021, 7, 30). 한국언론진흥재단의 「신문윤리실천요강」 '제12조 사생활 보호'는 "언론인은 공익을 위해 부득이 필요한 경우를 제외하고는 개인의 사생활을 보 도, 평론해서는 안 된다"고 명시하고 있다. 마찬가지로 「한국기자협회 윤리강 령 및 실천요강」 '제6조 사생활 보호'도 "우리는 개인의 명예를 해치는 사실 무근한 정보를 보도하지 않으며 보도 대상의 사생활을 보호한다"고 밝힌다. 〈열린공감TV〉 스스로도 보도에 있어서 "황색 저널리즘으로 바라볼 수 있다" 는 우려를 내놓을 만큼 가십성 자극적 내용을 유력 대선 후보 가족 검증이라 는 미명 아래 내놓았다. 정치적 동기에 따라 사적인 것을 공적 영역으로, 정 파적 담론화하는 사례라는 남재일 경북대 교수의 지적(미디어오늘, 2021, 7, 30)은 모든 시사 정치 콘텐츠에 공히 적용된다.

다만 〈서울의소리〉가 내놓았던 김건희 녹취록 보도에 있어서, 전통적 저널 리즘 미디어의 부족함에 대한 자성의 목소리도 있다(한겨레, 2022, 1, 26). 출입국 기록 등 추가 취재를 통해 사실을 규명해야 할, 즉 저널리즘적 실천의 본령이라 할 부분에 대해서는 등한시한 채, 양당의 반응, 지지율 영향, 전망, 김건희에 대한 이미지 제고 등에만 주목한 전통적 미디어의 행태를 뼈아프게 짚었다.

요컨대 굵직한 정치적 변곡점에서 돌출된 미디어 지형의 변화는 유튜브의 저널리즘적 역할 수행에 대한 전통적 미디어와의 동행, 나아가서는 이임을 주장하는 목소리로 표출된다. 학계의 '유튜브 저널리즘'이라는 현상 인식도 수용자의 반응과 유튜버의 행동주의적 저널리즘 실천 안에서 이해된다. 반면 전통적 저널리즘 생산자인 기자들의 반발은, 단순히 기득권의 저항이 아닌 저널리즘의 기본 원칙과 바람직한 방향에 대한 논의로 이어져야 할 것이다.

4. 유튜브 수용자의 기자 집단 비난과 유튜버 응원

수용자들은 기자로 명명되는 전문직 저널리스트, 즉 저널리즘의 전문성 차원에서 제기되는 의문과 그 대안으로서 유튜버를 찾는다. 앞에서 논의한 유튜브 속 시사 정치 콘텐츠를 생산하는 주요 채널이 응원의 대상이다. 문제는 이러한 원칙을 일관되게 유지하는, 소위 저널리즘 관행을 유지하는 시스템이 존재하는가에 대해서 의문이 뒤따른다. 그뿐만 아니라 취재 과정을 면면히 밝히고 이에 화답한 수용자들의 반응이 명시된 위 콘텐츠를 제외한, 소위 '저널리즘적 실천'을 자칭하는 유튜버들의 취재 관행 속에서 진실 추구와 사실 검증의 과정, 그리고 데스크의 게이트키핑 등과 같은 절차적 엄정함이 있는지에 대한 문제 제기가 대두된다.

그러나 유튜브를 저널리즘으로 여기는 수용자는 해당 사항을 주된 관심사로 두지 않는다. 오히려 전통적 뉴스미디어의 진실 방기, 게으른 취재에 대한 비판의 날을 세운다. 유튜브의 저널리즘적 실천을 치켜세우는 언동이 확산된다. 앞서 언급한 전통적 뉴스미디어에 대한 불신은 커지고, 유튜브 저널리즘에 대한 확신이 강화되는 양상이 관찰되는 것이다.

2022년 대통령 선거를 앞둔 2021년 6월, 원색적인 내용으로 세간을 떠들썩하게 했던 이른바 "윤석열 X파일"이 한 유튜버에 의해 제기됐다. 당사자인 〈열린공감TV〉라는 채널은 전·현직 기자와 방송작가, 시사평론가 등으로 구성되어 있다. 정치적으로는 국민의힘 윤석열 후보 등 특정 정치인과 정당에 대한 대립각을 세운다. 반응은 소위 '친문' 지지라는 정치적 입장을 공유하는 온라인 커뮤니티에서 화답으로 나타난다. 내용은 단순한 응원이나 격려가 아닌, '진정한 저널리즘의 실현'이라는 형태로 구성된다.

그들의 행동과 화답은 다음과 같다. 우선 특정 후보를 둘러싼 논란을 제기하고, 해당 유튜브 채널에 열광하는 반응이 일어난다. 여러 콘텐츠에서 유사한 화답이 있었지만, 2021년 10월 4일 방송(열린공감TV, 2021, 10, 4, 현재 비공개 영상)에 대한 온라인 커뮤니티 〈딴지일보〉의 반응에서 저널리즘 실천에 대한 열광이 선명하게 표출된다. "출입처에(서) 손가락만 움직이는 애들하고 비교가 안 됨", "멸종되어간다는 기자발견, 이런 분들이 기자다", "우리 시민들의 진실보도에 대한 열망" 등이 대표적이다.

전통적 뉴스미디어에 대한 불신과 분노, 그리고 그 한계를 극복해내는 진정한 '저널리즘 실천'으로서의 유튜브 채널 활동에 대한 지지와 맹신을 단적으로 보여주는 사례다. 서두에 언급한 태극기 집회 유튜버들에 대한 보수 세력의 화답과 닮은 꼴이다. 내용을 면면히 들여다보면, '출입처' 중심의 보도 관행에 대한 비판(혹은 비난), 유튜버이기에 앞서 저널리즘을 실천하는 '기자'로서 보여주는 사명감, 역할에 대한 열렬한 지지가 댓글의 주된 내용을 구성한다. 그리고 이 모든 것은 단순히 특정 정치인에 대한 지지를 보내는 이들의 편향된 시각이 아닌, '시민들' 전체의 '진실 보도에 대한 열망'으로 치환된다.

이는 유튜브의 저널리즘 실천을 두 범주로 유형화한 맥락을 통해서도 해석될 수 있다. 이상우(2019)가 분류한 전통 미디어 사업자, 정치인과 정당, 개인에 따른 구분, 닐슨의 〈2019 뉴스미디어 리포트: 유튜브 저널리즘〉(2019) 보고서가 분류한 방송사, 디지털 언론사, 인플루언서, 일반 개인의 구분 등에서 발췌하여, 전통적 뉴스미디어와 일반 개인 두 유형으로 나눌 수 있다(남윤재 외, 2021, 89쪽).

이에 따라 진실에 대한 검증, 사회적 책무 수행, 그를 통한 저널리즘의 신뢰 및 공적 가치 수호 등에 부합하는 전통적 뉴스미디어의 유튜브를 통한 저널리즘 실천에 책임을 묻는 한쪽과, 그 밖의 나머지로서 일반 개인의 유튜브 활동을 구분할 수 있다. 그러나 공교롭게도 전통적 뉴스미디어의 저널리즘 기본 원칙 망각에 대한 불신, 분노가, 개인 유튜버의 저널리즘 실천을 통해 공적 가치 수호 및 신뢰로 전환되는 양상이 관찰되는 것이다.

유튜브의 정치 콘텐츠나, 이에 화답하는 온라인 커뮤니티의 반응에서는 소위 '기레기'라는 비난에 앞서, 대전제로서 기자를 '엘리트'로 여기는 인식이 있다. 몇 개의 커뮤니티 게시글만 일별하면, 기자 스스로 '엘리트'라 자칭하지 않음에도 엘리트의 굴레를 씌워 비난하는 목소리를 쉽게 발견할 수 있다.

> 개돼지들이 우리를 기레기라고 하지만 우린 엘리트야! 우린 국개검새 판새랑 칭구라고! 이러고 있겠죠. (토글, 2020. 5. 24)

> 기자들 집안 조사해보면 80프로가 잘사는 집안 출신일걸요. 그래서 없는 사람입장이 아닌 자기들 사는 수준으로 기사를 써서 빨갱이니 공산당이니 하는 기사들을 아무렇지 않게 쓰죠. (Wlfd, 2021. 10. 11)

> 분명 조중동 갈려면 우리나라에서 가장 좋은 대학 가야 겨우 들어가는 소위 엘리트일 것 같은데 말이죠... (카러스1234, 2021. 5. 27)

한 게시글에서는 평론가로 높은 지지를 얻는 전우용의 페이스북 게시글을 갖고 와, 한국 기자들에 대한 원색적 비난의 날을 세운다.

(전략) 무식하고 나태해도 '엘리트' 행세할 수 있는 상황이 자기들에게 유리하기 때문일 겁니다. 수준 낮은 자들의 '엘리트의식'은, 사회 전체의 수준을 낮추는 법입니다. (전우용, 2021, 5, 25, 페이스북 게시글 전문을 옮긴 게시글)

기레기에게 뭘 기대하겠습니까... 현실은 유투브가 언론을 대신하는 기막힌 사실이 당연한 세상이 되었죠. (FC차차, 2021, 5, 26, 댓글, 밑줄은 연구자 표시).

쓰레기통보다도 못한 수준이 되어버린 '기자' 라는 직업... 이 말에 100만 번 동의합니다. (어느멋진순간, 2021, 5, 26, 댓글)

유일하게 귀천을 따질 수 있는 직업 기 레 기 (2021, 5, 26, 댓글)

그냥 홍가와 방가의 돈받는 충실한 똥개 노예 종업원일뿐 시키면 시키는 대로 물으라면 무는 똥개 직업 (2021, 5, 26, 댓글)

전통적 뉴스미디어에 대한 반발은 위와 같은 담론으로 공고화된다. 이에 대한 기자들의 인식 부재를 차치하고, 한국 사회의 근대적 국가 형성 과정에서 기자, 국가 관료 및 지식인들이 훈민(訓民)적 주체로서의 역할을 자임(강명구, 2013)한 까닭으로 볼 수 있다. 지사(志士)적, 다시 말해 국가의 부름을 받아 사회를 위해 봉사하고 큰일을 하는 기자로서의 모습(강명구, 2006)이 잔존하여 투영된 까닭이기도 하다.

전문직으로서의 기자는 사회에의 기여와 직업적 특권이라는 두 가지 맥락을 갖고 있다(강명구, 1993). 그 이념을 구체화하면 첫째 공적 지식 생산자로서의 지위 보장, 둘째 지식 생산을 통한 사회와 공익에 봉사, 셋째 노동 과정에서의 자율성 보장이 그것이다(남재일, 2004). 지식 생산자로서 기자는 사회로부터 특권, 즉 자율성을 부여받았다. 부연하면, 공공선을 위해 숙련된 지식을 행사하는 것이 곧 기자의 전문직주의(Freidson, 2001/2007)며, 일련의 과정으로서 끊임없는 전문 지식 습득과 글쓰기 및 영상 이미지 기술 활용, 사회적 책임을 수행할 수 있는 윤리적 소양(윤영철, 2001)을 요건으로 한다.

5. 정파성이 드리운 미디어 지형과 유튜브 접합

기자에 대한 인식 변화에 있어, 2014년 세월호 참사와 맞물린 보도 참사, 2017년 탄핵과 정치 헤게모니의 축 이동, 이를 변곡점으로 하는 시사 정치유튜버의 득세 등의 국면이 제기될 수 있다. 한국 사회의 전반적 불신이 팽배해진 국가적 사건으로서의 '세월호'와, 언론에 대한 전향적인 태도 변화로서의 '박근혜 탄핵'이 골자다. 그러나 세월호 참사와 박근혜 탄핵은 하나의 '사건'일 뿐, 실질적인 저널리즘의 위기와는 직결되지 않는다는 시각도 있다. 예컨대 "문재인, 조국 넣으면 기사 잘 팔린다"(이종명, 2022)라는 우스갯소리도 있을 정도로, 정파성의 극단화와 분열의 담화가 드리운 작금의 상황에서 기자의 전문성 하락은 부차적 논의일 따름이다.

그 맥락에서 유튜브의 저널리즘적 실천이라는 맥락이 겹쳐진다. 정치에서의 집단극화가 일상화된 시기, 유튜브를 통한 시사 정치 콘텐츠의 생산과 유통이 활약할 수밖에 없는 무대가 된다. 특히 도입부에서 서술한 바와 같이 박근혜 탄핵이라는 소위 초유의 위기를 겪은 보수 여론은, 자신들의 헤게모니 상실을 뉴미디어 유튜브에서의 진지전war of position으로 맞대응한 것이다. 마찬가지로 이른바 조국 사태를 둘러싸고 벌어진 진보 세력의 헤게모니 투쟁에서 유튜브의 정치적 목소리 내기가 커진 국면도 중첩된다. 특히 저널리즘의 위기를 직업 능력 하락이 아닌 미디어 시스템이 처한 거시적 환경으로 연결시킨 맥체스니(McChesney, 2003)의 논의를 적용해 볼 때, 현재의 저널리즘 위기, 혹은 붕괴는 단순히 기자 집단의 전문성 하락이 추동한 것이 아니라는 해석이 가능하다. 역사적 국면 속에서 정치와 미디어의 지형 변화가 추동한 거시적 위기인 셈이다.

요컨대 기자에 대한 태도 변화는 기자 직군에 대한, 전문직주의의 상실과 엘리티시즘elitism에 대한 부정 등으로 인식하기보다, 정파적 맥락으로 이해될 필요가 있다. 즉 수용자들의 전통적 뉴스미디어를 통한 '속풀이'의 불가능성으로 인해 찾게 되는 "해장국 저널리즘"(미디어오늘, 2019, 11, 30)에 다름 아니다. 유튜브 등에서 이루어지는 진영 논리에 따른 카타르시스 표출에 대한 요구인 셈이다. 언론 수용자, 민주사회의 시민으로서 뉴스 콘텐츠를 소비하는 것이 아닌, 하나의 팬덤 현상으로서 뉴스를 소비하게 되는 양상으로도 이해된다.

전통적 저널리즘 미디어 종사자를 향한 인식이 그러하다면, 유튜브를 위시한 대안적이고 대항적인 저널리즘 미디어에 대한 인식은 정파성 환경에서 어떻게 인식되는가? 이 질문이 곧 유튜브 저널리즘에 대한 수용자들의 인식에 본질을 묻는 논의다. 다시, 처음으로 돌아가보자. 서론에서 언급한 두 가지 맥락, 즉 박근혜 전 대통령 탄핵을 기점으로 이루어진 보수 세력의 유튜브 활용과 대체, 맹신의 국면과, 조국 사태를 기점으로 이루어진 진보 세력의 유튜브 화답과 열광의 국면은 같고도 다른 역사적 변곡점이다. 두 시기는 3년이라는 시차를 둔 채 이념의 양단에서 미디어에 대한 공통된 태도 변화를 이끈 지점이다. 이념적 동조, 팬덤으로서의 뉴스 소비, 자신의 정치적 입장에 영합하는 저널리즘 미디어에 대한 확답 등이 그 특징이다. 해당 국면에서 정치적 지지 세력의 위치와 그 등락이 유튜브에 대한 확신으로 이어지는 단서가 된다.

풀어 설명하면 다음과 같다. 박근혜 전 대통령 탄핵, 조국 사태는 공히 정치적 헤게모니의 전환이 이루어진 일대 사건이다. 한국 사회의 오래된 집권 세력이었던 보수 정당의 (일시적) 붕괴가 2016년 일어나면서, 전통적 저널리즘 미디어로부터의 동조와 연대가 그 시기 끊어졌다. 이에 대한 반발이자 대안으로서 유튜브를 찾은 것이다. 그 맥락은, 공교롭게도 시기적으로 소셜미디어 유튜브라는 뉴미디어의 대두와 확산, 그리고 일상화와 맞닿아 있다. 정치적 변곡점에서 미디어 지형의 변화가 맞물린 주요 국면이 이른바 '유튜브 저널리즘'이라는 용례를 촉발한 것이다. 마찬가지로, (일시적으로나마) 집권 세력으로서 헤게모니를 장악해가던 진보 세력의 담론 우위 속 붕괴가 2019년 조국 사태를 기점으로 일어나면서, 마찬가지로 주류 저널리즘 미디어로부터의 공세가 일어난다. 이에 대한 정치적으로 진보를 지지하는 세력으로 일별되는 수용자들의 대응 역시 유튜브였다. 이는 기실 2008년 미국산 쇠고기 광우병 논란과 촛불 집회 속 등장한 '길거리 저널리즘'의 유구한 전통 아래 놓여 있다(이종명, 2020).

학계의 '유튜브 저널리즘'이라는 성긴 해석과, 업계의 '유튜브 저널리즘'의 정파성에 따른 반발은 모두 이 수용자들의 반응과 역사적 '국면conjuncture'에 기인한다. 유튜브 저널리즘이라는 학자들의 명명과 닐슨 등 미디어 조사기관들의 해석 틀은 수용자들의 열광적 반응으로 말미암은 까닭이 크다. 정치적 세력 붕괴와 수성이라는 맥락 안에서 수용자들의 행동주의적 반응이 거세게 나오는 지점은 자연스럽게 유튜브 속 '저널리즘적 실천'이라는 결과론적 해석을 이끈다. 한편 업계의 '정파성'에 대한 반발은, 정치적 세력 균형의 시계추가 오가는 맥락 안에서 전통적 저널리즘 미디어와 유튜브를 위시한 뉴미디어의 저널리즘 행위자로서의 대두가 벌어지는 전장이 펼쳐졌기 때문이다. 즉, 애초부터 전통적 저널리즘 미디어와 유튜브의 저널리즘적 실천의 대립은 정파적인 문제였다. 두 역사적 국면에서 정파적 행위자들이 발화 창구로서 유튜브를 활용하면서, 아울러 전통적 저널리즘 미디어에 대한 불신을 부추기는 맥락 안에는, 정치 커뮤니케이션의 익숙한 이론인 "적대적 매체 지각hostile media perception" 등으로 설명되어 온 의미들이 담겨 있다.

대표적인 예로, 이른바 '응징 언론'을 표방한 〈서울의소리〉는 2022년 대선을 '녹취록 정국'으로 이끌었다. 〈서울의소리〉 소속 이명수 기자와 윤석열 후보의 배우자 김건희 코바나컨텐츠 대표가 나눈 7시간여의 통화 녹음 파일을 통해서다. 해당 내용의 일부가 2022년 1월 16일 〈MBC〉 '스트레이트'를 통해 방송되었다. 국민의힘이 제기한 방송 금지 가처분 신청에 대해 법원의 일부 인용에 따른 결과다. 이후 전체 내용이 유튜브 채널 〈서울의소리〉, 〈열린공감TV〉 등을 통해 공개된다. 이는 〈MBC〉의 방송에 대한 비판에 기인한다. '김건희 홍보'에 치중했다며, "이걸 방송이라고", "이러니 MBC 망하지", "편파적이지 않은 공정 방송 부탁"이라는 글이 시청자 의견 게시판에 쏟아졌다(한국경제, 2022, 1, 16). 요컨대 유튜브의 정치 콘텐츠는 그 특성에서와 같이 인맥과 사적 정보로 구성된다. 그러나 전통적 뉴스미디어를 통해 정제되면서 이념적 공명을 이루지 못했다. 이에 대한 반발로써 유튜브에 대한 화답이 더 강렬하게 표출된 것이다. 〈서울의소리〉를 필두로 이념적 동질성을 띤 유튜브 채널에서는 일제히 김건희의 녹취 파일 보도에 집중했다. 구독자를 비롯해 이에 동조하는 지지 세력은 온라인 커뮤니티 등을 통해 논란의 군불을 땠다.

이러한 맥락에서, 소위 '저널리즘적 실천'을 자칭하는 유튜버들의 취재 관행에 진실 추구와 사실 검증의 과정, 그리고 데스크의 게이트키핑 등이 존재하는가에 대한 의문이 제기될 수 있다. 문제는 유튜브를 저널리즘으로 여기는 수용자에게는 해당 사항을 주된 관심사로 삼지 않는 것에 있다. 유튜버에 대한 화답에서도 드러나는 바와 같이, 오히려 전통적 뉴스미디어의 진실 방기, 게으른 취재에 대한 비판의 날을 세운다. 유튜브의 저널리즘적 실천을 치켜세우는 언동만 불거진다. 전통적 뉴스미디어에 대한 불신은 커지고, 유튜브 저널리즘에 대한 확신이 강화되는 양상으로 이어진다.

6. 새로운 미디어 플랫폼에서의 오래된 정파성의 그림자

본 장은 유튜브를 위시한 뉴미디어 플랫폼에서 벌어지는 시사 정치 콘텐츠의 확산을, 생산자로서 유튜버와 이를 적극적으로 받아들이는 수용자 차원에서 살펴보았다. 앞선 장에서 전통적 저널리즘 미디어의 생산자인 기자 집단의 부정과 반발이 무색하게, 유튜버들은 전통적 저널리즘 미디어에 반발하고 나아가 이를 부정한다. 저널리즘 생산 관행에 대한 비판, 그리고 이를 대체하겠다는 목소리가 주된 담론으로 부상한다. 이에 학계의 이른바 '유튜브 저널리즘'이라는 명명하기의 근거가 되는, 수용자들의 적극적인 화답이 이어진다. 수용자들 역시 유튜버들의 전통적 저널리즘 미디어에 대한 불신 조장의 담론을 공유하며, 소위 '엘리티시즘'에 매몰된 기자 집단에 대한 반발로서 유튜버들이 생산하는 시사 정치 콘텐츠를 입체적으로 분석한다고 자평한다.

그러나 생산자 차원에서도, 수용자 차원에서도 여전히 해결되지 않는 문제가 남아 있다. 우선, 생산자 차원에서는 전통적 저널리즘 미디어의 관행 속 자본과의 영합, 권력 편향 등을 지적하는 목소리가 불거지지만, 그 이면에는 그들이 만들어내는 시사 정치 콘텐츠 역시 정파성을 극도로 드러내는 편향의 결과물 안에 놓여 있다. 정파성의 극단화가 부추기는 콘텐츠의 자극성은, 구독자 영합을 통한 즉각적인 경제적 성과 창출로 이어진다. 이는 전통적 저널리즘이 추구해온 객관성, 불편부당성과 같은 공정성의 가치와 정면으로 대치된다. 문제는, 이들이 시사 정치 콘텐츠의 생산을 넘어 저널리즘적 역할을 자임하는 지점에 있다. 즉 전통적 저널리즘 생산 관행이라는, 구조적으로 정립된 저널리즘 가치 수호의 맥락들이 배제된 새로운 미디어 플랫폼에서의 생산 행태는 정치적 집단극화로 이어지는 단초가 된다. 수용자들의 '유튜브 저널리즘' 수용에 주목한 학계의 입장 역시, 이러한 맥락 속에서 재조정될 필요가 있다.

앞선 장에 이어 유튜브 속 저널리즘적 실천에 대한 주장과 대체의 목소리가 학계와 업계 그리고 유튜브 생산자와 수용자 차원에서 어떻게 이해될 수 있는가를 각각의 입장을 놓고 살펴보았다. 유튜브를 위시한 뉴미디어 플랫폼에서의 시사 정치 콘텐츠가 더욱 보편화되는 작금의 상황에서, 학계의 피상적인 판단에 근거가 되는 수용자들의 화답과, 업계의 즉각적인 반발에 근거가 되는 생산자들의 관행을 주목할 필요가 있었다. 미디어 플랫폼의 발전 속에서도 오히려 정치적 콘텐츠를 통한 집단극화가 강화되는 지금, 서로 다른 입장과 그 담론들을 직시할 때 문제 해결의 실마리를 찾게 될 것이다.

참고문헌

강명구 (1993). 〈언론전문직의 사회학〉. 서울: 나남.

강명구 (2006). 언론권력과 훈민(訓民)적 공론장. 〈역사비평〉, 통권 77호, 67-94.

강명구 (2013). 훈민공론장(訓民公論場)의 이론적 구성을 위하여: 하버마스 빌리기, 비켜 가기, 넘어서기. 〈커뮤니케이션 이론〉, 9권 2호, 10-51.

남윤재 · 노광우 · 봉미선 · 양선희 · 이상호 · 이종명 · 이창호 · 정의철 (2021). 〈유튜브의 이해와 활용〉. 서울: 한울.

남재일 (2004). 〈한국 신문의 객관주의 아비투스〉. 고려대학교 대학원 박사학위 논문.

윤영철 (2001). 〈한국 민주주의와 언론〉(유민문화총서1). 서울: 유민문화재단.

이종명 (2020). 〈광장 정치에서의 유튜버의 역할: 2019년 태극기 집회 유튜버 참여관찰 연구〉. 고려대학교 대학원 박사학위 논문.

이종명 (2021). 광장 정치와 집회 유튜버의 활동: 2019년 태극기 집회 참여관찰을 통해 본 유튜버의 역할과 정체성. 〈한국언론학보〉, 65권 6호, 147-201.

이종명 (2022). 소위 '유튜브 저널리즘'에 대한 기자 집단의 인식 연구: 기자 심층 인터뷰 를 중심으로. 〈언론과 사회〉, 30권 1호, 51-98.

Freidson, E. (2001). *Professionalism: The third logic*. 박호진 (역) (2007). 〈프로페셔널리 즘: 전문직에 대한 사회학적 분석과 전망〉. 서울: 아카넷.

McChesney, R. W. (2003). The problem of journalism: A political economic contribution to an explanation of the crisis in contemporary US journalism. *Journalism Studies, 4*(3), 299-329.

Tandoc Jr., E. C. (2019). Journalism at the periphery. *Media and Communication, 7*(4), 138-143.

굿모닝충청 (2022, 1, 29). 제보자 "양재택-최은순-김명신, 조남욱 회장과 함께 다녔다". URL: goodmorningcc.com/news/articleView.html?idxno=263960

뉴스톱 (2019, 9, 30). "'서초동 검찰개혁 집회' 누가 조직했고 어떻게 발전했나". URL: newstof.com/news/articleView.html?idxno=2048

미디어오늘 (2019, 11, 30). 강준만 교수 "해장국 언론 원하는 사회에선 언론개혁 불가능".
URL: mediatoday.co.kr/news/articleView.html?idxno=203904

미디어오늘 (2021, 7, 30). "윤석열 부인 '사생활' 보도 열린공감TV, 취재윤리를 묻다".
URL: mediatoday.co.kr/news/articleView.html?idxno=214728

법조신문 (2020, 7, 13). [기자의 시선] 제보자.
URL: news.koreanbar.or.kr/news/articleView.html?idxno=21799

시사인 (2019, 6, 5). "보수 유튜브를 움직이는 원동력은?"
URL: sisain.co.kr/news/articleView.html?idxno=34736

열린공감TV (2021, 10, 4). "[단독특종! 긴급생방] 윤석열 장모 최은순 전화통화 극적 성공!"
URL: https://youtu.be/h3VY5EJYwK4

조선일보 (2019, 10, 22). "친문들 '총선 승리 위해 유튜브 전쟁 나서자'… 좌파 채널 구독 운동".
URL: chosun.com/site/data/html_dir/2019/10/22/2019102200090.html

한겨레 (2021, 3, 14). LH 직원 '땅투기 의혹 제보'는 왜 언론으로 가지 않았을까.
URL: hani.co.kr/arti/opinion/column/986661.html

한겨레 (2022, 1, 26). "[권태호의 저널리즘책무실] 김건희 녹취록 보도, 누가 판단해야 하나?"
URL: hani.co.kr/arti/opinion/column/1028964.html

한국경제 (2022, 1, 16). "베일 벗은 김건희 녹취록 1탄… MBC 게시판 시끌 "이러려고…""
URL: hankyung.com/politics/article/2022011622067

한국일보 (2022, 1, 7). 유시민 "이재명이 살아남은 건 기성 언론 영향력 압도적이지 않다 는 증거".
URL: hankookilbo.com/News/Read/A2022010710580001115

KBS (2021, 12, 25). "[질문하는 기자들Q] 영향력 커진 유튜버, 무너진 취재 경계".
URL: news.kbs.co.kr/news/view.do?ncd=5356965

MBC 탐사기획 스트레이트 (2022, 1, 16). "김건희 씨는 왜".
URL: https://playvod.imbc.com/Templete/VodView?bid=1003647100163100000

7장

정치팟캐스트의 이용동기와 정치참여

이효성 | 청주대학교 신문방송학과 교수

본 장은 정치팟캐스트 이용의 실제와 이용자들의 구체적인 이용동기, 그리고 이에 따른 정치참여 차원의 영향 및 가능성에 대해 고찰했다. 뉴스와 엔터테인먼트의 결합을 정치 정보의 오염으로 바라보는 시각은 적절하지 않다. 뉴스와 엔터테인먼트 장르 간의 경계가 점점 희미해지는 것은 정치, 경제, 미디어 환경에 맞게 뉴스가 진화하는 과정으로 이해해야 한다. 또한, 대중화popularization를 타블로이드화tabloidization 현상과 구분하면서, 대중화된 뉴스의 관점에서 정치 엔터테인먼트를 바라보고자 하는 관점도 중요하다. 이 같은 관점은 정치 풍자 프로그램은 진화된 형태의 뉴스로서 저널리즘의 역할을 수행하면서도 재미있고 신랄한 정치 해부를 통해 새로운 차원의 즐거움을 경험하게 해준다고 보는 것이다. 정치풍자는 의미 있는 정치 비평을 제공할 뿐만 아니라 정치를 즐길 수 있는 대상으로 치환시키면서 이용자들로 하여금 정치를 곱씹어 보고 질문을 던질 수 있게 만든다. 정치팟캐스트 이용동기 중 자주 손꼽히는 것이 정치풍자와 비판이 주는 즐거움과 재미, 사람들과의 정치적 소통, 대안적인 정보 획득, 신뢰할 수 있는 정치정보 획득 등인 것으로 알려졌다. 정치참여와 관련, 전통적인 저널리즘의 관점은 물론 정치팟캐스트와 같은 대안언론이 추구하는 관점과 역할에 대해서도 진지한 고민이 필요한 시점이다.

1. 정치팟캐스트의 시작

팟캐스트가 정치적 메시지 전달의 플랫폼으로 등장한 것은 지난 2011년이라고 볼 수 있다. 이때를 기점으로 정치 관련 콘텐츠가 엔터테인먼트 장르와 결합되면서 팟캐스트는 정치·사회적으로 주목받기 시작했다. 다양한 장르의 경쟁 속에서 정치·시사 콘텐츠의 인기가 높은 것은 매우 흥미로운 현상이었다. 지난 18대 대통령 선거 무렵에는 〈나는 꼼수다〉가 정치·사회적으로 돌풍을 일으켰다. 정치 평론과 엔터테인먼트 요소가 결합된 팟캐스트 프로그램들이 대중적으로 소비되면서 정치팟캐스트 시대가 본격 개막한 것이다. 정치팟캐스트가 폭발적 인기를 얻게 된 것은 스마트폰을 비롯한 다양한 형태의 모바일 기기를 통해 언제 어디서나 누구나 쉽게 이용할 수 있는 미디어 환경 때문이기도 했지만, 주류 언론이 다루지 않는 쟁점을 적극적으로 다루는 대안적 채널로 작용했기 때문이기도 했다(문강형준, 2012). 정치팟캐스트는 무거운 정치 쟁점이나 사건들을 다루면서도 다양한 유머 장치를 이용함으로써 유쾌하고 직설적 방식으로 정치 비판자의 역할을 수행했다는 점에서 의미가 있었다(민영, 2015).

대안언론으로 각광받던 팟캐스트는 〈나는 꼼수다〉 덕분에 점점 더 다양한 주제와 콘텐츠를 제공하는 플랫폼으로 거듭났다. 지난 2019년 8월 〈이박사와 이작가의 이이제이〉는 27만 명, 〈김어준의 뉴스공장〉은 20만 명의 구독자를 확보했다(이창호 외, 2020). 정치·시사 팟캐스트 〈유시민의 알릴레오〉는 유튜브 채널을 통해 2020년 6월 기준 구독자 수가 120만 명에 육박했다. 보수성향의 유튜브 팟캐스트 〈신의한수〉는 120만 명의 구독자 수를 확보했다. 팟캐스트의 포털이라고 불리는 팟빵에서는 2019년 8월 기준 2만 3천 여 개의 팟캐스트가 방송되기도 했다(이창호 외, 2020). 미국에서는 구글Google, 스포티파이Spotify, 넷플릭스Netflix 등 거대 IT 기업들의 투자와 제휴가 계속되면서 팟캐스트 시장이 급

성장하고 있다. 국내에서도 팟캐스트 시장의 성장이 더욱 주목받을 것이라는 기대감이 커지고 있다. 네이버, 〈아프리카TV〉 등 IT 기업들의 팟캐스트에 대한 투자도 눈에 띄게 늘고 있다. 팟캐스트는 초창기의 오디오 콘텐츠에서 벗어나 비디오로 포맷이 확장되고 있는데, 급속히 변모하는 디지털 미디어 환경에서 오디오·비디오가 결합된 차별적 콘텐츠를 제공하는 플랫폼이 주목받는 것은 자연스러운 현상이라 할 수 있다.

팟캐스트는 생산과 공유, 소비가 용이한 디지털 미디어 콘텐츠의 소비 트렌드와 만나 대중 속으로 파고들면서 전통 언론에 대한 대안미디어로 주목받고 있다. 한국갤럽조사연구소가 2019년 6월 발표한 자료에 따르면, 1년 동안 팟캐스트를 청취한 경험이 있는 응답자는 전체 응답자(9,600명)의 18%였으며, 한 달 내 팟캐스트를 청취한 경험이 있는 응답자는 7% 수준이었다. 마크로밀엠브레인의 2019년 4월 발표에서는 팟캐스트 방송을 알거나 듣고 있다고 답한 응답자가 전체(1,000명)의 34.5%였으며, 방송을 직접 들어본 적은 없지만 이름은 들어본 적이 있다고 답한 응답자는 59.7%였다. 이 같은 조사자료들을 종합하면, 우리나라의 팟캐스트 이용률은 53%로 다른 나라에 비해 높은 것으로 알려져 있지만(Digital News Report 2019), 다른 디지털 미디어와 비교할 때 여전히 높은 편은 아니라고 볼 수 있다. 그럼에도 불구하고, 팟캐스트가 이미 우리나라 대중에게 높은 인지도를 가지고 있어 향후 추가적인 청취자의 유입을 기대할 수 있기 때문에 시장의 전망은 낙관적이다.

초창기 팟캐스트는 대부분 뉴스를 전달하고 정치 현안에 대한 해설을 제공하는 보도 매체의 일종이라고 할 수 있었다. 대표적인 정치팟캐스트로 알려진 〈나는 꼼수다〉는 정치팟캐스트의 대중화에 가장 의미있는 영향을 미친 것으로 평가된다. 지난 2011년 4월 28일 첫 방송을 시작해 2012년 18대 대선 때(12월 18일)까지 방송된 팟캐스트 〈나는 꼼수다〉는 이용자들로부터 엄청난 호응을 얻었다. 한마디로 지난 18대 대선 국면에서 가장 대중적 인기를 누린 정치팟캐스트였다고 평가할 수 있다. 〈나는 꼼수다〉는 당시 '가카 헌정 방송'이란 부제하에 사실과 허구의 경계선을 넘나들면서 이명박 대통령은 물론 그의 가족과 측근을 포함한 집권 세력을 둘러싼 각종 의혹을 특유의 화법으로 비판하고 풍자하면서 대중의 지지를 받았다. 평균 다운로드 200만 건, 조회수 600만 건, 누적 다운로드 횟수는 1회당 평균 1,100만에서 2,000만 건에 달할 정도였다(머니투데이, 2012, 5, 23). 1천 명의 응답자들 중 39.7%가 〈나는 꼼수다〉를 6개월 간 1회 이상 청취한 것으로 나타났다. 정기적으로 청취한다고 응답한 비율 역시 21.9%로 높게 나타났다.

이후 〈김어준의 파파이스〉와 SBS 시사프로그램 〈김어준의 블랙하우스〉, 팟캐스트 〈다스뵈이다〉, TBS 라디오 프로그램 〈김어준의 뉴스공장〉 등 다양한 정치 · 시사 팟캐스트들이 등장했다. 〈나는 꼼수다〉의 사례에서 보듯이 실제로 우리나라에서 제작된 정치 · 시사 팟캐스트는 세계에서 가장 많이 보고 듣는 팟캐스트로 알려졌다. 지난 2012년 5월 애플의 아이튠즈 팟캐스트 순위에서 오디오형 팟캐스트 부문 중 〈나는 꼼수다〉는 1위로 알려졌다(이투데이, 2012, 2, 22; 이상준, 2012). 서울시민을 대상으로 이루어진 조사에 따르면, 〈나는 꼼수다〉를 청취한 사람은 1천 명의 응답자들 중 38.8%에 달하는 것으로 알려졌다. 이들 중 74.3%가 2011년 10 · 26 서울시장 보궐선거의 공식 선거운동 기간 중 〈나는 꼼수다〉를 청취한 것으로 나타났다. 당시 전체 유권자 가운데 인터넷 이용자가 77.3%였음을 감안하면 전체 유권자의 29.7%(약 249만 명)가 〈나는 꼼수다〉 청취자였으며, 선거기간 중 청취자는 22.1%(약 185만 명)에 달하는 것으로 추정됐다. 이들 중 실제 투표한 사람의 경우 자신이 지지할 후보를 결정하는 데 〈나는 꼼수다〉가 영향을 미쳤다는 비율이 39.9%에 달하는 것으로 나타났다(한겨레, 2011, 11, 8).

이후 아이폰 iOS 아이튠즈 중심에서 현재 안드로이드 방식의 팟캐스팅도 이용할 수 있는 구조로 발전했으며, 팟빵, 네이버 오디오클립, 흐름 드 살롱HREUM de salon 등이 대표적인 사이트이다. 네이버에서도 네이버 파트너스퀘어라는 스튜디오를 운영하고 있다. 지난 2016년 11월 기준 국내에 8,800여 개 이상의 다양한 팟캐스트 방송이 있다. 이처럼 높은 인기는 팟캐스트가 스마트폰을 비롯한 모바일 미디어 환경에 특화된 미디어이기 때문인 것으로 평가되었다(천관율·장일호 외, 2011). 팟캐스트는 대표적 전통 미디어인 TV나 라디오 방송과는 여러 가지 측면에서 다른 특성을 가지고 있다(Tsagkias, Larson, & Rijke, 2009). 우선, 팟캐스트는 특정 내용에 관심있는 이용자 집단을 대상으로 하는 내로캐스팅narrowcasting(협송미디어)의 일종이다. 팟캐스트는 원하는 때는 언제 어디서나 저장과 재생이 가능하다는 점에서 사용 예상 기한이 길다는 특성을 가지고 있다. 이외에도, 메시지 송신을 위해서 특별한 장비가 필요하지 않으므로 제작이 상대적으로 용이하다.

이처럼 정치·시사 팟캐스트가 인기를 끌고 있지만 이것의 이용동기와 정치적 효과는 무엇인지 혹은 어떠한지에 대한 체계적이고 심도 있는 논의는 여전히 부족하다. 이에 따라, 정치팟캐스트 이용의 실제와 이용자들의 구체적인 이용동기, 그리고 이에 따른 정치참여 차원의 영향 및 가능성에 대한 고찰이 필요하다.

2. 정치팟캐스트의 특성

팟캐스트는 다양한 장르가 존재하는데, 그중에서도 국내에서는 정치·시사 팟캐스트의 인기가 가장 높은 것으로 알려져 있다. 영화, 음악, 생활정보, 성인물에 이르기까지 다양한 장르가 경쟁하는 종합 콘텐츠 플랫폼에서 정치·시사 콘텐츠의 인기가 압도적으로 높다는 점은 흥미로운 현상이다(정낙원, 2019). 지난 2017년 1월 조사(5점 척도)에 따르면, 팟빵에서 뉴스 및 시사·정치(4.22) 장르가 도서·출판(2.19), 영화(2.14), 어학(1.88), 음악(1.80), 스포츠(1.61), 건강·의학(1.61)보다 월등히 높은 것으로 나타났다. 다른 조사에서도, 팟캐스트 이용자의 73.3%가 뉴스 팟캐스트를 이용하고, 정치·시사 팟캐스트를 자주 또는 가끔 이용한다고 응답한 사람의 비율이 72.8%로 다른 장르에 비해 크게 높은 것으로 나타났다(이재국 외, 2018). 20대와 30대 청년층 이용자들은 주로 음악 장르를 즐겨 듣는 것으로 알려진 반면, 40대와 50대 장년층 이용자들은 정치·시사 장르를 즐기는 것으로 알려졌다.

다른 나라에 비해, 우리나라 미디어 이용자들의 정치팟캐스트 선호도는 매우 높은 편이다(김선호·김위근, 2019). 우리나라 미디어 이용자들 중에서 한 달 동안 팟캐스트를 이용하는 비율은 53% 정도인 것으로 나타났는데, 이는 조사대상 38개 국 가운데 5위에 달하는 수준이다. 이용하는 주제는 주로 정치 및 국제이슈(28%)가 가장 높았고 라이프 스타일(21%), 경제·과학기술(15%), 사회·범죄(15%), 스포츠(13%) 순인 것으로 알려졌다. 정치 관련 팟캐스트를 이용하는 비율의 경우 38개 국 전체 평균은 15%로 나타났다. 따라서 우리나라 이용자들의 정치팟캐스트 선호도가 다른 국가에 비해 매우 높다고 볼 수 있다. 한편, 우리나라에서 뉴스 전반에 대한 신뢰도는 38개 국가 중 가장 낮은 것으로 나타났다. 즉, 뉴스에 대한 신뢰가 떨어지다 보니 많은 사람들이 제도권 언론보다 대안언론 성격의 정치팟캐스트에 보다 많은 관심을 갖게 되는 것으로 보인다.

팟캐스트는 특정 내용에 관심을 가지고 있는 이용자 집단을 대상으로 하는 내로캐스팅라고 볼 수 있다. 한마디로, 팟캐스트는 기존의 TV나 라디오 방송과 크게 다르다. 기존 미디어가 정치 관련 보도에 있어서 공정성과 불편부당성을 원칙으로 삼는 데 반해, 팟캐스트는 대부분 정치나 선거에서 특정 정당이나 후보의 입장을 공공연히 지지하거나 표명하는 등 정치적 편향성을 적극적으로 드러낸다(이기형 외, 2012). 내용에 있어서 기존 언론이나 미디어와 확연히 구별되는 특성이다. 예를 들어, 〈나는 꼼수다〉는 지난 2011년 서울시장 보궐선거에서 당시 박원순 후보를 적극적으로 지지했고, 유시민과 노회찬의 〈저공비행〉이나 〈희소식〉은 정당에 속한 정치인이 진행하는 프로그램으로 해당 정당의 입장을 공개적으로 표명했다. 정치팟캐스트는 방송법으로부터 상대적으로 자유롭고 개인이 제작하고 배포하기가 용이하기 때문에 제작자의 사적인 의견이 보다 자유롭게 개진되는 미디어이다. 그러므로 기존 제도권 미디어에 비해 정치적 편향성이나 당파성을 강하게 드러낸다(곽정원·정성은, 2013). 또한, 정치팟캐스트는 논쟁적인 주제에 대해 적극적으로 가설을 제시하거나 추정하는 것을 주저하지 않는다(이기형 외, 2012). 〈나는 꼼수다〉는 지난 2012년 4월 11일 치러진 19대 총선 당시 선거관리위원회 컴퓨터 해킹사건에 대해 여러 가설들을 적극적으로 제시한 바 있다.

정치팟캐스트는 기존 미디어보다 자유로운 표현이나 형식을 취한다(곽정원·정성은, 2013). 〈나는 꼼수다〉를 비롯한 정치팟캐스트는 자유롭게 정치적 입장과 의견을 표명하는 특성을 보여준다. 기존 미디어가 각종 규제와 규범으로 인해 심의에 저촉되지 않는 표현을 채택하기 때문에 정치의 실체적 진실과 거리감이 느껴지는 것이 현실이다. 하지만, 정치팟캐스트의 경우 사실과 현상을 이성적으로뿐만 아니라 감성적 공감을 유도하는 콘텐츠를 이용해 접근함으로써 정치적 입장이나 내용에 대해 이용자들이 쉽게 동화될 수 있게 한다. 정치나 시사 현안에 관한 해설에서 명확한 진영논리를 기반으로 한 선명한 정치적 입장을 갖고 있어 해당 사안에 대한 관점을 형성하기가 어렵지 않다. 정치팟캐스트는 일종의 대안언론으로 기능하면서 정치적 영향력을 가지고 있는 것으로 평가된다. 기존 언론과 차별되는 새로운 방식으로 정치·사회적 쟁점에 개입하면서 직설적이고 도발적인 발화와 풍자를 통해 다수 이용자들의 관심과 지지를 이끌어낸다(이기형 외, 2012). 기존 언론이 제 역할을 하지 못하는 상황에서 이용자들은 팟캐스트를 일종의 대안언론으로 인식하면서 이용하는 셈이다(반도현, 2012; 조선일보, 2012, 5, 9).

〈나는 꼼수다〉의 경우, 풍자, 유머, 성대모사 등 다양한 형태의 오락성을 이용하고 있는데, 이러한 오락성과 자유로운 형식이 프로그램 이용자들로부터 인기를 끌어모으는 요인이 될 수 있다(이기형 외, 2012). 이용자들은 기존 제도권 언론에서 접할 수 없는 정보를 팟캐스트 이용을 통해 얻음은 물론 재미와 즐거움을 찾기 위해서도 이용하는 것으로 볼 수 있다. 정치적 편향성, 과감한 추정의 제기, 형식의 자유로움 등은 팟캐스트가 방송에 해당하지 않으므로 규제로부터 자유롭기 때문에 가능하다. 한마디로, 정치팟캐스트의 가장 큰 장점은 정치적 의사표현이 자유롭다는 것이다. 진행자들은 자유로운 표현을 통해 사안에 대한 정확한 분석과 감성적 선동이 가능하고, 이용자들은 여기에 동화되어 동질감을 느끼면서 정치 콘텐츠를 소비할 수 있는 매력이 있다. 또한, 팟캐스트는 자동차 운전 등 이동 시간에 지루하지 않게 시간을 보내면서 청취할 수 있는 장점이 있다. 짧은 방송 뉴스로는 해소되지 않는 기존 미디어의 정치 콘텐츠에 대한 갈증을 해소하는 데서 오는 충족 효과도 정치팟캐스트의 큰 매력인 것이다. 팟캐스트 콘텐츠는 언제 어디서나 이용할 수 있는 시간 및 공간 이동성을 중요한 특징으로 하는 플랫폼인 것이다(Potter, 2006).

팟캐스트 이용자들은 스마트폰 등을 통해 인터넷 연결이 언제 어디서나 가능하므로 시·공간적 제약을 거의 받지 않는다(곽정원·정성은, 2013). 라디오를 켜놓고 책을 보거나 집안일을 하는 것과 마찬가지로 이용자들은 정치팟캐스트를 들으면서 동시에 다른 일을 할 수 있다. 이것이 팟캐스트가 가진 매력이자 특성이다. 또한 팟캐스트는 저장과 재생이 얼마든지 가능하다는 점과 함께 메시지 송신을 위해서 특별한 장비가 필요하지 않으므로 제작이 용이하다. 이용자들은 구독만 클릭해 놓으면 자동으로 업데이트되는 프로그램을 내려받아 청취할 수 있다. 팟캐스트가 기존 방송과 구분되는 지점이 바로 '구독'이라는 개념이다. 이는 팟캐스트가 라디오와 유사하지만 결정적으로 차이 나는 지점이기도 하다. 기존 이용자들이 라디오를 듣기 위해서 주파수를 맞춰가며 방송 콘텐츠를 찾았다면, 팟캐스트는 최초 등록 이후에는 방송이 개인에게 직접 배달되는 형식을 취한다. 얼핏 유튜브와 비슷하지만, 개별 콘텐츠보다 라디오처럼 프로그램으로 묶이는 것이 충성도를 높이는 요소라고 볼 수 있다. 구독을 신청하고 원하면 자동으로 새 콘텐츠를 업데이트해 주는 등 듣기 쉽게 해주기 때문에 한 번 듣기 시작하면 계속해서 듣게 된다. 이용자가 매번 미디어를 선택해야 하는 방식의 다른 온라인 미디어와 달리 구독 방식으로 이루어진 점이 큰 특징인 것이다.

진보성향을 가진 사람들이 정치팟캐스트를 청취할 가능성이 높은 것으로 알려졌는데, 이들은 대체로 젊은 연령대인 것으로 알려졌다. 정치팟캐스트 〈나는 꼼수다〉의 청취자는 대체로 진보적 성향의 30~40대 남성 집단인 것으로 나타났다(김선호·김위근, 2019; 백철, 2012). 이는 〈나는 꼼수다〉와 같이 초창기에 등장한 팟캐스트들이 대부분 보수 정권의 비리를 고발하거나 파헤치는 역할을 하면서 팟캐스트는 진보미디어라는 인식을 이용자들에게 각인시켜 주었기 때문인 것으로 평가되고 있다. 지난 19대 총선 정국에서 팟캐스트 〈나는 꼼수다〉, 〈이슈를 털어주는 남자〉 등은 진보적이고 개혁적인 성향을 보였다(백철, 2012). 〈나는 꼼수다〉는 당시 이명박 정권과 새누리당에 대해 노골적으로 반감을 드러냈고 〈이슈를 털어주는 남자〉와 〈저공비행〉 역시, 당시 보수 여당에 대해 비판적 논조를 보였다.

정치팟캐스트 청취량은 정치 관심이 높을수록, SNS를 통해 선거에 대한 뉴스나 정보를 얻는 빈도가 높을수록 의미 있게 증가한다. 정치성향이 진보적이고, 진보성향의 야당을 지지하거나 혹은 지지 정당이 없을수록, 또는 정치지식이 높을수록 이용량이 많은 것으로 알려졌다. 지난 18대 대선 국면에서 주목을 끌었던 대담형 정치·시사 팟캐스트 청취는 정치관심과 SNS 이용이 가장 중요한 예측 요인들로 나타났으며, 연령보다는 정치성향에 따른 이용이 특히 두드러졌다. 그러나 정치팟캐스트 중 가장 높은 인지도와 청취율을 기록한 〈나는 꼼수다〉를 대상으로 분석한 결과, 젊은 세대이고 정치적 성향이 진보적이면서 정치적 관심과 정치지식 수준이 높을수록, 그리고 인터넷과 SNS를 통해 정치 정보를 이용하는 빈도가 높을수록 청취 가능성이 높은 것으로 알려졌다. 성별로 보면, 남자는 시사·정치를 청취하는 비중이 높은 반면, 여자는 음악 장르를 듣는 비중이 높게 나타났다. 정치 성향의 경우 진보적 성향을 가진 이용자들이 시사·정치팟캐스트를 많이 이용하는 것으로 나타났다.

다양한 매력과 특성을 가진 정치팟캐스트도 다양한 문제점을 가지고 있다. 정치 분야에서 의미 있는 역할을 하게 되면서 정치 공론장으로서 인터넷에 대한 관심이 높지만, 팟캐스트가 정치 공론장으로서 얼마나 신뢰를 받고 있는지에 대해서는 의문이다(장정헌 외, 2014). 인터넷을 이용한 선거 개입과 〈나는 꼼수다〉, 일베, 유명인 트위터 등 다양한 서비스들이 여러 가지 논란을 일으키는 상황에서 정치팟캐스트가 과연 어느 정도나 이용자들의 신뢰를 받고 있는지는 짚고 넘어가야 할 부분이다. 지향하는 정치적 입장(좌파, 우파 등)에 따라 사실에 대한 해석이 객관적이지 않고 일방적이거나 편파적인 경우가 많다는 지적이 제기된다. 다미디어, 다채널 시대를 맞이하여 사람들이 자기가 좋아하는 채널만 듣거나 이용하는 경향이 강해지면서, 지향하는 정치적 입장에 따라 편파적 해석 및 갈등이 확대·재생산될 가능성이 높아지고 있다. 따라서 정파적 성향이 강한 정치팟캐스트의 특성상 건전한 공론장의 토대인 의사소통의 합리성을 저해할 가능성이 없지 않다. 특정 정파의 팟캐스트에 지나치게 몰입할 경우 편향성이 생기는 역효과도 있을 수 있다. 특히, 선거 시즌에 특정 후보나 정파를 지지하는 팟캐스트를 많이 이용하는 경우 상대후보에 대한 지나친 비판이나 비난을 여과 없이 청취함으로써 자신도 모르게 그쪽 진영으로 치우친 의견을 형성할 수도 있다.

3. 정치팟캐스트의 이용동기

전반적으로 정치팟캐스트를 이용하는 계기는 기존 언론에서 보도하지 않는 정치권이나 정부에 대한 비판 및 정보를 접할 수 있게 되면서 정치적 성향에 동조하거나 콘텐츠 및 출연진에 대한 호기심과 흥미 요소가 작용하기 때문이다(한국경제, 2012, 1, 26). 이 중 호기심 및 흥미 요인은 전통 미디어인 라디오의 오락동기 요인과 유사한 측면이 있다. 선행연구들에 따르면, 인터넷 라디오의 이용동기는 회피, 휴식, 정보 등인 것으로 나타났으며(문성철·김경환, 2007), 팟캐스트의 이용동기는 주로 오락, 시간전환, 미디어 목록형성, 사회성, 광고 등인 것으로 알려졌다(McClung & Johnson, 2010). 반면, 서울지역 20대 유권자를 대상으로 정치팟캐스트 〈나는 꼼수다〉의 이용동기에 관한 연구에 따르면, 청취동기는 주로 정보성, 사건의 폭로성, 기존 언론과의 차별성, 정치적 관심, 유희·오락성, 편리성 등 다양한 요인으로 도출되었다(황하성·김정혜, 2012). 또 다른 연구에 따르면 정치팟캐스트 〈나는 꼼수다〉의 이용동기가 정치풍자적 진행의 오락성, 문화·정치적 소통, 정치정보 추구, 이용의 편리성, 정치적 소외감의 극복, 휴식, 탈권위적 진행 등으로 나타났다(이동희·황성욱, 2013). 즉, 이용자들은 최신 정치 정보를 얻거나 특정 사건에 대한 심층적 이해를 위해서뿐만 아니라 재미와 웃음, 카타르시스를 위해 정치팟캐스트를 이용하는 것으로 볼 수 있다. 기존 언론과 달리 특정한 형식에 얽매이지 않고 자유롭게 진행하는 방송의 매력도 정치팟캐스트 이용동기 중의 하나라고 볼 수 있다. 정치팟캐스트에 대한 연구에 따르면, 청취 동기 중 가장 자주 꼽히는 것이 정치풍자와 비판이 주는 즐거움과 대안적인 정보 획득인 것으로 알려졌다(민영, 2014). 〈나는 꼼수다〉의 20~40대 청취자들에 대한 연구에서도 정치풍자의 재미, 타인과의 정치적 소통, 신뢰할 수 있는 정치정보 획득 등이 중요한 이용동기로 나타났다(이동희·황성욱, 2013).

다양한 이용동기 중 문화·정치적 소통과 정치적 소외감의 극복 동기는 정치참여에 의미 있는 영향을 미치는 것으로 알려졌다(이동희·황성욱, 2013). 혁신성향과 함께 문화·정치적 소통, 정치풍자의 오락성, 정치적 소외감 극복을 추구할수록 이용자들은 온라인 정치참여에 적극적이지만, 휴식 동기 요인은 온라인 정치참여에 부정적 상관관계를 보이는 것으로 알려졌다. 문화·정치적 소통 욕구가 온·오프라인 정치참여에 가장 큰 영향을 미치며 정치적 소외감의 극복은 그 다음으로 영향력이 높은 것으로 나타났다. 〈나는 꼼수다〉 청취는 지인들과 정치적 문제의식과 가십거리를 자유롭게 공유하거나 그에 대해 대화하고자 하는 소통욕구와 맞물려서 보다 폭넓게 공유되고 확산되는 것으로 볼 수 있다. 이러한 문화·정치적 소통 욕구가 높은 이용자들은 1차적인 〈나는 꼼수다〉 콘텐츠의 이용, 공유, 토론에만 머무르는 것이 아니라, 콘텐츠로부터 유입된 새로운 정보와 지식을 근거로 2차적인 투표, 시위·모임·집회 참여, 서명운동, 정치 게시물 포스팅, 정치인과의 온라인 관계 맺기 등 보다 다양한 정치참여를 통해 자신들의 소통 욕구를 충족시키는 것으로 알려졌다. 이용자들로부터 온·오프라인 정치참여를 이끌어내기 위해서는 콘텐츠 구성을 통해 그들의 문화·정치적 소통 욕구를 충족시킬 수 있어야 하고, 그들이 현실에서 겪고 있는 소외문제에도 더욱 관심을 기울일 필요가 있다.

미디어의 오락적 이용과 편리성 동기는 20대 등 젊은 유권자들의 투표참여에 의미 있는 영향을 미치는 것으로 보인다(김정혜, 2012). 미디어의 오락 추구 동기가 정보 추구 동기에 비해 20대 젊은층의 정치참여에 일관성 있고 강력한 영향력을 미치는 것으로 밝혀진 바 있다(이정기·금현수, 2012). 이외에도, 정치풍자의 오락성 요인은 20대를 포함한 30~40대 젊은 연령층의 정치참여에 의미 있는 영향을 미치는 것으로 알려졌다. 예컨대, 〈나는 꼼수다〉와 같은 정치 팟캐스트는 이용자들로 하여금 정치권 풍자에 의한 재미를 유발함과 동시에 정치에 대한 경각심을 심어주면서, 적극적으로 정치에 참여해야겠다는 의식을 불러일으킬 수 있는 것이다(미디어오늘, 2012, 1, 21).

4. 정치팟캐스트 이용과 정치참여

새로운 미디어 환경에 맞게 진화한 정치 엔터테인먼트(Williams & Delli Carpini, 2011)는 기존 뉴스미디어의 형태를 벗어나 정치의 영역을 확장하고 대중화함으로써 사회 구성원들 사이에서 정치적 담론을 활성화시키고 있다(Dahlgren, 2009). 이러한 역할을 담당하는 대표적 장르가 정치풍자이며 이 같은 콘텐츠를 주로 다루는 정치팟캐스트가 정치참여에 미치는 영향의 중요성은 시사하는 바가 크다. 정치팟캐스트의 청취는 온·오프라인 정치 대화를 활성화하고, 이러한 대화는 정치참여 효과를 높이는 역할을 한다(민영, 2015). 정치팟캐스트는 정치 엔터테인먼트 장르로의 확장과 함께 정파적 메시지를 통해 시민들의 선택적 노출로 이어지고 있으며, 정치신념에 따라 태도의 극화 현상 및 정치참여와 관련있는 것으로 알려졌다(민영, 2015). 정치팟캐스트 이용은 태도 극화를 매개로 정치참여에 간접적 영향을 미치는데, 이는 선택적 노출 여부에 따라 다르게 나타난다. 지난 2012년 18대 대선에서 문재인 후보를 선호하는 사람들이 정치팟캐스트를 접하는 경우(선택적 노출), 정치 태도는 더 양극화됐으며 이는 적극적 정치참여로 이어졌다. 반면, 상대적으로 보수적인 박근혜 후보를 지지하는 유권자들이 정치팟캐스트를 청취하는 경우(이견 노출 상황), 태도 극화가 완화되면서 정치참여 의사도 감소하는 것으로 나타났다.

정치 엔터테인먼트는 개인적 속성이나 호감성 단서를 점화하거나 인물 중심의 정보처리를 이끌어냄으로써 후보자 이미지 평가, 호감도는 물론 투표 선택에까지 의미 있는 영향을 미치게 된다(민영, 2014). 지난 18대 대선 기간 동안 가장 청취율이 높았던 정치팟캐스트는 대부분 문재인 후보의 개인적 속성과 정책을 긍정적으로 다뤘으며, 박근혜 후보에 대해서는 비판적 입장을 취했다. 한마디로, 18대 대선에서 정치팟캐스트는 특정 후보에 대한 호감 단서

likability cues와 다른 후보에 대한 비호감 단서를 강하게 제공한 것이다. 선거에서 정치 엔터테인먼트는 후보들과의 인터뷰나 각종 패러디를 통해 정치적 메시지를 전달함으로써 의미 있는 정치정보원으로 기능한다. 지난 2000년 미국 대선에서 지상파 인기 토크쇼는 후보자의 정책적 견해보다 개인적 속성이나 이미지를 희화화하는 내용이 주를 이룬 것으로 나타났으며(Young, 2004), 이 같은 메시지는 유권자들의 선거참여에 의미 있는 영향을 미친 것으로 판단됐다.

일반인들에게 생소한 미디어임에도 불구하고, 정치팟캐스트의 이용자들은 비이용자들에 비해 정치효능감이 높게 나타나며, 이는 결과적으로 온·오프라인 정치참여에 의미 있는 영향을 미칠 수 있다(이정기·금현수, 2012). 보수 정권에 대해 비판적 입장을 견지하는 정치팟캐스트 이용자들은 정치권이나 정부에 대해 신뢰도가 낮은 것으로 평가된다. 하지만 이들은 자신이 투표에 참여함으로써 정치적 문제를 해결할 수 있다는 자신감이 높게 형성될 가능성이 있다. 정치참여도가 낮은 연령대로 알려져 있는 20~30세대의 〈나는 꼼수다〉 청취율은 각각 17.2%와 19.5%로 높게 나타났다(미디어오늘, 2012, 1, 21). 이는 정부나 정치권에 대해 비판적 논조를 보이는 정치팟캐스트가 낮은 정치 신뢰도를 가진 젊은 유권자들에게 정치적 관심을 불러일으킴으로써 정치에 적극적으로 참여해야겠다는 생각을 들게 하는 것으로 볼 수 있다(미디어오늘, 2012, 1, 21).

정치팟캐스트는 지난 2012년 4월 11일 치러진 19대 총선 기간 동안 젊은 유권자들에게 선거에 참여할 것을 독려하는 메시지를 내보냈다. 19대 총선에서 서울지역의 20대 유권자들의 투표율은 64.1%로 높게 나타났는데 여기에 팟캐스트가 기여했을 것으로 분석됐다(한겨레, 2012, 4, 13). 정치팟캐스트를 이용하고 난 후 정치 분야에 대한 관심과 관여가 생기고 증폭되는 효과가 있을 것이다. 따라서, 정부나 정치권에 비판적 입장을 견지하는 정치팟캐스트를 이용하는 젊은 유권자들은 정치나 정부에 대한 신뢰도가 낮게 형성될 수 있지만, 투표와 같은 정치활동에 참여함으로써 정치적 문제를 해결할 수 있다는 자신감은 오히려 높아질 수 있다. 지난 2011년 10·26 서울시장 보궐선거에서 정치팟캐스트 〈나는 꼼수다〉는 대중에게 선거와 관련된 쟁점을 인지시키고 확산시키는 역할뿐만 아니라 어느 정도 영향을 미친 것으로 평가됐다(이기형 외, 2012; 한겨레, 2012, 4, 13). 〈나는 꼼수다〉는 기존 언론이 다루지 못한 MB 내곡동 사저 문제나 BBK 사건 등 민감한 사안을 특유의 화법으로 폭로한 것은 물론, 당시 여당인 한나라당 후보의 고급 피부 관리소 출입과 같은 쟁점을 의제화하거나 의혹들을 폭로해 당시 무소속이었던 박원순 후보가 당선되는 데 영향을 미치기도 했다. 한마디로, 정치팟캐스트 〈나는 꼼수다〉는 선거 과정에서 상당한 영향력을 미친 것이다(이광호, 2012; 이기형 외, 2012).

정치팟캐스트 이용자들은 비이용자들에 비해 정치효능감이 높으며, 이는 결과적으로 온·오프라인 정치참여의 증가로 이어질 수 있다(이정기·금현수, 2012). 대안언론으로서의 팟캐스트가 정치적 냉소주의와 무관심층으로 치부되었던 20~30세대의 젊은층에게 인기를 끌면서 이들의 정치참여에 의미 있는 기여를 하는 것으로 평가되고 있다. 온라인 활동은 유희적이고 자기표출적인 것으로 알려져 있다(유석진 외, 2005). 정치 같은 무거운 주제도 온라인 상에서는 패러디 등의 방법을 통해 희화화될 수 있고 개인은 자신만의 방법으로 의견을 개진하게 된다. 이러한 과정을 통해 정치에 무관심했던 젊은층이 온라인 상에서 정치참여에 활발한 움직임을 보이고, 결국 오프라인 정치에까지 참여하게 된다(Norris, 2000). 지난 19대 총선에서 서울지역의 20대 유권자들은 64.1%라는 높은 투표참여율을 보였는데, 이는 팟캐스트의 인기와 무관치 않은 것으로 평가되었다(한겨레, 2012, 4, 13). 부정적 측면이나 지적에도 불구하고, 팟캐스트 열풍은 젊은 세대로 하여금 정치에 관심을 갖게 하고 궁극적으로 투표를 포함한 다양한 형태의 정치에 참여하도록 하는 데 있어 의미 있는 영향을 미치는 것으로 보인다.

5. 정치팟캐스트의 문제점과 새로운 가능성

정치신뢰는 투표와 같은 제도권 정치참여는 물론 비제도권의 집회 및 시위를 비롯해 온·오프라인 공간에서의 정치참여에 의미 있는 영향을 미친다. 반면, 낮은 정치신뢰도는 정치정보 추구 감소, 투표 감소 등 정치참여에 부정적 영향을 미치는 것으로 알려져 있다(Cappella & Jameison, 1997). 유사한 맥락에서, 정치효능감은 온·오프라인 정치참여에 의미 있는 영향을 미치는 것으로 알려져 있다. 정치효능감은 오프라인 정치참여에 긍정적 영향을 미칠 뿐만 아니라(성동규 외, 2007), 온라인 공간에서의 인지·행위 차원의 정치참여에 긍정적 영향을 미치는 것으로 알려졌다(안명규·류정호, 2007). 이러한 연구결과들은 제도권·비제도권 정치참여는 물론 온·오프라인 정치참여 행위에 있어 정치신뢰도와 정치효능감이 얼마나 중요한지를 실증적으로 보여주고 있다. 한마디로 정치신뢰와 효능감은 민주주의 체제의 전반적인 현황을 진단하는 중요한 요소라고 할 수 있다(Craig, Niemi, & Silver, 1990).

정치적 편향성이나 공정성 차원에서 언급되고 있는 팟캐스트의 부정적 측면에 대한 논의를 피해갈 수는 없다. 남을 비방하거나 명예를 훼손하는 내용이 적절한 게이트키핑 과정을 거치지 않은 채 전달되거나 특정 정치적 입장을 일방적으로 대변하는 경향은 정치·시사 팟캐스트의 문제점이 아닐 수 없다. 부적절한 표현과 욕설은 이용자들에게 악영향을 미치기 때문에 대안언론으로서의 자격에 한계점이 있다는 지적이 제기되고 있다. 팟캐스트에서는 사실에서 벗어난 정보가 광범위하게 유포되는 등 음모론과 편파성이 난무하고 있다는 비판도 제기되고 있다(오마이뉴스, 2012, 1, 3). 〈나는 꼼수다〉와 같은 정치팟캐스트가 마련한 소통의 장은 문제의식의 대중적 공유 차원에서는 의미 있지만, 정치제도의 변화를 논의하는 숙의의 차원으로 발전시키는 데에는 일정한 한계가 있을 수 있다(이동희·황성욱, 2013). 일부 팬덤 현상과 함께 진행자들 자신이 원하는 대로 일방적으로 입장을 피력함으로써 이에 대한 소통 저항이 나타나기도 한다. 〈나는 꼼수다〉가 이용자나 다른 미디어의 의견을 적절하게 충분히 수렴했다기보다는 이용자가 선호하는 방식으로 캐스팅함으로써 진행자와 이용자 간 문제의식을 공유하고 공감하도록 유도했다는 지적을 피하기 어려울 수도 있다. 따라서, 정치팟캐스트가 흔히 채택하는 추정과 해석, 팩트와 관련한 경계가 모호한 언어전략 등에 대해서는 신중한 접근이 필요하다(이동희·황성욱, 2013).

정치 정보원으로서 전통 미디어에 대한 신뢰도가 높은 반면, 인터넷 기반 미디어에 대한 신뢰도는 상대적으로 높지 못한 경향이 있다(장정헌 외, 2014). 젊은 세대는 오락이나 사교 목적과 관련하여, 인터넷 기반 미디어를 선호하는 경향이 있지만 정치정보 획득이라는 목적과 관련해서는 TV, 신문, 포털 사이트를 더 많이 이용하는 등 제도권 미디어를 더 신뢰하는 경향이 있다. 이러한 경향은 젊은 유권자들이 많이 이용하는 인터넷 기반 미디어의 정치적 영향력에 대해 신중하게 접근할 필요성이 있음을 의미한다. 전통 미디어든 인터넷 기반 플랫폼이든 저널리즘의 기본적인 공정성은 지켜나갈 필요가 있다. 제도권 언론과 달리 팟캐스트에서는 한쪽 진영의 입장을 대변하면서 정치인이나 정책에 대해 평가하고 비판하는 것이 얼마든지 가능하다. 하지만 주장의 근거나 사실관계가 정확한지 살피고, 이슈의 본질을 왜곡하고 있지는 않은지 성찰하는 태도가 반드시 필요하다.

하지만 이 같은 지적에도 불구하고, 대안언론으로서 팟캐스트가 보여준 닫힌 영역에 대한 보도와 사회적으로 민감한 문제에 대한 전달 방식이 기존 언론과 많은 차이가 있음은 물론 새로운 의제를 설정한다는 점은 긍정적으로 평가할 만하다(배형진, 2013). 이러한 점에서 팟캐스트는 대안언론으로서 새로운 공론장을 제공하는 바람직한 역할을 하고 있다고 볼 수 있다. 대안언론으로서의 역할과 속보전달을 팟캐스트의 중요한 기능으로 인식하는 이용자들은 정치팟캐스트가 제도권 언론이 제대로 수행하지 못하는 역할을 담당하고 있다고 볼 수 있다. 이러한 관점은 특히 우리 사회에 영향을 미치고 있는 정치팟캐스트를 언론으로 간주해야 한다는 의견과 부합되며, 정치·시사 팟캐스트가 다양한 의제에 대한 해석이나 시민참여를 촉진하는 역할을 담당하는 것으로 인식하게 한다. 정치·시사 팟캐스트는 이미 이용자들의 머릿속에 기존 언론과 같은 막강한 영향력을 행사하는 미디어로 인식되고 있다. 팟캐스트가 균형적인 시각을 갖기보다 정파성을 띠는 것은 기존 언론과 차별적인 부분이고 이를 인정해야 한다는 목소리가 큰 것도 현실이다.

디지털 소셜 네트워크 환경에서 젊은 연령층의 적극적인 정치팟캐스트 이용은 정보 이용과 여론 형성 방식이 변화하고 있다는 점을 보여준다. 젊은 세대가 처한 사회구조적 현실이 〈나는 꼼수다〉와 같은 정치팟캐스트의 이용동기로 작용한 것이라 평가할 수 있다. 팟캐스트 이용자들은 주류문화적 양식과 차이가 있는 탈권위적이고 오락적인 대중문화적 양식의 콘텐츠를 통해 좀 더 솔직하고 친밀하게 소통하기를 원하고 있다. 대표적 정치팟캐스트인 〈나는 꼼수다〉의 경우, 그 제목부터 당시 큰 인기를 끌었던 지상파방송의 〈나는 가수다〉를 패러디한 것이다. 부제인 '국내 유일 가카 헌정 방송'은 명백하게 정치 풍자성 유머를 담고 있다(문강형준, 2012). 당시 대통령인 이명박과 정치 우파, 보수 언론 등의 꼼수를 파헤치는 것을 목표로 정하고, BBK, 에리카 킴, 대통령 사저, 나경원 서울시장 후보 피부과 이용 등 다양한 쟁점을 제기하고 논란을 일으켰다(민영, 2015). 정치평론 팟캐스트가 청취율이나 조회수로부터 자유롭지 못하기 때문에 이용자를 확보하기 위해 끊임없이 '쾌락'을 산출해낼 수밖에 없다는 비판적 시각도 있다(한겨레, 2013, 3, 19). 하지만, 거리낌없고 직설적인 대화 형식의 진행이 이용자들의 몰입감을 높이는 데 크게 기여했다는 점을 부정하기는 어려울 것이다.

또한, 뉴스와 엔터테인먼트의 결합을 정치정보의 오염으로 바라보는 시각은 적절하지 않다는 주장이 제기된 바 있다(Williams & Delli Carpini, 2011). 뉴스와 엔터테인먼트 장르 간의 경계가 점점 희미해지는 것은 정치, 경제, 미디어 환경에 맞게 뉴스가 진화하는 과정으로 이해해야 한다는 것이다(민영, 2015). 또한, 대중화popularization를 타블로이드화tabloidization 현상과 구분하면서, 대중화된 뉴스의 관점에서 정치 엔터테인먼트를 바라보고자 하는 관점도 제기된다(Dahlgren, 2009). 이 연구자들은 정치풍자 프로그램은 진화된 형태의 뉴스로서 저널리즘의 역할을 수행하면서도 재미있고 신랄한 정치 해부를 통해 새로운 차원의 즐거움을 경험하게 해준다고 보았다. 정치풍자는 의미 있는 정치 비평을 제공할 뿐만 아니라 정치를 즐길 수 있는 대상으로 치환시키면서 이용자들로 하여금 정치를 곱씹어 보고 질문을 던질 수 있게 만든다(Gray et al., 2009). 정치팟캐스트 이용동기 중 자주 손꼽히는 것이 정치풍자와 비판이 주는 즐거움과 재미, 사람들과의 정치적 소통, 대안적인 정보 획득, 신뢰할 수 있는 정치정보 획득 등인 것으로 알려졌다. 정치참여와 관련, 전통적인 저널리즘의 관점은 물론 정치팟캐스트와 같은 대안언론이 추구하는 관점과 역할에 대해서도 진지한 고민이 필요한 시점이다.

참고문헌

곽정원 · 정성은 (2013). 정치팟캐스트의 제삼자 지각 영향 요인에 관한 연구: 팟캐스트 〈나는 꼼수다〉의 영향력 지각을 중심으로. 〈한국언론학보〉, 57권 1호, 138-162.

김선호 · 김위근 (2019). 유튜브의 대약진: 〈Digital News Report 2019〉 한국 관련 주요 결과. 〈Media Issue〉, 5권 3호, 1-12.

김정혜 (2012). 〈서울 지역 20대 유권자의 팟캐스트 이용과 정치참여에 관한 연구: '나는 꼼수다' 청취자를 대상으로〉. 동국대학교 대학원 석사학위 논문.

문강형준 (2012). 〈혁명은 TV에 나오지 않는다〉. 서울: 이매진.

문성철 · 김경환 (2007). 인터넷 라디오 이용의도에 영향을 미치는 요인들에 관한 연구. 〈방송과 커뮤니케이션〉, 8권 2호, 82-115.

민영 (2014). 뉴스와 엔터테인먼트의 융합: 2012년 대통령 선거에서 정치팟캐스트의 효과. 〈한국언론학보〉, 58권 5호, 70-96.

민영 (2015). 정치 풍자와 참여적 시민성: 정치팟캐스트 이용이 정치 참여에 미치는 효과. 〈한국방송학보〉, 29권 3호, 36-69.

반도현 (2012). 언론 책임 숙제 떠안은 팟캐스트. 〈시사저널〉, 1164호, 2월 8일.

배형진 (2013). 〈팟캐스트 대안언론의 의제 및 역의제 설정 효과 분석〉. 한국교원대학교 대학원 석사학위 논문.

백철 (2012). 팟캐스트 만들기 어렵지 않아요. 〈주간경향〉, 963호, 2월 21일.

성동규 · 양소정 · 김양은 · 임성원 (2007). 온-오프라인 정치참여에 대한 미디어 영향력 비교 연구: 뉴스이용 미디어에 따른 수용자 세분화를 중심으로. 〈사이버커뮤니케이션학보〉, 통권 24호, 5-50.

안명규 · 류정호 (2007). 인터넷 정치참여 요인에 관한 탐색적 연구: 대학생 이용자의 정치심리변수와 인터넷 사회자본(e-social capital)을 중심으로. 〈사이버커뮤니케이션학보〉, 통권 23호, 113-148.

유석진 · 이현우 · 이원태 (2005). 인터넷의 정치적 이용과 정치참여: 제17대 총선에서 대학생집단의 매체이용과 투표참여를 중심으로. 〈국가전략〉, 11권 3호, 141-169.

이광호 (2012). 디지털 세대와 소셜 미디어 문화정치. 〈동향과 전망〉, 84호, 102-129.

이기형 · 이영주 · 황경아 · 채지연 · 천혜영 · 권숙영 (2012). "나꼼수 현상"이 그려내는 문

화정치의 명암: 권력-대항적인 정치시사콘텐츠의 함의를 맥락화하기. 〈한국언론정보
학보〉, 58호, 74-105.

이동희·황성욱 (2013). 정치팟캐스트 콘텐츠 〈나는 꼼수다〉의 이용동기와 온오프라인
정치 참여: 서울지역 2040세대 이용자 서베이를 중심으로. 〈미디어, 젠더 & 문화〉,
26호, 141-175.

이상준 (2012). 뉴스타파 나꼼살 리셋KBS … 팟캐스트 전성시대. 〈주간한국〉, 4월 26일.

이재국·이창호·정낙원·진보래 (2018). 〈팟캐스트 저널리즘 연구〉. 서울: 한국언론진흥
재단.

이정기·금현수 (2012). 정치 팟캐스트 이용이 온·오프라인 정치참여에 미치는 영향에
관한 연구: 20대의 정치 팟캐스트 이용동기, 정치심리변인, 온·오프라인 정치참여
변인을 중심으로. 〈한국언론학보〉, 56권 5호. 163-189.

이창호·정낙원·이재국 (2020). 〈팟캐스트 저널리즘〉. 서울: 커뮤니케이션북스.

장정헌·하주용·김선호 (2014). 정치정보원으로서 인터넷 미디어 신뢰도 연구: 18대 대
통령 선거 기간 중 대학생들의 인식을 중심으로. 〈한국언론학보〉, 58권 4호, 96-128.

정낙원 (2019). 팟캐스트 저널리즘의 가능성: 지라시 아닌 저널리즘 되려면 … 콘텐츠 필
터링이 최우선. 〈신문과 방송〉, 585호, 9월 10일.

천관율·장일호 (2011). '나꼼수' 파괴력에 정치권 혼비백산. 〈시사IN〉, 11월 1일.

황하성·김정혜 (2012). 서울지역 20대 유권자의 팟캐스트 이용과 정치참여에 관한 연구:
〈나는 꼼수다〉 청취사례를 중심으로. 〈사회과학연구〉, 19권 3호, 151-184.

Cappella, J. N., & Jamieson, K. H. (1997). *Spiral of cynicism: The press and the public
good.* New York, NY: Oxford University Press.

Craig, S. C., Niemi, R. G., & Silver, G. E. (1990). Political efficacy and trust: A report
on the NES pilot study items. *Political Behavior, 12*(3), 289-314.

Dahlgren, P. (2009). *Media and political engagement: Citizens, communication, and
democracy.* New York, NY: Cambridge University Press.

Gray, J., Jones, J. P., & Thompson, E. (2009). The state of satire, the satire of state.
In J. Gray, J. P. Jones, & E. Thompson (Eds.), *Satire TV: Politics and comedy in
the post-network era* (pp. 3-26). New York, NY: New York University Press.

McClung, S., & Johnson, K. (2010). Examining the motives of podcast users. *Journal of
Radio & Audio Media, 17*(1), 82-95.

Norris, P. (2000). *A virtuous circle: Political communication in postindustrial societies.* New York, NY: Cambridge University Press.

Potter, D. (2006). Ipod, you pod, we all pod. *American Journalism Review, 28*, 64.

Tsagkias, M., Larson, M., & Rijke, M. (2009). Predicting podcast preference: An analysis framework and its application. *Journal of the American Society for Information Science and Technology, 61*(2), 374–391.

Williams, B. A., & Delli Carpini, M. X. (2011). *After broadcast news: Media regimes, democracy, and the new information environment.* New York, NY: Cambridge University Press.

Young, K. S. (2004). Internet addiction: A new clinical phenomenon and its consequences. *American Behavioral Scientist, 48*(4), 402-415.

머니투데이 (2012, 5, 23). [팟캐스트 열풍①] "콘텐츠 가진 이들에게 천국 열렸다".
 URL: https://news.mt.co.kr/mtview.php?no=2012052017102423687&outlink=1&ref= https%3A%2F%2Fsearch.naver.com

미디어오늘 (2012, 1, 21). 팟캐스트 열풍은 스마트 시대 촛불집회.
 URL: http://www.mediatoday.co.kr/news/articleView.html?mod=news&act=article View&idxno=99857

오마이뉴스 (2012, 1, 3). 건드리면 '폭풍까임', '입진보' 낙인 〈나꼼수〉 편가르기, 빨간불 들어왔다.
 URL: http://www.ohmynews.com/nws_web/view/at_pg.aspx?CNTN_CD=A0001679162

이투데이 (2012, 2, 22). 방통위, 시청률 조사·검증 기구 신설.
 URL: https://www.etoday.co.kr/news/view/548553

조선일보 (2012, 5, 9). "사실검증 없는 정치 팟캐스트, 자연 도태", "이미 수백만명 청취, 대안언론 가능성".
 URL: https://www.chosun.com/site/data/html_dir/2012/05/09/2012050900078.html

한겨레 (2011, 11, 8). 서울시민 10명 중 3명 '나꼼수' 들었다.
 URL: https://www.hani.co.kr/arti/culture/culture_general/504518.html

한겨레 (2013, 3, 19). 세상읽기, 정치 평론의 엔터테인먼트화.
 URL: http://hani.co.kr/arti/opinion/column/578690.html

한국경제 (2012, 1, 26). '나는 꼼수다' 이래서 인기였어?
URL: https://www.hankyung.com/it/article/201201262842g
Digital News Report 2019 (2019). 로이터저널리즘연구소(Reuters Institute for the Study of Journalism), 6월 13일.

8장

정치유튜브의 이용동기와 정치참여

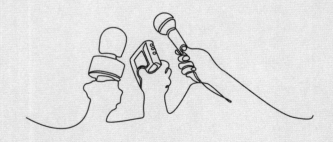

이효성 | 청주대학교 신문방송학과 교수

본 장은 유튜브 콘텐츠의 이용동기, 소셜미디어와 정치참여, 정치·시사 유튜브와 정치참여, 오락 유튜브와 정치참여 등에 대해 고찰했다. 유튜브 콘텐츠는 다양한 이용자들의 경험과 담론에 기초하기 때문에 그들에게 풍부한 참여와 담론의 기회를 제공한다. 유튜브는 동영상 콘텐츠의 생산과 소비는 물론 소셜 네트워킹을 통해 공유하면서 새로운 사회·정치적 관계를 형성하는 기회를 제공하고 있다. 대표적 동영상 미디어였던 텔레비전의 정치·시사나 오락 프로그램들이 그랬던 것처럼 새롭게 등장한 유튜브의 콘텐츠는 정치·사회적으로 긍정 혹은 부정적 영향을 미칠 수 있다. 기존 미디어 환경에서 발휘되었던 동영상 콘텐츠의 영향력만큼이나 새로운 플랫폼 환경에서 등장한 유튜브 콘텐츠가 미치는 정치·사회적 영향력의 의미는 결코 작지 않다. 유튜브를 비롯한 동영상 기반 소셜미디어의 이용은 텔레비전 등 전통적 동영상 미디어가 독점하던 정치 커뮤니케이션에 획기적 변화를 가져오고 있다. 정치·시사와 오락 콘텐츠가 혼재된 미디어 환경에서 살아가는 사회구성원들은 유튜브의 정치·시사 콘텐츠는 물론 오락 콘텐츠의 정치·사회적 함의에 대해서 숙고하는 자세가 필요하다.

1. 유튜브의 확산

동영상 콘텐츠 플랫폼인 유튜브의 확산세가 거세다. 유튜브는 구글에 이어 세계에서 두 번째로 많은 이용자가 찾는 웹사이트이다. 로그인하는 이용자 수는 매달 20억 명을 넘고, 하루 동안 영상 재생시간은 10억 시간을 넘기고 있다(김태훈, 2022). 국내에서도 유튜브는 웹사이트 순위에선 3위지만, 스마트폰이나 태블릿 등 모바일 환경에서 개별 앱 이용시간만으로는 가장 오래 머무는 앱으로 알려져 있다. 인터넷 이용자들은 대부분 유튜브를 이용한다고 할 정도이다. 지난 2019년 12월 기준, 유튜브를 포함한 동영상 플랫폼의 이용률은 47.1%였으며, 이들 중 97%는 유튜브를 이용하는 것으로 알려졌다(2019 언론수용자 조사). 지난 2019년 8월 기준 유튜브의 국내 이용자 수는 2,600만여 명을 기록했으며(시사위크, 2019, 12, 9), 월간 이용 시간은 442억 분에 달했다(중앙일보, 2020, 1, 28). 유튜브는 이미 단순한 소셜미디어 차원을 넘어 기존 언론이나 대중미디어의 기능을 담당하고 있다.

그동안 대표적 동영상 미디어 자리를 누려온 텔레비전은 다양한 인터넷 기반 미디어의 등장은 물론 장기간 지속된 코로나바이러스감염증-19 상황에서 불확실성에 직면해 있다. 공중파 방송사의 2021년 메인뉴스 시청자 수는 전반적으로 감소하는 상황이다(미디어오늘a, 2022, 1, 5). 주요 공중파와 종편 메인뉴스 시청자 수는 백신 접종이 본격화되면서 보복적 외출이 증가하던 2021년 4월부터 눈에 띄게 감소했다. 사회적 거리두기 4단계가 시행된 7월부터 시청자 수가 증가하기도 했지만 전반적인 사회적 분위기가 코로나 감염에 대해 둔감해지거나 백신 접종자가 늘어나면서 8월부터 시청자 수는 다시 하락세를 보였다. 기존 방송 미디어의 시청자 수는 감소하는 반면 유튜브의 이용자는 급증하고 있다.

동영상 콘텐츠를 제작해 쉽게 업로드할 수 있는 유튜브는 다양한 형태의 소셜미디어와 연결을 통해 이용자들 사이에서 큰 인기를 끌고 있다. 유튜브는 문자나 사진, 텍스트 중심의 기존 트위터나 페이스북과 다르게 역동적인 동영상을 이용해 이용자들의 소통이나 참여를 유도하는 획기적인 형태의 소셜미디어이다. 콘텐츠 생산자나 다른 이용자들과 네트워킹할 수 있는 기능을 통해 진가를 발휘하고 있는 유튜브는 다양한 소셜미디어를 통해 동영상을 공유함으로써 더욱 인기를 얻고 있다. 기존 소셜미디어가 관계 맺음과 유지 위주의 평면적 기능을 발휘했다면 유튜브는 동영상 콘텐츠의 공유를 통해 역동적이고 입체적인 기능을 발휘하고 있다.

소통 및 공유, 검색 기능을 통해 뉴스 · 시사 및 오락 미디어의 역할을 담당하고 있는 유튜브는 그 어떤 플랫폼보다 다양한 장르를 이용자들에게 제공한다. 유튜브는 일반뉴스, 정치, 영화 · 텔레비전 드라마, 코미디 · 애니메이션, 문화 · 교육, 요리 · 건강, 과학 · 기술, 스포츠, 뷰티 · 패션, 게임 등 다양한 장르의 콘텐츠를 제공한다(오대영, 2017). 성별에 따른 선호도는 여성은 영화 · 텔레비전 드라마, 뷰티 · 패션, 요리 · 건강 등 오락이나 소프트 장르를 선호하고, 남성은 게임, 스포츠, 과학 · 기술 등 하드 장르를 더 좋아하는 등 전통 미디어인 텔레비전의 이용 행태와 유사하다(오대영, 2017). 이용동기 차원에서도 여성에 비해 남성 이용자들의 이용동기는 주로 하드 장르 이용과 관련있는 것으로 나타났다(이효성, 2020a). 다양한 콘텐츠를 제공하는 유튜브는 자체 세팅한 스튜디오는 물론 실시간 스트리밍과 직접 화법, 1인 방송 진행, 패널과 함께하는 좌담형 진행 방식 등을 적극적으로 채택하고 있다. 유튜브는 이미 단순한 소셜미디어 차원을 넘어 기존 언론 혹은 텔레비전 방송의 기능을 담당하고 있는 것이다(원성심, 2019).

원하는 동영상을 언제 어디서나 이용할 수 있음은 물론 동영상 콘텐츠를 직접 제작해 업로드함으로써 다른 이용자들과 공유할 수 있게 하는 등 유튜브 콘텐츠의 전달방식에서 획기적 변화를 가져왔다(Hanson & Haridakis, 2008). 한마디로, 유튜브는 동영상 콘텐츠의 제작, 배분, 이용 행위에 있어서 그 어떤 플랫폼이나 미디어보다 이용자들에게 적극적인 기회와 지위를 부여하고 있다. 페이스북 등 기존 소셜미디어가 관계 맺음과 유지에 치중했다면 유튜브는 뉴스·시사뿐만 아니라 오락 등 다양한 콘텐츠를 제공하면서 텔레비전 등 전통 동영상 미디어가 독점했던 저널리즘과 정치커뮤니케이션 미디어로서의 역할을 담당하고 있다(박상현·김성훈·정승화, 2020; Punathambekar, 2015). 유튜브는 이용자들 사이에서 일상정보나 뉴스를 획득하고 공유하는 미디어로서뿐만 아니라 오락 미디어로도 인식되면서 기존 언론이나 방송 미디어가 담당했던 기능을 보완하고 대체하면서 더욱 심화·발전하고 있다.

트위터나 페이스북과 같은 텍스트 기반 소셜미디어는 주로 기존 의제의 유통 플랫폼으로 기능해왔다. 반면, 유튜브에서 이용자들은 다양한 이슈에 대해 다양한 동영상 콘텐츠를 다른 사람들과 공유하면서 상호작용하는 특성을 갖고 있다. 유튜브는 정치정보를 확산시키는 역할과 함께 다양한 사회적 네트워크와의 연결성, 새로운 정보 관측의 공간 등 다양한 미디어적 요소가 가미돼 이용자들의 폭넓은 선택을 받고 있다(Jenkins, 2006). 이처럼 유튜브의 뉴스·시사 및 오락 콘텐츠가 이용자들의 상호작용과 정치참여에 의미 있는 영향을 미치고 있지만 이들 콘텐츠가 정치참여에 미치는 영향에 대한 체계적인 연구가 드문 것이 현실이다. 유튜브의 이용동기(오대영, 2017; 이효성, 2020b; 정용국, 2018)나 정치사회화 차원의 연구들(박상현·김성훈·정승화, 2020; 오대영, 2018)이 제한적으로 수행됐지만, 유튜브 이용이 정치참여에 미치는 효과에 대한 체계적이고 심도 있는 연구 및 논의는 여전히 부족하다. 이 같은 맥락에서 본 장은 유튜브 콘텐츠의 이용동기, 소셜미디어와 정치참여, 정치·시사 유튜브와 정치참여, 오락 유튜브와 정치참여 등에 대해 고찰하고자 한다. 이를 바탕으로 결론에서는 전반적인 유튜브 콘텐츠의 이용이 정치참여에 미치는 효과에 대해 논의하고자 한다.

2. 유튜브 콘텐츠의 이용동기

유튜브의 이용은 대체로 습관적 시간 보내기 차원의 오락추구, 뉴스나 일상적으로 유용한 정보의 추구, 그리고 동영상 콘텐츠 공유를 통해 다양한 이용자들과 사회적 상호작용을 하거나, 자신의 업적이나 지위를 알림으로써 정체성을 드러내고자 하는 동기 등과 관련있는 것으로 알려졌다. 다시 말해, 유튜브의 이용동기는 시간 보내기 · 오락추구, 정보추구, 사회적 상호작용, 정체성 알리기 등으로 구분할 수 있다(이효성, 2020b).

우선, 소셜미디어는 습관적으로 이용하면서 시간을 보내는 오락적 이용 동기와 긴밀한 관련이 있다. 소셜미디어를 이용하는 주된 목적은 오락인데 이는 게임game, 유희amusement, 시간 보내기pastime와 비슷한 것으로 간편하고 쉽게 시간 때우기, 남는 시간에 기분을 즐겁게 하는 일이나 취미, 심심풀이 등 소극적으로 즐기는 것을 의미한다(이정권 · 최영, 2015). 이처럼 소셜미디어의 시간 보내기 · 오락추구 이용동기는 대체로 습관적으로 쉽고 편하게 여가시간을 즐기면서, 스트레스를 풀고 기분전환을 하면서, 시간 때우기 목적 등과 같은 오락요인들로 구성되어 있다. 시간 보내기 동기는 특정 정보를 발견하려는 목적이나 의도 없이 텔레비전에 노출되는 전통 미디어의 이용행태와 비슷한 측면이라고 볼 수 있다. 전반적인 소셜미디어를 포함해서 1인 미디어 이용자들의 라이브 스트리밍 이용동기는 상황적 특성, 미디어적 특성, 내용적 특성 등으로 구분되는데, 상황적 특성에는 가볍게 볼 수 있어서, 심심해서, 시간 때우기 좋아서 등의 항목들이 주로 포함된다(이주희 · 고경아 · 하대권, 2018). 또한, 20대 여자 대학생들의 뷰티 유튜브 이용동기는 정보적 동기, 공감 · 대리만족, 습관적 시청, 오락적 동기 등인 것으로 나타났다(정용국, 2018). 이 연구에서 채택된 습관적 시청은 시간적 여유가 있고 심심할 때 잠자리에 들기 전 별생각 없이 편안하게 뭔가를 시청하고 싶은 것을 의미하며, 오락적 동기는 뷰티 유튜브

방송의 시각적 요소가 주는 즐거움이나 콘텐츠의 유머 소구 방식 등 재미나 즐거움과 관련된 요인들을 의미한다.

정보추구는 미디어 이용자들이 일정한 보상을 얻기 위한 동기라고 볼 수 있다. 소셜미디어 이용과 정치참여에 관한 연구에서 정보획득 동기를 구성하는 항목들로는 이슈에 대한 직접적 정보를 얻기 위해서, 이슈와 사건에 대해 알기 위해서, 새로운 생각과 관점을 알기 위해서, 무언가 배우기 위해서 등이 채택된다(최지향, 2016). 이는 사람들이 어떤 위험이나 부담감 없이 미디어에서 얻은 정보를 통해 다른 사람들의 대리 경험을 즐기려는 성향과 관련 있다. 여타 소셜미디어와 유사하게 유튜브의 정보추구 이용동기를 구성하는 항목들로는 새로운 정보, 유익한 정보, 재미있는 정보를 얻기 위해서 등인 것으로 알려졌다(오대영, 2017). 뷰티 유튜브 콘텐츠를 이용하는 동기로 가장 많이 언급되는 정보적 동기로는 자신이 필요한 화장법이나 화장품에 대한 정보와 이용 후기, 화장 트렌드 등을 알고 싶어서 등인 것으로 나타났다(정용국, 2018).

상호작용성이나 관계추구 동기 역시 유튜브 이용자들 사이에서 중요한 요인이다(오대영, 2017). 유튜브의 관계추구 이용동기를 구성하는 항목들로는 다른 사람들의 반응을 살피거나, 나와 같은 생각을 하는 집단에 속하려고, 타인에게 내 생각을 전달하려고, 시대에 뒤지지 않기 위해서, 주변에서 많이 이용해서, 타인의 관점을 알기 위해서 등이 제시되고 있다(오대영, 2017). 이 같은 관계추구 동기는 유튜브의 본질적 특성이라고 할 수 있는 사회적 상호작용성과 관련 있다. 이용자의 사회·문화적 위치, 맥락 및 경험과도 무관하지 않은 소셜미디어상에서의 상호작용은 오프라인상에서 수행하는 배역 및 활동의 연장선에서 이루어지는 경향이 있다(윤명희, 2013). 유튜브는 동영상 콘텐츠 검색을 통한 정보습득, 읽기나 댓글달기를 통한 여론형성, 동영상 콘텐츠 재생산, 다른 미디어에 동영상 전달 및 공유, 친구 맺기와 같은 공동체 형성, 상호작용성의 활성화 등을 기반으로 이용자들에게 다양한 기회를 제공한다(송정은·장원호, 2013). 이용자들은 유튜브 동영상 채널의 구독 기능을 통해 콘텐츠 생산자나 다른 이용자들과 네트워킹하면서 기존 소셜미디어와 차별적인 이용행태나 이용동기를 보여주고 있다. 콘텐츠 제작은 물론 네트워킹까지도 가능한 역동적 소셜미디어의 특성을 가지고 있는 유튜브상에서 이용자들은 동영상 콘텐츠를 공유하면서 새로운 사회관계를 형성하고 참여할 수 있는 기회를 갖게 되는 것이다(Chau, 2010). 유튜브를 통한 시간 보내기 동기가 그동안 대표적 동영상 미디어였던 텔레비전의 이용동기와 유사한 측면이라면, 사회적 상호작용 추구나 관계추구 동기는 텔레비전의 그것과 근본적으로 다른 점이다.

정체성 추구 역시 유튜브를 포함한 소셜미디어의 중요한 이용동기이다. 인간은 사회적 관계 유지를 위해 다양한 커뮤니케이션 채널을 선택하게 되는데, 이런 현상은 정체성 표현self-assertion과 관련 있다. 존재의 본질을 깨닫는 성질 또는 그런 성질을 가진 독립적 존재를 의미하는 정체성(Sprecher & Hendrick, 2004)은 다른 사람과 함께 하면서 개인으로서 존재한다는 지각과 동일성을 일관되게 유지함은 물론 존재감 및 자발적 자기표현의 본질적 특성을 공유하는 개념이다(이정권·최영, 2015). 소셜미디어상에서 이용자들은 각자 일상생활에서 수행하는 역할이나 관심사 등을 선별적으로 제시하면서 사이버 매개된 정체성의 구성과정을 보여준다(이정권·최영, 2015). 일례로, 페이스북과 같은 소셜미디어상에서 이용자들은 자신이 누구이며, 관심사는 무엇이고, 어떤 생각과 활동을 하는지를 선택으로 보여주는데, 이는 사이버상에서의 정체성 표현 행위라고 볼 수 있다. 페이스북 등 기존 소셜미디어에서 사진이나 문자 텍스트 위주로 정체성을 표현해 왔다면 유튜브에서는 자신의 지위나 업적, 행위, 감정 등을 동영상으로 제작해 업로드함으로써 정체성을 표현하는 방식으로 바뀌고 있다. 다시 말해, 유튜브 이용자들은 동영상 콘텐츠를 제작해 올리고 공유함으로써 은연중에 자신의 존재감이 강화되기를 기대하는 것이다.

유튜브의 이용동기나 목적과 관련, 중·장년층은 대체로 정보를 추구하고 청년층은 재미를 추구하는 것으로 나타났다(이상숙·전범수, 2020). 젊은층은 유튜브에서 음악 동영상을, 상대적으로 고연령층에서는 뉴스·교양 및 다큐멘터리 동영상을 주로 이용한다. 10대와 20대는 음악, 게임, 뷰티·패션 장르를 선호하고, 30대 이상은 문화·교육, 정치, 일반 뉴스를 선호하는 것으로 나타났다(오대영, 2017). 이는 전반적으로 연령이 높을수록 사회적 사건이나 이슈에 대한 정보나 일상생활과 관련된 유용한 정보를 얻고자 하는 동기가 강한 반면, 젊은층은 주로 취향이 비슷한 친구나 지인들과 어울리면서 일상적 관심사에 대해 대화를 나누면서 스트레스를 풀거나 사회적 상호작용을 하려는 경향이 있음을 의미한다. 성별에 따른 이용동기 분석 결과, 시간보내기, 정보추구, 사회적 상호작용 등에서 남성 이용자들의 평균값이 여성에 비해 높은 것으로 나타났는데, 이는 최근 남성들 사이에서 하루 평균 소셜미디어 이용량이 증가하면서 남·녀 간 이용률 격차가 커지고 있는 현상과 관련있을 것으로 생각된다(이효성, 2020b).

유튜브 이용은 오락뿐만 아니라 뉴스 및 정보를 획득하거나 공유하려는 목적과 깊은 관련이 있다. 따라서 유튜브는 기존 언론이나 방송 미디어의 기능을 대체하거나 차별화하면서 더욱 활성화될 것으로 보인다. 유튜브 이용자들은 단지 시간을 보내거나 정보를 수집하기 위한 동기 외에도 동영상 콘텐츠 공유 행위를 통해 사회적 상호작용을 하고자 함은 물론 자신의 업적이나 지위를 알림으로써 사회적 존재감을 추구하는 경향을 보이고 있다. 유튜브가 기존 소셜미디어나 전통 미디어를 대신해 정보제공이나 시간 보내기 차원의 역할을 넘어 사회적 상호작용이나 정체성 알리기 차원의 기능을 담당하면서 이용자들의 정치참여에도 의미있는 영향을 미칠 것으로 생각된다.

3. 소셜미디어와 정치참여

인터넷과 소셜미디어의 이용이 보편화됨에 따라 다양한 관점의 정보교환이 촉진되면서 이용자들의 정치참여가 활성화되고 있다(Brundidge, 2010). 커뮤니케이션 기술의 발달은 시·공간의 한계를 넘어 이용자들의 대인 관계를 확장하는 데 기여하고 있다. 상대적으로 폐쇄적인 형태의 웹1.0과 달리 정보 생산과 공유를 주도하는 웹2.0 기반의 소셜미디어는 개방성, 상호작용성, 그리고 연결성을 구현하고 있다(천혜선·박남수·이현주, 2014). 웹 관리자와 같은 게이트키퍼가 존재하지 않고 이용자들 간 연결이 가능한 소셜미디어의 개방성과 상호작용적 특성은 온·오프라인을 연계한 자유로운 공론장을 제공함으로써 다양한 사회적 배경을 가진 이용자들 간 정치대화와 숙의, 참여의 가능성을 높여주고 있다(한혜경, 2010; Brundidge, 2010; Kim, 2011). 단단한 유대와 함께 배타적 성격을 띠는 결속적bonding 사회자본에 비해, 다양한 사회적 배경과 가치적 특성을 가진 사람들 간 네트워크를 의미하는 교량적bridging 사회자본은 개인들로 하여금 사회적 활동반경이나 세계관을 확대시키면서 새로운 정보나 지식을 얻을 수 있는 기회를 제공한다(Putnam, 2000). 이 같은 교량적 사회자본의 특성을 강하게 보이는 소셜미디어는 적극적으로 네트워크를 형성하면서 다른 이용자들과 정보를 주고받으며 자신의 견해를 표출하는 등 참여적 커뮤니케이션을 가능하게 한다(금희조·조재호, 2010).

소셜미디어는 콘텐츠 생산자나 이용자들이 손쉽게 정보를 생산하고 공유할 뿐만 아니라 네트워킹할 수 있는 최적의 여건을 제공한다(중앙일보, 2020, 1, 28). 소셜미디어 이용자들은 뉴스·정보 검색과 댓글 읽기를 통한 정보습득, 댓글 달기를 통한 여론형성, 다른 플랫폼에 전달, 공유 및 친구 맺기를 통한 공동체 형성의 활동을 할 수 있다(송정은·장원호, 2013). 온라인상에서 글을 많이 읽거나 쓰고 이견을 많이 접촉하고 소수의견을 표현하는 사람은 트위터를 정치·시사적인 차원에서 능동적으로 이용할 뿐만 아니라 오프라인에서 정치대화에 많이 참여하는 등 자신의 의견을 적극적으로 표현한다(한혜경, 2010). 인터넷의 상호작용성과 개방적 구조는 개인의 정치정보 습득 비용을 줄이고 자유로운 정치적 견해 표출의 기회를 제공함으로써 정치효능감을 높이는 데 기여한다(조진만, 2011). 이 같은 정치효능감은 투표행위는 물론 다양한 형태의 온·오프라인 정치참여에 직·간접적으로 영향을 미치게 된다(김은이, 2013; 이영수·이재신, 2009; Gil de Zuniga, Jung, & Valenzuela, 2012).

미디어가 단일 요인으로서 정치참여에 미치는 영향력은 제한적일 수 있지만 뉴스 미디어를 통해 정보를 습득한 이용자가 다양한 배경의 이용자들과 정치대화를 나눌 때, 온·오프라인상에서의 정치활동에 보다 적극적으로 참여할 가능성은 높아진다(천혜선·박남수·이현주, 2014). 페이스북에서 정치적 글을 올리거나 정치인과 친구 맺기 등을 통해 지지자가 되는 행위는 정치적 탄원에 참여하거나 정치 조직 구성에 참여하는 등의 활동에 영향을 미치는 것으로 알려졌다(Vitak et al., 2011). 또한, 소셜미디어상에서 정치나 선거 관련 글에 댓글 달기, 공감표시, 토론과 같은 형태의 적극적인 정치적 상호작용 참여를 많이 하는 이용자들은 투표와 같은 형태의 정치참여에 더욱 적극적인 것으로 알려졌다(이효성, 2000a).

선거 국면에서 20대 등 젊은 유권자들의 소셜미디어 이용은 후보자 결정에 영향을 미치는 것으로 나타났다(정인태, 2014). 선거캠페인 기간 동안, 일반 유권자들 사이에서 후보의 웹사이트나 페이스북, 트위터, 블로그 등의 이용은 오프라인 정치참여에 의미있는 영향을 미치는 것으로 나타났다(Vitak, et al., 2011). 지난 2014년 서울시장 선거에서 인터넷과 소셜미디어의 이용시간이나 미디어로부터 얻은 정보량의 차이는 유권자들의 표의 향배를 결정하는 데 있어 중요한 역할을 한 것으로 알려졌다(박근영, 2015). 뉴스나 정치정보에 대한 노출은 유권자들의 정치지식을 증진시키는 것은 물론(Shah, et al., 2005) 투표참여에 의미있는 영향을 미치게 된다(Verba, Schlozman, & Brady, 1995). 웹사이트상의 정치정보에 대한 노출은 유권자들의 선거관심을 증가시키고(Bartels & Rahn, 2000), 이는 이어 투표참여로 이어지게 된다(Verba, Schlozman, & Brady, 1995). 미디어에서 뉴스를 많이 이용하는 사람들은 풍부한 정치정보를 습득하는 데 있어서 유리하며, 정치에 대해 더 많이 알게 됨으로써 투표참여 가능성이 높아지는 것이다(Prior, 2005). 이처럼 미디어를 통한 정치정보나 뉴스 이용은 개인이 공동체에 적극적으로 참여할 수 있는 계기를 마련하고, 이는 이어 구성원들의 민주적 삶의 질 향상으로 이어진다(이준웅·김은미·문태준, 2005; Paek, Yoon, & Shah, 2005). 전통 미디어와 함께 소셜미디어의 이용은 공동체 구성원들에게 공적 영역에 대한 관심을 불러일으키고 지식을 증진시킬뿐만 아니라 참여 동기를 부여하고 궁극적으로 선거와 같은 공적 참여를 높이는 데 긍정적 영향을 미치게 되는 셈이다(한혜경·이상기·오창호, 2008).

인터넷이나 소셜미디어상에서의 정치정보나 뉴스 이용은 사회·정치참여 의지를 높이면서(조은희, 2014) 정치지식이나 선거관심을 증진시키며, 궁극적으로 투표참여에 긍정적 영향을 미치게 된다(Eveland, et al., 2005; Prior, 2005). 포털의 의견교환·토론 추구동기, 사건·정보 추구동기, 뉴스사이트 유용·신뢰성 추구 동기는 정치참여에 긍정적 영향을 미치는 것으로 알려졌다(박상호, 2009). 소셜미디어를 통한 뉴스 이용은 온·오프라인 상에서의 사회·정치 참여에 유의한 영향을 미치는 것으로 나타났다(천혜선·박남수·이현주, 2014). 인터넷과 소셜미디어 등 다양한 미디어에서 뉴스를 적극적으로 이용하는 집단은 그렇지 않은 집단에 비해 온·오프라인 상에서의 사회·정치참여 의지가 더 높다고 할 수 있다(조은희, 2014; Ksiazek, Malthouse, & Webster, 2010). 트위터 이용자들은 트위터를 통해 정보수집을 할 수 있을 때 사회 참여적 행위가 더욱 빈번해지는 것으로 알려지기도 했다(황유선, 2011).

4. 정치 · 시사 유튜브와 정치참여

미디어 이용자들은 뉴스를 읽기보다 동영상을 통해 시청하는 방식을 선호한다(박상현 · 김성훈 · 정승화, 2020). 동영상 플랫폼 유튜브를 통해 유통되는 정치 · 시사 콘텐츠는 지상파 텔레비전 등 전통 미디어가 독점하던 정치 동영상 커뮤니케이션에 변화를 가져오고 있다. 유튜브는 다른 사회적 네트워크와의 연결을 통해 정치나 선거 관련 정보를 전달하는 등 최적의 사이버 공간 역할을 하고 있다(Jenkins, 2006). 유튜브의 정치 · 시사 채널이 급격히 증가하는 추세이다(박상현 · 김성훈 · 정승화, 2020). 유튜브는 이용자들의 경험과 대중적 담론에 기초하기 때문에 그들의 참여와 담론의 기회를 현장감 있게 제공한다(Pantti, 2015). 이용자 중심의 혁신성을 갖춘 유튜브는 정치 · 사회적으로 영향력 있는 소셜미디어로 자리매김하면서 전례 없는 경쟁력을 확보하고 있는 것이다. 특히, 정치참여와 관련해 유튜브는 사회 구성원들이 정치 동영상 콘텐츠를 공유하면서 의제설정이나 정치참여의 기회를 만들어 나갈 수 있게 해준다.

유튜브 동영상을 통한 정보습득과 네트워크 형성은 정치효능감, 정치관심도, 정치참여에 긍정적 영향을 미치면서 정치사회화에 있어서도 의미 있는 역할을 하고 있다(오대영, 2018). 네트워크 형성 차원의 이용은 정치참여에 직접 영향을 미치고, 정보습득 차원의 이용은 정치효능감과 정치관심도를 매개로 정치참여에 간접적인 영향을 미치는 것으로 알려졌다. 다른 연구자들 역시 유튜브의 편리성과 정보추구 동기가 정치지식, 정치관심, 정치효능감에 긍정적 영향을 미치고, 이는 이어 정치참여에 의미 있는 영향을 미치는 것으로 밝히고 있다(박상현 · 김성훈 · 정승화, 2020).

유튜브의 정치 · 시사 채널은 기존 뉴스미디어에서 제공하는 정치 프로그램은 물론 정파적 콘텐츠, 정치인 홍보 콘텐츠 등을 주로 다룬다(미디어오늘b,

2022, 1, 5). 유튜브의 정치·시사 콘텐츠 채널은 정치정보 제공과 소통을 통해 새로운 형태의 정치 미디어 역할을 담당하고 있는 것이다. 유튜브의 뉴스 및 시사 콘텐츠 이용이 소셜미디어상에서의 정치적 상호작용 참여는 물론 이를 매개로 정당지지와 같은 투표참여에 의미 있는 영향을 미치고 있다(이효성, 2021). 구체적으로, 유튜브에서 뉴스 및 시사 콘텐츠를 많이 이용하는 유권자들은 소셜미디어상에서 정치 및 선거 관련 댓글 달기, 공감표시, 토론 등 정치적 상호작용 참여는 물론 특정 정당 지지에 더욱 적극적인 것으로 알려졌다. 유권자들이 유튜브에서 정치·선거·경제 관련 뉴스나 시사 콘텐츠를 이용하고, 이를 계기로 소셜미디어상에서 상호작용에 참여하게 되면서 정치관심이나 지식이 증진됨으로써 자신이 선호하는 정당에 대해 지지 의도를 갖게 되는 등 정치참여 의지가 높아지는 것이다.

지난 2008년 미국 대선에서 크게 주목받은 바 있는 유튜브는 우리나라 20대 대통령 선거에서도 새로운 유형의 정치 콘텐츠를 전달하는 미디어로 부상했다. 지난 20대 대선 후보들이 유튜브 채널에 본격적으로 등장하면서 유튜브 정치·시사 콘텐츠 이용자 수는 크게 증가했다. 선거 콘텐츠 채널 〈삼프로TV〉에서의 후보자 대담은 전례 없는 주목을 받으며 대선 후보 지지율에 의미 있는 영향을 미쳤다(미디어오늘b, 2022, 1, 5). 대통령 선거를 두 달 앞둔 가운데 이 채널은 새로운 변수로 부상했으며 일각에선 기성 언론과 비교해서도 오히려 낫다는 평가가 나오기도 했다. 주요 후보들이 〈삼프로TV〉에 출연하자 조회 수는 수백만 회에 달할 정도로 이용자들의 폭발적 반응이 나타났다(미디어오늘b, 2022, 1, 5). 지난 2022년 1월 4일 오전 9시 기준 〈삼프로TV〉 이재명 후보 편의 조회수는 568만 회에 달했다. 이어 윤석열(288만 회), 안철수(102만 회), 심상정(38만 회) 후보 편 순으로 이례적인 흥행을 보였다. 게임 유튜브 채널인 〈김성회의 G식백과〉도 이재명(87만 회)과 안철수(51만 회) 후보 편에서 높은 주목도를 보였다.

〈삼프로TV〉의 주 시청자층이 양극단의 지지자들보다는 중도층이 상당히 많은 것으로 판단되면서 출연한 후보들의 지지율 상승에 상당한 기여를 한 것으로 평가되었다(미디어오늘b, 2022, 1, 5). 〈삼프로TV〉와 〈김성회의 G식백과〉의 대선 후보 대담 콘텐츠는 기존 유튜브의 정파적인 정치·시사 콘텐츠와 차별화함으로써 성공한 셈이다. 정치·시사를 표방한 채널이 아닌 특정 전문 분야 채널이 해당 분야에 대한 대담을 진행하고, 이용자는 이들 채널의 구독자층으로 형성돼 비교적 정치 관여도가 낮은 중도층의 관심을 높이는 데 성공한 것이다. 지지자들을 타깃으로 시사 현안을 다루는 정파적 콘텐츠와 정치인들이 홍보 수단으로 운영하는 형태의 유튜브 채널은 확장성 차원에서 한계점이 있는 것으로 지적된다. 중도층 공략이 관건인 선거 캠페인에서 이런 형태의 콘텐츠는 결국 정파 내에서만 소비되기 때문이다. 지난 2020년 총선 당시 황교안 대표 체제의 자유한국당이 보수 유튜브 채널에 의존하다 크게 패배한 적이 있다. 후보자들과 거리를 유지하는 등 기존 정치·시사 콘텐츠 채널들과 차별성을 보여주는 콘텐츠나 채널들은 긍정적인 평가를 받았지만 그렇지 못한 채널들은 후보자 지지율 제고 차원에서 부정적 평가를 받았다(미디어오늘b, 2022, 1, 5). 이처럼 새로운 유형의 유튜브 정치·시사 콘텐츠는 선거참여나 판세에까지 의미있는 영향을 미칠 수 있는 것이다(미디어오늘b, 2022, 1, 5).

5. 오락 유튜브와 정치참여

인터넷이 조성한 다미디어 환경은 뉴스와 오락 콘텐츠를 각각 선호하는 사람들 간 정치지식과 투표참여의 격차를 벌리는 등 부정적 영향을 미치는 것으로 지적되고 있다. 소셜미디어 등 다미디어 환경에서 뉴스를 선호하는 사람들은 풍부한 정치정보를 활용해서 정치지식을 많이 습득하고 투표참여도 높아

지지만, 뉴스를 회피하고 오락 콘텐츠를 선호하는 사람들은 정치에 대한 학습량이 적어지고 투표참여 가능성도 낮은 것으로 알려졌다(Prior, 2005). 미디어와 채널이 다양해지면서 뉴스 이용자가 감소하고 오락 콘텐츠 이용자가 증가하면서 정치관심이나 지식, 투표 등 정치참여에 대한 부정적 환경이 조성되면서 이용자들은 정치로부터 점점 멀어지고 있는 것이다. 그동안 정치정보를 제공하는 미디어의 수가 꾸준히 증가했음에도 불구하고, 사회 구성원들의 정치 및 공공사안에 대한 정보수준은 정체되어 있다(Delli Carpini & Keeter, 1996).

오락 콘텐츠의 정치적 효과는 관심을 유도할 뿐 실질적 지식을 얻는 데 유의하지 않은 것으로 밝혀지기도 했다(Prior, 2003). 정치 예능 프로그램은 정치적 스캔들이나 사소한 정치적 가십 등을 주로 다루기 때문에 이를 통해 시청자가 얻을 수 있는 정치정보는 제한적일 수밖에 없으며(Prior, 2003), 연성화된 뉴스가 정치 · 사회적 쟁점과 같은 공적 사안에 대한 시민들의 관심을 저하시켜 민주주의의 근간을 약화시킬 수 있다(Patterson, 2000). 유튜브상에서의 동영상은 정치와 코미디, 패러디 등이 혼합된 새로운 형태의 정치정보를 제공함으로써 미디어와 정치의 관계를 오락화시키고 있다(Hussain, 2012; Punathambekar, 2015). 유튜브의 정치동영상 가운데 전통적인 뉴스 형태의 동영상은 인기가 낮은 반면, 오락성 동영상은 인기가 높은 것이 현실이다(Hussain, 2012).

이처럼 오락화된 미디어 환경에서도 새로운 형태의 정치커뮤니케이션에 대한 희망적인 가능성은 비교적 명확히 제기되고 있다. 지난 2008년 미국 대선 당시 유튜브의 정치 패러디 동영상은 학문적인 것과 대중적인 것, 종교적 이슈와 세속적 이슈, 과거의 것과 새로운 것을 혼합시키면서 새로운 정치담론을 만들어냈다(Burgess, 2011). 전반적으로, 정보적 미디어 이용이 정치 · 사회에 바람직한 영향을 미치지만(Kenski & Stroud, 2006), 정치와 무관한 미디어나 오락 콘텐츠 역시 이용자들에게 민주주의 실천과 관련된 다양한 경험을 제공하는 등 정치참여에서 의미있는 역할을 담당한다(Moy, Xenos, & Hess, 2005; Mutz

& Nir, 2010). 페이스북 등 기존 소셜미디어가 관계 맺기와 유지에 치중했다면 유튜브는 정치 · 시사뿐만 아니라 다양한 오락 콘텐츠를 제공하면서 역동적이고 입체적인 기능을 발휘하면서 이용자들의 정치참여에 의미있는 영향을 미치는 것으로 생각된다. 달라진 미디어 환경에서 유튜브의 오락 콘텐츠 역시 이용자들의 정치참여에서 일정한 역할을 담당할 수 있다는 점(Moy, Xenos, & Hess, 2005; Mutz & Nir, 2010)을 간과해서는 곤란하다.

6. 유튜브와 정치참여의 가능성

인터넷 이용자 대부분이 이용할 정도로 동영상 플랫폼 유튜브의 확산세는 거세다. 유튜브는 마치 그동안 대표적 동영상 미디어였던 텔레비전과 유사하게 다양한 오락은 물론 정치 · 시사 콘텐츠를 제공할 뿐만 아니라 이용자 중심 제작과 공유를 통한 상호작용성의 특성을 기반으로 정치 · 사회적 참여에 의미있는 영향을 미치고 있다. 한마디로, 유튜브는 전통 미디어는 물론 텍스트 중심의 기존 소셜미디어와 다르게 역동적인 동영상 콘텐츠를 통해 민주주의 사회 구성원들의 소통이나 참여의 기회를 획기적으로 증진시키는 미디어 플랫폼이다.

유튜브는 기존 언론이나 전통 미디어가 충족시켜주지 못한 저널리즘의 역할을 대신하거나 보완하면서 민주주의 공론장의 역할을 담당하고 있다. 유권자들이 온라인상에서 정치나 시사 정보를 습득하고, 관련 정보에 대해 공감을 표시하면서 댓글을 달고, 토론할 수 있는 기회를 갖게 된다면 이는 정치참여 측면에서 고무적인 현상이다. 자신과 유사한 입장의 기사나 정보에 대해서뿐만 아니라 상반된 입장에 대해서도 댓글을 주고받으면서 건강하고 생산적인 토론문화를 이끌어간다면 이는 결국 사회 구성원들 사이에서 합리적인 의견을 도출하는데 도움이 될 것이다. 수많은 미디어 플랫폼과 채널을 통한 정치 · 시사 콘텐츠의 이용이 구성원 간 정치적 상호작용으로 이어지고, 궁극적으로 실질적 참여로 이어진다면 이는 숙의 민주주의 관점에서 의미 있는 일이다.

유튜브의 정치동영상은 오락적 요소와 정치·시사 콘텐츠의 혼합으로 이용자들의 동일시와 몰입을 높이면서 정치 효능감과 정치참여에 영향을 미치고 있다. 이는 유튜브 이용을 통해 개인 간 정보교류 및 네트워킹 증가는 물론 상호작용성이 활성화됨으로써 구성원들의 정치사회화 과정에서 의미 있는 영향력이 발휘되기 때문일 것이다. 유튜브는 이용자 자신이 제작한 동영상은 물론 다른 사람들이 제작 혹은 전달해준 동영상을 사이버상의 지인이나 친구들과 공유하거나 다시 보여주기를 할 수 있는 기능을 제공한다. 텔레비전 시대에는 흥미있는 프로그램을 시청한 사람들은 시청 직후 그 프로그램에 대해 몇몇 사람들과 담소를 나누는 정도의 활동을 할 수 있었다. 하지만, 유튜브 시대에는 시청 후 활동이 거의 무한대에 가깝게 입체적으로 이루어진다.

유튜브 콘텐츠는 다양한 이용자들의 경험과 담론에 기초하기 때문에 그들에게 풍부한 참여와 담론의 기회를 제공한다. 유튜브는 동영상 콘텐츠의 생산과 소비는 물론 소셜 네트워킹을 통해 공유하면서 새로운 사회·정치적 관계를 형성하는 기회를 제공하고 있는 것이다. 대표적 동영상 미디어였던 텔레비전의 정치·시사나 오락 프로그램들이 그랬던 것처럼 새롭게 등장한 유튜브의 콘텐츠는 정치·사회적으로 긍정 혹은 부정적 영향을 미칠 수 있다. 기존 미디어 환경에서 발휘되었던 동영상 콘텐츠의 영향력만큼이나 새로운 플랫폼 환경에서 등장한 유튜브 콘텐츠가 미치는 정치·사회적 영향력의 의미는 결코 작지 않을 것이다.

유튜브를 비롯한 동영상 기반 소셜미디어의 이용은 텔레비전 등 전통적 동영상 미디어가 독점하던 정치 커뮤니케이션에 획기적 변화를 가져오고 있다. 정치·시사와 오락 콘텐츠가 혼재된 미디어 환경에서 살아가는 사회구성원들은 유튜브의 정치·시사 콘텐츠는 물론 오락 콘텐츠의 정치·사회적 함의에 대해서 숙고하는 자세가 필요하다.

참고문헌

금희조·조재호 (2010). 스마트폰, 커뮤니케이션 격차, 그리고 정치참여. 〈한국언론학보〉, 53권 4호, 348-371.

김선호·김위근 (2019). 유튜브의 대약진: 〈Digital News Report 2019〉 한국 관련 주요 결과. 〈Media Issue〉, 5권 3호, 1-12.

김은이 (2013). 온라인과 SNS 사용이 정치참여에 미치는 효과: 대인간 대화와 정치 효능감을 매개 변수로. 〈정치커뮤니케이션 연구〉, 31권, 31-62.

김태훈 (2022). 한국인 '시간 도둑' 1위 앱 유튜브. 〈주간경향〉, 1485호, 7월 11일.

박근영 (2015). 뉴미디어의 소비가 선거에서 지지후보자 변경에 미치는 영향: 2014년 서울시장의 예. 〈사회과학연구〉, 31권 1호, 29-55.

박상현·김성훈·정승화 (2020). 유튜브 정치·시사 채널 이용이 정치사회화에 미치는 영향. 〈한국콘텐츠학회논문지〉, 20권 9호, 224-237.

박상호 (2009). 포털뉴스 이용동기가 인터넷 자기효능감, 정치적 신뢰, 정치냉소주의와 정치참여에 미치는 영향에 관한 연구. 〈한국언론학보〉, 53권 5호, 153-175.

송정은·장원호 (2013). 유투브 이용자들의 참여에 따른 한류의 확산: 홍콩의 10-20대 유투브 이용자 조사를 중심으로. 〈한국콘텐츠학회논문지〉, 13권 4호, 155-169.

오대영 (2017). 수용자의 인구사회적 특성, 이용동기, 성격이 유튜브의 장르 이용에 미치는 영향. 〈언론과학연구〉, 17권 4호, 122-162.

오대영 (2018). 유튜브 정치동영상 이용이 정치사회화에 미치는 학습효과: 정치효능감, 정치 관심도, 정치참여를 중심으로. 〈교육문화연구〉, 24권 1호, 97-115.

원성심 (2019). 〈유튜브를 통한 정치인의 자기표현〉. 제주대학교 언론홍보학과 지역언론연구 2019 세미나.

윤명희 (2013). 소셜네트워크에서 상호작용 의례의 복합성: 페이스북 사례연구. 〈한국사회학〉, 47권 4호, 139-170.

이상숙·전범수 (2020). 유튜브 이용 동기에 대한 세대 간 상호인식 차이: 중장년층과 청년층 간 비교. 〈한국방송학보〉, 34권 2호, 76-104.

이영수·이재신 (2009). 사회자본과 정치참여 기대감이 정치참여 의도에 미치는 영향에 관한 연구. 〈한국언론학보〉, 53권 5호, 316-339.

이정권 · 최영 (2015). 소셜미디어 이용 동기 연구: 개방형 SNS와 폐쇄형 SNS 비교를 중심
　　으로. 〈한국언론학보〉, 59권 1호, 115-148.

이주희 · 고경아 · 하대권 (2018). 1인 미디어 이용자들의 라이브 스트리밍 방송 시청 동기
　　및 사용자 반응에 관한 연구: 후기 수용 모델(PAM)을 중심으로. 〈한국광고홍보학
　　보〉, 20권 2호, 178-215.

이준웅 · 김은미 · 문태준 (2005). 사회자본 형성의 커뮤니케이션 기초: 대중 매체 이용이
　　신뢰, 사회 연계망 활동 및 사회정치적 참여에 미치는 영향. 〈한국언론학보〉, 49권
　　3호, 234-261.

이효성 (2020a). 투표참여 의도에 미치는 소셜미디어 뉴스 이용 및 온라인 상호작용의 영
　　향: 21대 총선을 중심으로. 〈사회과학연구〉, 36집 4호, 33-57.

이효성 (2020b). 유튜브의 이용동기에 대한 탐색적 고찰. 〈커뮤니케이션학연구〉, 28권
　　3호, 77-99.

이효성 (2021). 소셜미디어에서의 정치적 상호작용 참여와 정당지지 의도에 미치는 유튜
　　브의 뉴스 · 시사 및 오락 콘텐츠 이용의 영향: 21대 총선을 중심으로. 〈언론과학연
　　구〉, 21권 2호, 37-74.

정용국 (2018). 여대생의 뷰티 유튜브 이용동기 및 시청경험에 관한 연구. 〈사회과학연
　　구〉, 25권 3호, 7-28.

정인태 (2014). 유권자들의 소셜미디어 활용 정도가 투표결정요인에 미치는 영향. 〈지역
　　과 커뮤니케이션〉, 18권 4호, 239-278.

조은희 (2014). 인터넷 이용자의 뉴스이용 레퍼토리와 사회정치참여. 〈한국언론학보〉,
　　58권 2호, 64-87.

조진만 (2011). 정보화가 정치참여에 미치는 영향: 경험적 분석. 〈한국정치학회보〉, 45집
　　5호, 273-296.

천혜선 · 박남수 · 이현주 (2014). 다매체 뉴스이용과 사회적 네트워크 정치토론이 사회정
　　치참여에 미치는 영향: 동질적 · 이질적 네트워크와의 정치대화의 조절효과. 〈한국방
　　송학보〉, 28권 5호, 197-236.

최지향 (2016). SNS 이용과 정치참여: 정치적 사회자본과 정보 및 오락추구 동기의 조절
　　된 매개효과를 중심으로. 〈한국언론학보〉, 60권 5호, 123-144.

한국언론진흥재단 (2019). 〈2019 언론수용자 조사〉. 서울: 한국언론진흥재단.
　　URL: https://www.kpf.or.kr/front/research/consumerDetail.do?seq=575397

한혜경 (2010). 온라인 공론장과 오프라인의 대인/대중매체 공론장의 연계성: 트위터 이용의 매개효과를 중심으로. 〈언론과학연구〉, 10권 2호, 618-661.

한혜경 · 이상기 · 오창호 (2008). 지역 뉴스 이용과 지역 정치 참여. 〈한국언론학보〉, 50권 5호, 384-408.

황유선 (2011). 트위터이용이 사회정치참여에 미치는 영향: 전통미디어 이용, 정치 관심, 트위터 이용 패턴의 효과를 중심으로. 〈한국언론학보〉, 55권 6호, 56-81.

Bartels, L. M., & Rahn, W. M. (2000). *Political attitudes in the post-network era.* Paper presented at the annual meeting of the American Political Science Association, Washington, DC.

Brundidge, J. (2010). Encountering difference in the contemporary public sphere: The contribution of the Internet to the heterogeneity of political discussion networks. *Journal of Communication, 60* (2), 680-700.

Burgess, S. (2011). YouTube on Masculinity and the Founding Fathers: Constitutionalism 2.0. *Political Research Quarterly, 64* (1), 120-131.

Chau, C. (2010). YouTube as a participatory culture. *New Directions for Youth Development, 128,* 65-74.

Delli Carpini, M. X., & Keeter, S. (1996). *What Americans know about politics and why it matters.* New Haven, CT: Yale University Press.

Evland, Jr., W. P., Hayes, A. F., Shah, D. V., & Kwak, N. (2005). Understanding the relationship between communication and political knowledge: A model comparison approach using panel data. *Political Communication, 22,* 423-446.

Gil de Zuniga, H., Jung, N., & Valenzuela, S. (2012). Social media use for news and individuals' social capital, civic engagement and political participation. *Journal of Computer-Mediated Communication, 17,* 319-336.

Hanson, G., & Haridakis, P. (2008). YouTube users watching and sharing the news: A uses and gratifications approach. *Journal of Electronic Publishing, 11* (3).

Hussain, M. M. (2012). Journalism's digital disconnect: The growth of campaign content and entertainment gatekeepers in viral political information. *Journalism, 13* (8), 1024-1040.

Jenkins, H. (2006) *Convergence culture: Where old and new media collide.* New York,

NY: New York University Press.

Kenski, K., & Stroud, N. J. (2006). Connections between Internet use and political efficacy, knowledge, and participation. *Journal of Broadcasting & Electronic Media, 50*(2), 173-192.

Kim, Y. (2011). The contribution of social network sites to exposure to political difference: The relationships among SNSs, online political messaging, and exposure to cross-cutting perspectives. *Computers in Human Behavior, 27*, 971-977.

Ksiazek, T. B., Malthouse, E. C., & Webster, J. G. (2010). News-seekers and avoiders: Exploring patterns of total news consumption across media and the relationship to civic participation. *Journal of Broadcasting & Electronic Media, 54*(4), 551-568.

Moy, P., Xenos, M. A., & Hess, V. K. (2005). Communication and citizenship: Mapping the political effects of infotainment. *Mass Communication and Society, 8*(2), 111-131.

Mutz, D. C., & Nir, L. (2010). Not necessarily the news: Does fictional television influence real-world policy preferences?. *Mass Communication and Society, 13*, 196-217.

Paek, H. J., Yoon, S. H., & Shah, D. V. (2005). Local News, Social Integration, and Community Participation: Hierarchical Linear Modeling of Contextual and Cross-level Effects. *Journalism & Mass Communication Quarterly, 82*(3), 587-600.

Pantti, M. (2015). Grassroots humanitarianism on YouTube: Ordinary fundraisers, unlikely donors, and global solidarity. *The International Communication Gazette, 77*(7), 622-636.

Patterson, T. E. (2000). *Doing well and doing good: How soft news are shrinking the news audience and weakening democracy.* Cambridge, MA: Harvard University Press.

Prior, M. (2003). Any good news in soft news? The impact of soft news preference on political knowledge. *Political Communication, 20*, 149-171.

Prior, M. (2005). News vs. entertainment: How increasing media choice widens gaps in political knowledge and turnout. *American Journal of Political Science, 49*(3), 577-592.

Punathambekar, A. (2015). Satire, elections, and democratic politics in digital India. *Television & New Media, 16*(4), 394-400.

Putnam, R. D. (2000). *Bowling alone: The collapse and revival of American community*. New York, NY: Simon and Schuster.

Shah, D. V., Cho, J., Eveland, JR. W. P., & Kwak, N. (2005). Information and expression in a digital age: Modeling internet effects on civic participation. *Communication Research, 32*(5), 531-565.

Sprecher, S., & Hendrick, S. S. (2004). Self-disclosure in intimate relationships: Associations with individual and relatiionship characteristics over time. *Journal of Social and Clinical Psychology, 23*(6), 857-877.

Verba, S., Schlozman, K. L., & Brady, H. D. (1995). *Voice and equality: Civic voluntarism in American politics*. Cambridge, MA: Harvard University Press.

Vitak, J., Zube, P., Smock, A., Carr, C. T., Ellison, N. B., & Lampe, C. (2011). It's complicated: Facebook users' political participation in the 2008 election. *Cyberpsychology, Behavior, And Social Networking, 14*(3), 107-114.

미디어오늘a (2022, 1, 5). 2021년 방송사 메인뉴스 시청자수, 누가 웃고 울었나.
URL: http://www.mediatoday.co.kr/news/articleView.html?idxno=301552

미디어오늘b (2022, 1, 5). 삼프로TV 현상, 2022년 대선 정국 뒤흔들다.
URL: http://www.mediatoday.co.kr/news/articleView.html?idxno=301554

시사위크 (2019, 12, 9). '미디어 시장 장악' … 유튜브의 3가지 성공비결.
URL: http://www.sisaweek.com/news/articleView.html?idxno=128831

중앙일보 (2020, 1, 28). 월간 442억분 보는 유튜브 … SNS는 인스타 빼고 사용 줄었다.
URL: https://www.joongang.co.kr/article/23691005

집필진 (목차순)

정의철

상지대학교 미디어영상광고학과 교수이다. 뉴저지 주립 럿거스대에서 소통학 박사학위 (Ph.D. in Communication, Rutgers, the State University of New Jersey)를 받았다. 한국소통학회에 이어 현재 한국헬스커뮤니케이션학회 학회장을 맡고 있다. 저서로 〈다문화사회와 이주민 건강: 헬스커뮤니케이션 차원의 분석과 대안 모색〉(2020, 교육부 · 대한민국학술원 2020년 우수도서 선정), 〈팬데믹 시대, 감염병 대응을 위한 사회적 소통과 공공PR〉(2021, 공저), 〈유튜브의 이해와 활용〉(2021, 공저) 등이, 논문으로는 「소수자운동으로서의 기자단교육의 성과와 대안적 방향 모색: 이주민의 목소리 내기 관점을 중심으로」(2017), 「이주의 시대, 미디어 참여와 참여적 시민권: 소통권과 다문화주의 논의를 중심으로」(2018), 「이주의 시대, NWICO와 커뮤니케이션 권리 재해석: 커뮤니케이션 불평등과 미디어 참여를 중심으로」(2018), 「지역방송 시청자 참여 프로그램의 새로운 패러다임」(2018), 「상호문화주의 관점에서 탈북민 미디어교육 의미와 실천 가능성에 관한 연구」(2020), 「감염병 위기 속 '시민됨'에 대한 인문사회과학적 성찰: 불평등에 맞선 '보건소통연구'의 역할 탐색」(2021), 「자기민속지학을 통한 자가격리 이야기: 방역소통 성찰과 대안 탐색」(2022) 등이 있다.

이창호

한국청소년정책연구원 선임연구위원이다. 텍사스주립대학에서 언론학 박사학위를 받았다. 주요 관심 분야는 청소년 미디어 이용과 참여, 미디어 리터러시, 시민교육이다. 〈청소년, 참여의 새 시대를 열다〉(2022, 공저), 〈인공지능, 디지털 플랫폼시대 미디어 리터러시 이해〉(2021, 공저), 〈유튜브의 이해와 활용〉(2021, 공저), 〈청소년을 위한 매체 이야기〉(2020, 공저), 〈팟캐스트 저널리즘〉(2020, 공저) 등을 저술하였다. 주요 논문으로 「정치 팟캐스트 이용의 예측요인 탐구: 미디어 이용, 팟캐스트 이용동기, 정치적 성향, 정보신뢰성을 중심으로」(2021, 공저), 「고3 유권자의 정치참여실태 및 요인: 21대 국회의원선거를 중심으로」(2021) 등이 있다.

이종명

경북대학교 사회과학연구원 전임연구원이다. 고려대학교에서 언론학 박사학위를 받았다. 가짜뉴스 생산 등에 활용되는 새로운 미디어 플랫폼과 그에 영합하는 정치적 국면 분석, 그리고 기자 인식 등 다양한 논의에 천착하고 있다. 주요 논문으로 「광장 정치와 집회 유튜버의 활동」(2021), 「소위 '유튜브 저널리즘'에 대한 기자 집단의 인식 연구」(2022), 「시사정치 유튜브 채널의 제주 4.3에 대한 담론 실천」(2022)을, 저서로 〈유튜브의 이해와 활용〉(2021, 공저), 〈저널리즘의 지형: 한국의 기자와 뉴스〉(2016, 공저)가 있다.

이효성

청주대학교 신문방송학과 교수이다. 미국 남일리노이대학에서 언론학 박사학위를 받았다. 주요 관심 분야는 저널리즘과 정치커뮤니케이션, 미디어효과, 연구방법론 등이다. 최근 주요 발표논문으로는 「유튜브의 정보추구동기 및 이용이 투표선택 의도에 미치는 영향: 21대총선에서 코로나사태에 대한 대통령 책임변인의 조절효과를 중심으로」(2020), 「소셜미디어에서의 정치적 상호작용 참여와 정당지지 의도에 미치는 유튜브의 뉴스·시사 및 오락 콘텐츠 이용의 영향: 21대 총선을 중심으로」(2021) 등이 있다. 주요 저서로는 〈미디어 소통과 민주주의〉(2015, 공저), 역서로는 〈아랍위성텔레비전〉(2012) 등이 있다.